주권과 비교지역질서

주권과 비교지역질서

2020년 11월 23일 초판 1쇄 인쇄
2020년 11월 30일 초판 1쇄 발행

엮은이 전재성·이정환
지은이 전재성·김준석·차태서·김강석·신욱희·이정환·신기영·김애경·김용균

펴낸이 윤철호·고하영
펴낸곳 (주)사회평론아카데미
편집 김천희
디자인 김진운
마케팅 최민규
등록번호 2013-000247(2013년 8월 23일)
전화 02-326-0333
팩스 02-326-1626
주소 03993 서울특별시 마포구 월드컵북로6길 56
ISBN 979-11-89946-87-6 93340

이 저서는 2016년 대한민국 교육부와 한국연구재단의 지원을 받아 수행된 연구입니다(NRF-2016S1A3A2924409). 이 저서는 2019년 서울대학교 국제문제연구소의 지원을 받아 수행된 연구입니다.

주권과 비교지역질서

전재성 · 이정환 엮음

사회평론아카데미

머리말

이 책은 서울대학교 국제문제연구소의 비교지역질서센터가 기획하여 출간하는 편집본이다. 각 장의 필자들은 1년여의 기간 동안 월례연구회를 개최하여 전체 주제에 대한 토의와 개별 글들에 대한 상호 토론을 거쳐 편집본을 제작하게 되었다. 세계화의 거대한 흐름이 지구 구석구석 개별 지역의 질서에 엄청난 영향을 미치고 있지만 여전히 각 지역은 독특한 국제정치질서를 가지고 있다. 17세기경 유럽에서 발원한 근대 주권국가체제는 제국주의의 물결을 타고 아시아, 아프리카, 중동, 남아메리카 등 비서구 지역으로 퍼져나갔다. 그러나 이들 지역은 유럽의 주권국가체제가 침투하기 이전부터 고유의 질서를 가지고 있었고, 그 질서는 주권국가체제와 상호 교섭하면서 현재의 독특성을 창출했다. 현재 서구의 주류 국제정치학 이론들은 주권국가들 간 상호작용으로 국제정치를 분석하며 개별 지역, 특히 비서구 지역에 독특한 질서의 존재 및 성격, 그리고 지역질서가 역내 국가들 간의 관계에 미치는 영향에 대해서는 상대적으로 적은 관심만을 쏟는다.

이 책이 주로 분석하는 동아시아 국가들 간 국제관계는 이 지역의 독특한 질서와 상호작용한다. 얼핏 보면 보편적인 주권국가체제가 동아시아 국가들 간의 관계를 온전히 규율하는 것으로 보이지만 사실은 이 지역의 독특한 질서의 요소들이 있다는 것이다. 지역질서를 규정하는 많은 요인들이 있지만 이 책이 주목한 요인은 국가 주권의 성격이다. 주권은 대외적 독립성과 대내적 최고성이라는 근대국가의 가장 근본적 속성으로, 국민과 영토, 효율적 정부와 대외적 승인을 기본적인 요건으로 한다. 국제정치학 이론은 국제법적으로 온전한 국가들을 기본 단위로 상정하고 이들 간의 상호관계를 상정하지만 사실 비서구, 제3세계 지역의 많은 국가들은 국가주권에 독특한 결손과 불완전성을 내장하고 있다. 애초에 국가의 주권이라는 개념이 외재적인 것이었고 주권의 개념도 서구 열강의 제국 침탈 속에서 흡수하였기 때문에 그 과정이 순탄치 못했을 뿐 아니라, 구제국의 지속적 간섭, 비서구 국가들 간의 각축, 국내의 독립 추진 세력들 간의 갈등과 경쟁 등 많은 요인들이 작용하였다.

비서구 국제질서가 수립되는 과정에서 역외의 강대국들, 특히 미국과 유럽의 강대국들은 때로는 구제국으로서, 때로는 냉전기 초강대국으로서, 때로는 현재의 패권국으로서 각 지역의 국제정치에 관여해 왔다. 불완전한 주권성을 가진 국가들과 강대국의 관계, 그리고 불완전 주권국가들 간의 관계는 지역별로 변이를 만들면서 독특한 전개를 보인다. 이 책은 동아시아뿐 아니라 중동의 경우에도 독특한 지역질서와 역내 국가들 간의 고유한 역학이 있음을 분석하고 있다.

중국은 미국과 힘을 겨루는 강대국으로 성장했지만 여전히 영토, 국민의 범위, 정체성을 둘러싸고 많은 내적 갈등 요인을 안고 있다. 불완전 주권국가의 특성을 가진 비서구 국가로서 중국이 세계적인 패권을 지향하는 것은 근대 국제정치에서 최초의 현상이며 이 책도 주목하는 바이다. 세계화 시대에 강대국 역시 국가의 자율성과 대외적 독립성이라는 주권적 측면에서 제약을 느끼는 것도 독특한 현상이다. 대표적인 예로 미국처럼 강대한 나라가 온전한 실질적 국가주권의 확보에 힘을 기울인다는 것은 일견 어불성설처럼 보이지만 사실은 국제정치의 변화 속에서 숙고해볼 주제로 이 책이 다루는 문제이기도 하다.

한국과 동아시아 지역의 국제정치를 세계적 차원에서, 그리고 비교지역질서의 차원에서 분석하는 것이 이 책의 직접 관심사이지만 이를 이론적, 역사적으로 조망하는 일은 비단 특정 지역의 차원에서만 의미 있는 일은 아니다. 비서구의 경험으로부터 근대 국제정치질서를 새롭게 바라보는 것은 주류 국제정치학 이론의 문제점을 찾아 보완하는 일로 학문적 중요성을 가진다고 본다. 이 책은 이러한 문제의식 하에 다양한 주제를 선정하여 연구하였다. 이 책의 구성을 소개하면 다음과 같다.

　1장은 근대 주권국가체제의 성립과 발전, 확대 과정을 이론적, 역사적으로 살피는 장으로 주권국가체제가 유럽 내부에서도 역사에 따라 전체적인 기획이 부재한 상황에서 진행되었고, 이 과정에서 강대국들의 힘의 논리가 강하게 작용하였다는 점을 보인다. 1648년 베스트팔렌 조약 전후 유럽 지역질서의 조직원리를 살펴봄으로써 주권의 개념과 정착 과정을 추적한다. 유럽의 주권국가체제가 비유럽으로 확대되고 이 과정은 문명의 확대라는 도덕적 목적에 봉사했다는 견해로 포장되었지만 억압과 왜곡으로 점철되었다. 베를린 회의(1884-1885)는 식민지배의 국제법적 전환점을 마련한 사건으로 향후 식민지배의 중요한 원칙으로 실효시배(effective occupation)의 원칙을 정립시킨다. 이후 유럽 열강들은 다양한 방식으로 아프리카 및 비서구 지역의 식민지배를 완성시켜나갔지만 그 논리는 자체적으로 모순을 내포하고 있었고, 국제법으로 온전히 합리화되지도 못했다. 이후 3세계 국가들은 식민지 해방의 과정에서 강대국들의 정치에 의해 여전히 많은 불평등 기제들에 구속되어 주권의 결손을 안게 된다.

　2장은 역사사회학적 접근법 중 영국의 국제정치학자 로젠버그(Justin Rosenberg)의 '불균등결합발전론(uneven and combined development)'에 근거하여 30년전쟁(1618-1648)의 기원을 설명한다.

30년 전쟁은 유럽에서 근대적인 국제정치체제가 확립되는 과정에서 전환점 역할을 한 역사적 사건으로 알려져 있다. 로젠버그의 역사사회학은 마르크스주의적 관점에 기초하는데, 최근 그는 이론의 적용범위를 확장하려 시도하고 있다. 이러한 작업을 통해 우리는 국제정치에 대한 역사사회학적 접근법이 실제 역사 사례에 구체적으로 어떻게 적용되는지 가늠할 수 있는 기회를 가질 수 있을 것이다. 아울러 서사 중심의 국제정치사 연구를 이론적 틀에 담을 수 있는 방안에 관해 생각해 볼 수 있는 기회를 제공한다. 이 장은 로젠버그의 불균등결합발전론에 관해 간략히 소개한 후, 30년전쟁의 기원에 관련하여 전쟁의 기원을 경제발전 경로의 불균등성, 중앙정부-귀족 관계의 불균등성, 유럽-오스만제국 발전경로의 불균등성 세 가지 요인으로 검토하고 있다.

3장은 탈근대적 네트워크 주권을 추구하며 자유세계질서를 구축해온 미국외교의 보편주의적 전통과 근대주권의 (재)완성을 열망하는 패권하강기 포퓰리스트 대전략의 대조를 통해 오늘날 구조적 변동의 의미를 질문한다. 자유국제주의에 기반을 둔 초국적-탈베스트팔렌적 기획이 비자유주의적-대륙적 근대주권국가 기획에 의해 잠식되는 현재의 역사적 국면에 대해 주권 개념을 중심으로 분석함으로써, 미래 세계질서의 향방을 예측해 보는 것이 본 장의 목표이다. 이는 최근 정치학계에서 새롭게 제기되고 있는 포퓰리즘/민족주의의 귀환과 반동의 국제정치 부상이라는 문제들과 결부된다. 즉, 트럼프 현상을 단순히 미국만의 국지적, 우연적 사건으로 이해하는 것이 아니라, 신자유주의적 지구화 시대의 조건이 가져온 경제, 문화적 탈구에 대한 반발이 이른바 "레트로토피아(retrotopia)"에 대한 희구와 토포스(topos)에 대한 노스텔지어로 이어지는 오늘날 선진서구세계 일반의 맥락에서 파악하고 있다. 특히 트럼프와 같은 포퓰리스트들이 어떻게 온전한 국가와 민족

경계의 재공고화라는 실현 불가능한 약속을 통해 대중을 동원하며 현재의 탈지구화 과정을 선도해 왔는지를 살펴보고, 이것이 미래 세계질서에 가져올 효과에 대해 논하고 있다.

4장은 서구 사회에서 역사적으로 발전되어 온 주권국가 개념이 중동 지역에서는 온전히 적용되기 어렵다는 사실을 고려하여 중동 주권의 불완전한 속성과 그에 따른 정치 불안정 요인을 찾고 있다. 이 장은 우선 중동 국가의 인공성이 갖는 의미를 재고하고, 탈식민화 과정에서 근대 국가체제를 받아들여야 했던 중동 지역에서 서구적 주권 개념이 갖는 제한성을 고찰한다. 이를 통해 이 장은 중동 불완전 주권의 속성으로 내정불간섭 원칙의 부정, 안보 복합화, 분리주의 운동을 제시하였고, 이러한 변수는 시리아 내전의 사례에서 정치적 갈등을 심화시키는 원인으로 평가하고 있다.

5장은 미국 대통령과 일본 수상 간의 정상회담에서 발표된 이른바 '한국조항'을 통해 한국안보에 대한 양국의 인식을 보여주고 있다. 닉슨 대통령과 사토 수상 사이의 회담에서 발표된 한국조항은 이후 다나카 수상 시기의 두 차례 정상회담에서는 표명되지 않았고, 이후 포드 대통령과 미키 수상 사이의 정상회담에서 '신한국조항'으로 다시 등장하였다. 이 장은 이와 같은 한국조항의 등장, 부재, 그리고 수정의 측면을 체제와 행위자, 그리고 한미일 관계의 특성을 함께 고찰하는 '주체-구조 문제'와 '복합성'의 관점에서 검토하고 있다.

6장은 1990년대 후반 일본 안보정책 변화에서 국내정치 변수를 재검토하고 있다. 1997년 미일신가이드라인과 1999년 주변사태법은 탈냉전기 새로 부상한 북한의 안보위협에 대한 일본의 선택이었다. 미일 안보동맹 강화는 냉전기에 이를 제약하던 혁신계 야당의 전향적 정책 전환과 정치적 영향력의 약화, 그리고 일본 사회 여론의 미일안보체제에 대한 원론적 지지에 기반을 두고 실현되었다. 한편, 자민당 내에 미일 안보동맹 강화에 대한 폭넓은 동의가 존재하였지만, 중국의 '주변' 포함에 대해서는 다소 상반된 정책 지향이 발견된다. 1990년대 후반 미일 안보동맹 강화 과정에서 드러난 자민당 내 상이한 정책 지향은 중국과의 관계 설정에 대한 인식적 차원의 상이성과 연결된다. 대중정책에 대한 자민당 내 대립구도는 미일 안보동맹 강화로 커질 수밖에 없는 미국 군사작전에 일본이 연루되는 위험을 줄일 수 있는 국내적 기반이었다. 이 글은 제2기 아베 정권기 안보정책 변화는 1990년대 후반과 마찬가지로 미일 안보동맹 강화라는 성격을 지니고, 그 과정에서 드러나는 국내정치의 양상도 유사하다고 본다. 다만, 과거 자민당 내 존재하던 대중정책의 상이한 정책지향이 2010년에는 더 이상 찾아보기 어렵다는 점을 지적한다. 2010년대 아베 정권기 자민당 내 다양성의 부재는 미일 안보동맹 강화로 인해 발생할 수 있는 미국 군사전략에 대한 일본의 연루 위험을 피할 헷징 전략의 국내적 여건이 약화되었다는 것을 의미한다.

　7장은 아베 정권의 '주권 회복' 기획을 젠더정치의 관점에서 분석한다. 아베 정권은 헌법 개정으로 상징되는 주권완성 기획을 정권의 가장 중요한 과제로 설정하고 이를 위해 역대 어느 정권보다 매진하였다. 그러나 헌법 개정의 내용을 살펴보면 정권의 이념과 정권의 지지세력이 미래지향적이기보다는 과거의 영광과 가부장적 전통을 부활시키려는 경향이 강하다. 이로 인해 아베정권하에서의 헌법 개정은 대외적으로 반발을 샀고 국내적으로도 지지를 확대하지 못했다. 때마침 위안부 문제로 주권 완성 기획에 차질을 빚게 된 아베 수상은 "여성"을 키워드로 하는 대내외 정책을 적극적으로 활용하였다. "여성" 정책은 정권의 보수적인 성격을 완화시키고 글로벌 인권 정치에 발맞춰 선진국으로서의 자격과 능력을 증명하는 중요한 키워드로 인식되었기 때문이다. 즉 여성을 가족 내의 본래 자리로 되돌리려는 기획을 포기하지 않으면서 국가를 위해 공적인 영역에서도 "활약"하기 위한 법제도를 마련하고, 대외적으로는 제3세계의 여성 원조를 통해 온정적 선진국으로 스스로 자리매김하려 하였다. 이 글은 2020년 9월로 아베 정권이 교체되었지만 일본의 주권국가 완성 기획은 앞으로도 지속될 것이며 이때 젠더정치는 여성들의 실질적인 세력화의 움직임과 함께 지금까지보다 더 복잡한 형태로 진행될 것으로 본다. 향후 여성 주체와 젠더관계가 어떻게 동원되고 주권국가의 건설에 공헌하는지에 대한 면밀한 분석을 통해 주권국가의 내용과 동력을 이해하는 필수 불가결한 시각을 확립할 필요성을 강조하고 있다.

　8장은 중국의 책임대국 역할과 주권 인식을 연결하여 고찰하고 있다. 중국은 줄곧 대외적으로 '내정불간섭' 원칙과 '주권존중' 원칙을 주장하며 절대적 주권관을 고수해왔다. G2 국가로 부상한 현 시점에도 중국은 여전히 '내정불간섭'과 '주권존중'의 원칙을 강하게 주장한다. 일반적으로 개발도상국의 경우 절대적 주권을 주장하는 반면 강대국의 경우 상호의존 주권을 주장한다. 그런데 중국의 경우 개발도상국이었을 때도, 강대국으로 부상하고 있는 현재에도 국제질서 구축 과정에서 자국이 중심적 역할을 수행하고자 할 때에는 상호의존 주권을 적용해 왔다. 즉 중국이 국제질서에서 주도적 역할을 수행하려는 의지가 강했을 때 중국은 주권 문제에 대해 이중적으로 접근하는 모습을 보였다. 중국의 부상이 지속되고 국제질서 재구성 과정에서 중국이 중심적 역할을 수행하고자 하는 한 주권과 관련된 이슈들에 상호의존적 접근을 유지할 것이다. 그러나 이 글은 "불완전주권 국가"인 중국은 자국이 가진 주권이슈와 관련된 취약성 때문에 여전히 '내정불간섭' 원칙을 강하게 주장할 것이라고 본다. 주권의 문제에 있어 중국은 이중 잣대를 적용하고 있다는 비판을 받을 수 있고, 향후 중국에게 주권 관련 이슈는 외교적으로 딜레마일 수밖에 없다.

9장은 최근 동남아시아 10개국의 대중 외교정책을 비교 분석하여 주권과 체제안보의 관계를 논한다. 정치체제의 권위주의적 성격이 강할수록 보다 친중적인 외교정책을 채택하는 경향이 있다는 것이 이 장의 핵심 주장이다. 독립 이후 체제 내부의 도전을 극복하고 국내 통치권을 확립하는 것이 최우선 과제였던 동남아시아 권위주의 체제의 지배세력들은 국가 공고화의 수단이자 이데올로기로 대외적 독립성으로서의 주권 개념, 특히 내정불간섭 원칙을 대내외적으로 강조해왔고, 이러한 경향은 체제의 권위주의적 속성이 강할수록 더욱 두드러졌다. 국가안보 자체보다 체제안보를 우선시하는 이들 통치세력들은 체제 유사성, 내정불간섭 원칙 지지, 경제적 필요성이라는 세 가지 이유로 체제의 권위주의 성격이 강할수록 대중 외교정책에 있어 보다 친중적인 입장을 취하게 된다. 권위주의 성향이 강한 베트남이 비교적 덜 친중적인 태도를 보이는 예외인 점은 중국을 중요한 타자로 삼아 민족 정체성을 구성한 베트남의 근대 민족주의의 유산과 최근 악화일로를 걷고 있는 중국과의 남중국해 분쟁의 맥락에서 이해될 수 있다. 이러한 상황을 고려했을 때 이 글은 베트남의 균형 잡힌 대중 헷징이 오히려 지나치게 친중적인 자세라고 여겨지며, 결국 체제의 권위주의 성격이 이러한 친중 편향을 낳고 있다는 점에서 베트남은 규칙을 입증하는 예외라고 본다.

2020년 10월
편집자 일동

차례

머리말 5

제1부 주권과 지역질서의 다양성

제1장 주권 개념과 실천을 통해 본 근대 국제체제   전재성
  I. 서론 20
  II. 주권 개념의 의미와 본질 22
  III. 근대 주권국가체제의 기원 25
  IV. 유럽 주권국가체제의 성립과 비유럽의 중요성 34
  V. 일본의 한국 강제병합과 한국의 주권적 지위 48
  VI. 결론 51

제2장 30년전쟁의 역사사회학—불균등결합발전론을 중심으로— 김준석
  I. 들어가며 56
  II. 로젠버그의 불균등결합발전론 59
  III. 불균등결합발전론과 30년전쟁의 기원 66
  IV. 결론 94

제3장 아메리카 합중국과 주권의 문제설정
  —탈근대 네트워크 주권에서 근대 완전 주권으로의 퇴행?— 차태서
  I. 서론 104
  II. 연방체제 건설과 탈근대적 주권 지향 107
  III. 트럼프 시대의 반동: 근대 주권전통으로의 복귀? 116
  IV. 결론 130

제4장 중동 불완전 주권국가와 정치 불안정 김강석

    I. 서론 142

    II. 중동 국가의 인위적 형성과 주권 규범 적용의 한계 144

    III. 중동 불완전 주권국가 간 갈등을 야기하는 요인 150

    IV. 시리아 내전에 나타난 중동 주권의 불완전성 154

    V. 결론 158

제2부 동아시아 지역질서의 변동과 주권

제5장 '한국조항'의 문제－한미일 관계 속의 한일관계－ 신욱희

    I. 서론 168

    II. 데탕트의 도래와 한국조항 170

    III. 다나카 수상 시기 한국조항의 부재 181

    IV. 신한국조항 188

    V. 결론 191

제6장 미일 안보동맹의 강화와 일본 국내정치

    －미일신가이드라인과 주변사태법 재고(再考)－ 이정환

    I. 서론 198

    II. 탈냉전기 미일동맹의 강화 201

    III. 정당의 안보정책 태도 변화 206

    IV. 미일 안보관계와 일본 사회 여론 211

    V. '주변'의 범위 문제와 자민당 218

    VI. 제2기 아베 정권의 안보정책과 국내정치 224

    VII. 결론 229

제7장 아베 정권의 '주권 회복'기획과 젠더정치 신기영

    I. 들어가며 236

    II. 주권, 국가 건설, 그리고 젠더정치 238

    III. 아베 정권의 주권 완성 비전 241

    IV. 선진 국가가 되기 위한 조건: "여성 인권"외교 246

    V. 헌법 개정과 젠더 질서 되돌리기 251

    VI. 가부장적 주권의 회복: 위계적 젠더 질서에 기반한

        가족-공동체-국가의 완성 261

제8장 중국과 주권ー책임대국 역할과 주권 인식ー 김애경

    I. 서론 270

    II. 중국의 주권의식 형성 273

    III. 건국 이후 중국의 이중적 주권 추구 276

    IV. 중국의 책임대국 정체성과 주권전략 284

    V. 결론 295

제9장 주권과 체제안보

    ー동남아시아 국가들의 대중 외교정책 비교연구ー 김용균

    I. 서론 302

    II. 이론: 주권과 체제안보, 그리고 권위주의-친중 관계 307

    III. 증거: 동남아시아 전문가 서베이 데이터 분석 315

    IV. 사례: 베트남, 규칙을 입증하는 예외 321

    V. 결론 328

지은이 소개 332

제1부   주권과 지역질서의 다양성

제1장 주권 개념과 실천을 통해 본 근대 국제체제

전재성(서울대학교)

I. 서론

냉전이 종식되고 30년이 지나는 동안 냉전기 미소 초강대국의 대결 논리와 각 진영 내의 협력 논리에 의해 상대적으로 억눌려 있었던 각 지역의 국제정치 질서, 특히 비서구 지역의 국제정치 질서는 새롭게 조망의 대상이 되었다. 무엇보다 9·11 테러 이후 중동의 질서가 크게 어지러워지면서 중동에 고유한 문제들이 국제정치의 맥락에서 대두하였다. 각 국가들 내의 문제는 물론이고 식민지 시대를 거쳐 국민국가를 이루면서 억눌렸던 많은 문제들이 수면 위로 떠오른 것이다. 동아시아도 예외는 아니었다. 자유주의와 공산주의의 대결구도가 사라진 이후 중국이 급속히 부상하고 미국 주도의 자유주의 질서가 약화되면서 동아시아에 고유한 문제들이 다시 대두하고 있다. 일본 제국주의의 청산을 둘러싼 한일 역사 문제는 물론이고, 역사적으로 제국을 유지해왔던 중국이 추구하는 질서가 과연 전통질서와 얼마만큼 근접해 있는지도 중요한 논의의 대상이다. 이러한 변화들은 유럽 근대 주권국가체제가 각 지역의 토착 질서들을 얼마나 어떻게 변화시켜 오늘에 이르렀는가 하는 문제를 제기한다.

　유럽에서 기원한 주권국가체제는 유럽 내에서 완성되어 비유럽 지역으로 확산되었다는 시각이 일반화되어 있다. 유럽 내재적 발전론으로 대부분의 국제정치이론이 이를 받아들이고 있다. 그러나 베스트팔렌 질서를 좀 더 상대적으로 바라보면 유럽 주권체제 이전에 성립했던 세계체제, 유럽 주권체제에 영향을 미친 비유럽 지역, 그리고 비유럽 지역에 대한 팽창을 통해 가능했던 유럽 주권체제의 성격 등에 대한 논의도 가능하다(Hobson 2009). 포르투갈과 스페인이 아프리카와 아메리카로 팽창하여 세계체제를 이룩하기 이전에 이미 중국, 이슬람,

인도의 세력이 유럽으로 팽창하여 무역관계를 성립한 바 있고, 이탈리아의 도시국가들 역시 이러한 무역로에서 중요한 역할을 하였다. 유럽에서 영토에 기반한 주권국가들이 주권평등과 내정불간섭, 영토보존의 규범에 입각한 온전한 근대 국제질서를 만들어낸 것이 19세기 초라고 한다면 15세기 이후부터 수백 년에 이르는 기간 동안 비서구와의 관계는 유럽 주권국가체제에 큰 영향을 미친 요소이다.

1945년 유럽열강에 의해 식민지화되었던 많은 국가들이 유럽의 모델에 따라 주권국가의 형태로 독립하였다. 그러나 이 과정에서 여전히 많은 문제들이 남았는데 전통적으로 각 정치체들이 보존해왔던 정체성과 근대 주권국가의 정체성 간에 많은 괴리가 있었기 때문이다. 이는 한편으로는 유럽 국가들의 식민지화 과정에서 왜곡된 부분도 있고 독립 과정에서 열강이 지속적인 종속을 위해 개입했기 때문이기도 하다. 비유럽 지역이 가지고 있던 전통 지역질서와 유럽 제국주의의 충돌, 그리고 탈식민화 과정에서 일어난 왜곡의 역사를 무시하고 1945년부터 주권국가들 간의 관계로 국제정치를 이론화할 경우 현재 벌어지고 있는 복잡한 비유럽 지역의 국제정치를 온전히 다룰 수 없게 된다.

이 글에서는 유럽에서 기원한 주권국가체제의 성격을 주권 개념의 변화와 실천 과정을 통해 알아보고, 특히 비유럽 지역에 주권국가체제가 어떻게 이식되었는지 살펴본다.

II. 주권 개념의 의미와 본질

1. 주권국가와 관련 규범

현재 국제정치는 국가의 주권을 바탕으로 무정부상태 조직원리에 기초하고 있다. 1933년의 "국가의 권리와 의무에 관한 몬테비데오 협약"(Montevideo Convention on the Rights and Duties of States) 제1조에 의하면, 국가는 ① 영속적인 국민, ② 일정한 영토, ③ 정부, ④ 다른 국가와 관계를 맺을 수 있는 능력을 갖추어야 한다. 이 중에서 마지막 요소는 국제 공동체의 참여가 용인되어야 한다는 조건을 포함하는 것이기 때문에 타국의 승인이 중요하다. 현재 세계에는 일반 국제 승인을 받은 195개의 주권국가가 있으며 이 중 193개는 일반국가이고, UN의 승인을 받는 바티칸 시국과 UN 영구 옵서버 국가인 팔레스타인이 있다. 그밖에 국제사회 전체의 승인을 받지 못하고 UN 가입국이 아닌 11개국으로 남오세티야, 니우에, 북키프로스 튀르크 공화국, 사하라 아랍 민주 공화국, 압하지야, 중화민국, 코소보, 쿡 제도, 아르차흐 공화국, 트란스니스트리아, 소말릴란드 등이 있다.

   이들 국가들 간에는 국가 주권과 연관된 규범이 있으며 이는 지금의 국제정치를 가능하게 하는 구성적 규범이다. UN 헌장이 명시하는 바와 같이 주권평등과 내정불간섭의 규범, 그리고 영토보존의 규범 등이 있다. 국제정치를 이론화할 때 이들 규범에 근거하고 무정부상태에 기초한 주권국가들 간의 상호 작용이 존재한다고 전제한다. 문제는 이러한 주권국가가 무로부터 생겨난 것이 아니며 몰역사적으로 이론화될 수도 없다는 것이다. 공유하는 주권 규범이 있고 기능적으로 유사한 단위들이 국제정치를 이루고 있지만 각 지역별, 국가별 역사를 살펴보

면 모든 국가들을 동질적으로 다루면서 이론화하기 어렵다는 사실을
알게 된다.

2. 유럽에서 주권 개념의 기원과 본질

서양에서 주권(sovereignty)은 제국적 기원과 기독교의 종교적 기원
을 동시에 가진다. 주권은 대외적 독립성과 대내적 최고성을 의미하는
것으로 인간 정치조직의 어디에서나 발견되는 권력의 속성이라 할 수
있다. 그러나 서양에서는 그 맥락에 맞게 제국과 기독교의 종교적 차
원에서 의미를 지니게 되었다. 제국적 기원을 가지는 용어로서 주권
은 로마에서 사용된 라틴어인 *imperium*은 주로 사람에 대한 권위를
의미하는 것으로 정치적 의미의 지배권이었지만, 점차 영토를 포함하
는 개념으로 바뀌었다. 반면 주권은 재산권의 의미도 가지며 라틴어는
*dominium*으로 이 개념이 영토에 대한 권위를 나타내는 것으로 사적
개인의 재산권과 국가와 같은 공적 기관에 의한 재산권을 함께 의미하
는 것이었다. 지배권과 재산권은 반드시 같은 개념은 아니며 주권이 지
배권으로 사용될 때 재산권에 대한 토지수용권이 중요한 개념이 된다.
토지나 영토를 논할 때 국가가 보유하고 있는 토지수용권(*dominium
eminens*, eminent domain)이 존재한다는 사실이 사적 개인이 소유한
토지와 국가가 소유한 영토적 주권을 구별 짓는 큰 차이라고 국제법학
자들은 본다(Westlake 1894, 132-133; Zucca 2015).

　기독교에서 주권은 신의 전지전능한 권한이다. 세계를 주재하는
신의 권위는 오직 신에 의해서만 소유되고 행사할 수 있다. 칼 슈미트
는 서양의 정치사상에서 주권은 근본적으로 신학적 개념이라고 역설
하고 있다(Schmitt 1934). 신이 가지는 전지전능한 최고의 권위가 예수

그리스도를 거쳐 교황에 이르고 교황의 권위가 종교개혁을 통해 개별 인간과 군주에 이른다는 교리로 변화되었다. 교파 간 주권에 대한 이론이 다름에도 불구하고 신의 주권이 왕에게 내려져 왕권신수설을 이루고 개별 군주들은 신학적 관점에서 주권을 소유한 주체로 부상하게 된 것이다.

주권은 본래적으로 최고성과 배타성을 기초로 한 것이기 때문에 단일성을 핵심으로 한다. 최고이면서 배타적인 권위가 여러 주체들에게 나뉘어 존속한다는 것은 논리적으로 일관되지 않기 때문이다. 국내정치에서 군주가 한 명의 개인으로서 주권적인 것은 논리상 무리가 없다. 이때의 왕이라는 개인은 인간으로서의 몸과 군주로서의 신성한 몸의 이중적 모습을 가진다. 신을 대변하는 통치자라는 이념에 의해 개별 인간으로서보다 신성한 몸의 주인이라는 점이 더 부각된다.

그러나 공화주의 혁명을 거쳐 인민이 주권자가 되는 순간 국내정치의 모순이 발생할 수 있다. 국민주권의 시대에 국민(nation)은 국가에 속하는 개개의 자연인을 말하며 이들은 전체로서 국민을 구성한다. 국민이 집합개념이며 국적을 가진 개념인 데 비해 인민(people)은 국가적 공동체와 무관한 사회적 개인으로 개별의지를 가진 존재이다. 여기서 주권자는 집합적 존재로서 일반의지를 대변하는 것인데 문제는 인민들의 개별의지가 일반의지로 어떻게 수렴될 수 있는가 하는 점이다(강경선 2016). 슈미트는 이 점을 지적하여 결국 헌법 밖의 결단적 존재자가 불가피하기 때문에 대의민주주의의 개념이 주권의 개념과 어긋난다는 점을 부각한 바 있다.

국제정치에서도 주권적 권한을 가진 개별 국가들이 어떻게 질서를 이룰 수 있는가에 대해 많은 논의가 진행되어 왔다. 개별국가가 소유한 주권 상위의 권위를 인정하지 않는 주권국가체제에서 국가는 폭력을 포함한 모든 권력 자원을 사용할 수 있는 권한을 가지기 때문에 사실 세력균형 이상의 질서가 존재할 수 있는가가 관건이다. 자유주의 국제정치이론가들이나 구성주의, 영국 국제사회학파 이론가들은 다양한 이론적 근거를 들어 질서의 형성 가능성을 논의해 왔지만 궁극적으로 주권의 개념과 주권을 제어하는 질서의 개념 간에 긴장관계는 존재할 수밖에 없다. 주권적 주체인 국가들을 제어하는 상위의 힘을 인정받는 주체가 형성되기 이전에 진정한 의미의 질서가 나오기는 논리적으로 어렵다. 국가의 주권보다 상위의 주권체가 생겨나거나 혹은 국가주권의 절대성이 약화되고 다시 개인 인민이나 사회적 주체들 간의 새로운 형태의 질서가 만들어지지 않으면 주권국가체제의 긴장은 지속될 것이다. 미래의 제국이 출현하거나 초국경적인 사회적 단위들 간의 네트워크로 지구 거버넌스가 만들어지지 않는다면 주권국가체제의 유동성은 지속될 수밖에 없다.

III. 근대 주권국가체제의 기원

1. 주권국가체제의 기원과 성격을 둘러싼 논쟁들

근대 주권국가체제가 유럽에서 언제, 어떻게 시작되었는가는 여전히 논란의 대상이며 어떤 기준을 가지고 바라보는가에 따라 다른 답을 내릴 수밖에 없다. 중세의 보편적이고 단일한 주권이 무너진 시기, 중세 단일 최고의 규범의 이론적 기반이 된 가톨릭 신학이 무너지고 종교개혁이 일어난 시기, 교황의 단일한 권위가 약화되어 세속 군주들이 왕권신수설을 바탕으로 주권을 표방하는 시기, 도시국가·제국·도시연합

등 다양한 경쟁 단위들을 누르고 영토국가가 온전한 주권의 담지자로 인정되는 시기, 영토국가들 상호 간에 인정이 다자주의적으로 마련되는 베스트팔렌 조약, 보편제국의 출현을 막기 위해 각 군주들이 세력균형에 의해 움직이며 국가주권을 보전하려 노력했던 시기, 국민주권의 원칙이 정착되면서 국내적 주권 개념에 맞는 국제정치가 자리 잡는 시기, 유럽의 강대국이 아닌 정치체들이 점차 식민화를 넘어 동등한 주권국가로 자리 잡는 시기 등 많은 논의가 가능하다.

   주권국가의 정착 시기를 놓고 다양한 관점이 제공될 수 있다는 것은 주권국가체제가 서서히 자리 잡기 시작했고 이 과정에서 다양한 주권규범들이 동시가 아니라 단계적으로 자리 잡았다는 점, 주권국가체제가 애초에 마스터플랜을 가지고 만들어진 것이 아니라 단위들 간의 각축을 통해 상호작용 속에 만들어졌다는 점, 현재의 주권국가체제도 역시 진화 중이라고 볼 수 있으므로 앞으로 주권국가체제가 어떻게 바뀔지 예측할 수 없다는 점 등을 시사하고 있다(전재성 2019).

2. 베스트팔렌 조약 이전의 주권

30년 전쟁(1618~1648)을 마감한 베스트팔렌 조약이 유럽에서 주권국가체제를 성립한 중요한 다자주의적 입법조약이었다는 데에는 의심의 여지가 없다. 보편권위를 주장했던 신성로마제국이 다른 개별 주권국가와 대등한 주권 단위로 상정되었고 제국 내의 영방국가들의 주권도 개별적으로 행사되는 공간이 허용되었다. 영토국가가 아닌 단위들은 주권적 지위를 상실하여 결국 영토국가가 보편적인 단위로 정착되었다. 그러나 베스트팔렌 전후에 여전히 주권의 실천과 관련하여 생각해야 할 요소들이 많다.

우선 베스트팔렌 조약 이전 유럽 내 주권 단위를 둘러싼 복잡한 국면으로 이는 뒤에 논의할 비유럽 국가들의 지위 및 역할과 관련하여 중요한 문제이다. 15세기 중세의 주권에 변화가 일어나는 시기로부터 1648년의 베스트팔렌 조약에 이르는 시기는 중세적 권위가 무너지고 주권이 분산되는 혼란스러운 조정기이다. 중세 유럽은 기독교 세계로 변모한 이후 세속 전체를 다스리는 온전한 권능이라는 점에서 신의 권능이 유일한 주권으로 여겨졌다. 중세 시대에 주권은 신으로부터 부여받은 것으로 교황이나 황제 개인에게 부여되는 것이지 어떠한 정치체나 영토에 부여되는 것은 아니었다. 신의 권능이 교황과 세속의 황제 두 축 가운데 어디에 있는가 하는 점이 중세를 관통하는 쟁점이었는데, 시대에 따라 각축을 벌이면서 교황의 권능은 점차 약화된다.

이 시기에 유럽은 점차 전 세계로 뻗어나갔지만 그렇다고 유럽이 세계의 중심이 된 것은 아니다. 15세기에 포르투갈은 아프리카를 거쳐 인도에 이르렀으며 중국까지 진출한 바 있다. 1510년에 인도의 고아 점령에 이어, 실론, 말라카 제도를 점령했고 1517년 중국의 광주에 도착한 후 이후 마카오에 진출하고 광동무역을 독점한 바 있다. 스페인 역시 1492년에 통일을 이룩한 이후 신대륙 발견에 이어 아메리카로 본격적으로 진출하기 시작했다. 1494년의 토르데시야스 조약은 교황 알렉산더 6세가 스페인과 포르투갈의 식민지 분쟁을 중재하고자 카보베르데섬 서쪽 서경 43도 37분 지점을 기준으로 서쪽은 스페인이 동쪽은 포르투갈이 차지하도록 한 조약이다. 이후 1529년 4월 22일에 사라고사 조약을 체결하여 태평양 지역도 분할하게 되는데 이를 통해 포르투갈은 아시아에서 우위를 차지하게 되었다(Waisberg 2017).

유럽은 16세기에 들어오면서 대변혁을 맞이하는데 1519년 루터의 종교개혁이 발생하고 기독교의 단일한 주권은 기반을 잃게 된다. 동시에 스페인 황제인 카를 5세가 신성로마제국의 황제를 겸하게 되고 기독교 교황이 세속을 관장하는 주권적 권한이 약화됨과 동시에 세속의 황제인 카를 5세의 권한은 막강하게 확대되었다. 이미 중세를 거치면서 교황과 황제 사이에 치열하게 벌어지고 있던 주권의 보유에 대한 투쟁은 근대에 들어서면서 세속의 황제에게 유리한 국면이 형성된 것이다. 동시에 중요한 점은 합스부르크 왕가에 대항하는 세속의 정치체들의 수가 늘어나면서 주권을 주장하는 복수의 정치체들이 등장한 사실이다. 프랑스는 16세기 종교개혁기 혼란을 거치면서 점차 영토군주를 중심으로 한 근대 국가를 형성해가고 있었는데 이때 보댕을 시초로 하는 군주의 주권론이 제시되었다. 기독교 교회의 권위가 무너지고 신과 개인의 개별적 관계가 신앙의 중요한 기초로 여겨지면서 신의 권능이 복수의 군주에게 수여될 수 있다는 생각이 굳어지게 되었다. 왕권신수설을 바탕으로 한 복수의 군주 주권론은 근대 유럽국제체제의 신학적 기초가 된다.

이 시기에 절대주의 군주가 다스리는 영토국가가 점차 자리를 잡게 되지만 주권국가체제가 온전히 수립된 것은 아니다. 신성로마제국이 여전히 보편제국의 위상을 점하고 있었고, 막대한 세력을 가지고 있었다. 영토국가가 출현하기는 했지만 도시국가, 도시연합, 제후국 등 다양한 단위들이 경쟁하고 있었기 때문에 결국 국가 단위로 유럽질서가 재편될 것이라는 보장도 없던 기간이다(Koenigsberger 2007; Spruyt 1994). 비유럽 지역으로 팽창하는 유럽 국가들 역시 반드시 국가 단위로 팽창한 것은 아니다. 동인도회사나 서인도회사 등과 같은 무역회사들이 군사력을 가지고 정부와의 협의 속에 비서구 지역으로 팽창했고 이 과정에서 무역거점을 확보하거나 원주민들과 무역협정을 맺기도 하였다. 이 과정에서 사병과 용병 등 비국가 행위자들이 군사력을 확보하여 비서구 지역으로 팽창해갔고 토르데시야스 조약을 비롯한 일련의 조약들은 비서구에 대한 서구 중심의 공간분할 시도를 보여주고 있다.

3. 베스트팔렌 조약 이후의 유럽

베스트팔렌 조약을 기점으로 주권국가들 간에 주권평등, 영토보존과 내정불간섭 등의 규범이 정착된 것으로 생각할 수 있지만 현실은 그렇지 않았다. 많은 강대국 군주들은 자신의 국익과 영향력을 극대화하고자 전쟁을 일삼고 궁극적으로는 유럽을 지배할 제국의 꿈을 버리지 않았다.

인류 역사에서 제국은 매우 일반적인 현상으로 다수의 주권국가들이 평화적으로 공존한다는 것은 오히려 예외적인 일이다. 강한 정치체는 다른 국가에 대한 영토적 지배, 혹은 왕조 간 개인적 네트워크를 통한 영향력을 통해 공존보다는 지배를 추구했다. 정복 이후 유지가능한 지배체제가 마련되지 않더라도 명목적 지배를 전면에 내세우고 지배자의 지위를 유지하고자 했다. 이 과정에서 실질적 지배가 확보되지 않으면 주변세력은 점차 자율성을 획득하고 제국의 중심에 반기를 들어 도전하기도 한다. 제국이 자신의 정복영토를 항상 온전하게 지배하는 것은 오히려 예외에 속하고 명목적 지배를 통해 주변세력에 상당한 자율성을 주면서 지배관계를 유지하는 것이 상례라고 할 수 있다.

유럽의 경우 중세를 지배해온 신성로마제국이 급속히 약화되고 스페인이 프랑스 및 신교세력과 30년 전쟁을 치르고 패하면서 새로운 제국이 등장해야 하는 상황을 맞이하였다. 승전국인 프랑스는 전후 유럽을 온전히 다스리는 제국이 되고자 하였으나 힘이 미치지 못하였다.

30년 전쟁 이후 다수의 국가들이 서로의 주권을 인정하고 주권국가체
제를 이룩한 것으로 흔히 이야기되지만 여전히 위계 상태는 지속되었
다. 흔히 베스트팔렌 조약과 더불어 주권국가들 간에 평등이 확보된 것
으로 상정되는 경향이 있다. 그러나 17세기와 18세기는 물론 19세기
초반 비엔나 회의를 거치면서도 여전히 국가들 간의 위계는 확고했다
고 볼 수 있다.

바텔과 같은 국제법 학자들은 주권국가들 간 평등을 국제법의 기
초 규범으로 규정하였지만 이는 당시의 국제정치 현실과는 거리가 있
는 논의였다. 자연법 체계에 기초하여 모든 국가들이 법 앞에 평등하
다는 원칙론이 논의된 것은 사실이지만 실제 국제정치에서 국가들 간
능력 불평등이 국제정치를 좌우하였고 강대국들 간의 세력균형과 협
조체제가 일반적인 현실이었다. 원칙적 의미에서 국가들의 권리가 평
등하다는 것과 실제 국제정치의 사안을 놓고 강대국 중심으로 결정되
고 국제정치가 실행되는 현실이 병행된 것이 사실에 가깝다고 볼 수
있다. 주권평등의 원칙과 불평등한 국제정치의 현실이 사실상 모순되
지 않는 하나의 현실이었던 것이다. 베스트팔렌 조약과 더불어 주권평
등의 규범이 정착되었다는 일종의 신화는 19세기 후반 국제법 학자들
의 견해로부터 서서히 시작되어 2차 세계대전이 종식되면서 굳어진 담
론이라고 볼 수 있다(Stirk 2012). 19세기 후반에 이르기까지 대부분의
국제법 학자들과 국제정치를 실행하는 정치가들은 자연법적 원리와는
별개로 국제정치는 철저한 위계 속에서 힘의 불평등한 배분구조에 따
라 이루어진다는 사실을 받아들였다고 볼 수 있다.

물론 주권평등의 원칙이 유럽 내에 확산되고 있던 민주주의와 공
화주의 정치혁명의 영향을 받은 것은 사실이다. 국내정치가 혁명적으
로 변화되면서 자연법적 평등의 관념이 개인들 간의 관계뿐 아니라 국

가들 간의 관계에까지 영향을 미쳤던 것은 자연스러운 추세이다. 특히 나폴레옹 혁명 이후 프랑스의 팽창과 더불어 자유주의 이념이 유럽 전역에 확산되면서 이러한 주권평등의 관념도 확산되었다. 그러나 나폴레옹이 이룩한 유럽의 제국이 사실은 국가들 간의 철저한 불평등에 기초한 제국적 질서였다는 점에서 나폴레옹이 상징하는 가치와 나폴레옹이 이룩한 제국질서는 큰 괴리를 보이고 있다.

16세기 중반 이후의 많은 유럽 강대국들은 스스로 제국이 되고자 노력했다. 유럽 전체를 장악할 수 있는 힘을 가진 국가가 출현하지 못하면서 결국 다수의 국가들은 서로의 존재를 인정하게 되었고 그 결과 복수의 주권국가체제가 마련된다. 애초부터 명확한 디자인을 가지고 주권국가체제를 이룩한 것으로 보기 어렵다. 오히려 힘에 의한 제국이나 평화구상에 의한 국가들 간의 연합과 연맹이 주된 관심사였던 것을 알 수 있다.

주목해야 할 것은 주권국가들 간의 규범들이 시간에 걸쳐 서서히 정착되어온 것이라는 점이다. 20세기에 정착된 주권 관련 규범들로는 최고성, 배타성의 원칙에 기초한 주권평등, 내정불간섭, 영토보존 등의 규범들이 있다. 폴란드의 분할에서 보이듯이 주권국가로 인정받았더라도 국가들 간의 전쟁과 강대국 간 타협에 따라 내정 간섭은 물론 주권을 부정하는 행태도 나타났다. 나폴레옹이 추구했던 제국의 계획 속에서 많은 국가들이 정복되어 영토가 병합되었고 1815년의 비엔나체제에서도 강대국들 간 타협에 의해 많은 국가들의 영토와 주권적 지위가 결정되었다. 주권국가들 간의 규범이 시대에 따라 변화해온 것이라면 현재 주권국가체제에서 통용되는 주권 관련 규범 역시 언제든지 변화할 수 있다. 실제로 초국경적 문제들이 빈발하고 지역통합이 강화되며 국제기구가 발전하면서 국가들의 주권에 대한 제한이 더욱 빈번해

지고 규범들이 변화되는 것이 사실이다. 향후 주권국가 관련 규범의 변화 가능성을 염두에 둘 필요가 있다.

세 차례에 걸친 폴란드 분할(1772, 1793, 1795)은 유럽 내에서 주권규범이 어떻게 적용되었는지에 관한 상황을 잘 보여주는 예이다. 폴란드는 리투아니아와 연합왕국을 이룬 주권체였지만 주변 강대국들인 러시아, 프러시아, 오스트리아에 의해 분할된다. 19세기 국제법 학자들은 폴란드의 분할과 소멸이 국제법의 정신을 어긴 비극적 사건이라고 논평하였지만 분할 당시에는 강대국들에게 충분히 수용되는 사건이었다. 18세기를 관통하는 주권 관련 규범은 보편왕조(universal monarchy), 즉 개별 왕조들의 주권을 부정하는 제국의 출현을 방지하는 것이 최우선이었다. 이를 위해서는 세력균형이 유지되어야 했고 세력균형을 위해 각 왕조들은 제한된 전쟁을 수행하거나 조약으로 힘의 균형을 이루고자 했다. 나폴레옹 전쟁 이후 비엔나체제가 성립되기 이전 18세기 말까지 영토의 획득은 세습과 정복에 의해 이루어지고 있었다. 결혼과 세습 등 영토의 상속이 보편화되어 있었고, 군사력을 사용한 정복으로 영토의 병합이 정당한 영토 획득의 권원이 되고 있었다. 다만 전쟁의 개시에 대한 정전의 조건이 점차 확립되어 가고 있었다.

폴란드의 분할은 유럽의 세력균형을 위해 강대국들이 합의한 것으로 폴란드의 주권수호라는 규범보다 유럽의 세력균형이 더욱 중요한 규범으로 작동했다는 사실을 알 수 있다. 절대주의 왕조 시대의 주권규범은 영토의 변경으로 영향을 받는 인민들의 삶이 주된 관심사가 아니었다. 영국을 제외하고 17세기 공화주의 정치체가 보편화되지 않았던 유럽의 상황에서 군주들은 자신의 결정으로 영토의 변경을 결정할 수 있었다. 귀족회의나 궁정관료들과 상의하기도 하였으나 궁극적인 결정은 군주들에게 달려 있었으며 여기에 인민들의 의사는 반영되지 않았다. 따라서 왕조의 주권적 독립성을 수호하기 위한 국제환경으로 세력균형을 유지하기 위한 영토의 분할과 조정은 정당한 주권규범의 행위였던 것이다. 이미 스페인 계승전쟁 이전 1698년과 1700년에 영토분할 조약이 맺어진 적이 있었다. 영국과 네덜란드 등 프랑스 루이 14세의 팽창을 경계하던 강대국들은 카를로스 2세가 사망하고 합스부르크 왕가의 영토가 프랑스에게 넘겨지는 것을 막기 위해 영토분할 조약을 맺은 바 있다. 만약 프랑스의 영토 확장이 이루어지면 이를 견제하기 위한 전쟁이 불가피하므로 이를 막기 위한 분할조약은 당시로서는 유의미한 것이었다. 영토분할로 영향을 받는 인민들의 삶은 주된 결정요인이 아니었다. 결국 프랑스는 승복하지 않고 스페인 왕위계승전쟁이 발발했으며 전쟁이 종료되는 1713년 위트레히트 조약에서는 세력균형의 규범이 명시되고 정착된다.

폴란드의 1차 분할은 미국 독립과 프랑스 혁명 이전에 발생한 사안으로 유럽 내 강대국들의 반발을 불러오지는 않았다. 그러나 18세기를 통해 인민주권의 원칙이 확대되는 와중에 있었으므로 루소와 같은 사상가는 폴란드의 분할이 인민주권의 원칙에 위배된다는 점에서 신랄하게 비판하였다. 2차와 3차의 분할은 프랑스 혁명이 일어난 후에 이루어졌고 나폴레옹은 폴란드 지역을 점령하여 바르샤바 공국을 생성시켰다. 나폴레옹 전쟁 종료 이후 유럽의 열강들은 폴란드가 공화주의 혁명의 영향을 받은 새로운 국가로 출현하는 것을 막고자 보수적 원리 하에서 1차 대전 종식 이후까지 폴란드를 유럽의 지도에서 지워버렸다. 폴란드의 분할은 폴란드와 합의에 기초한 할양조약의 형식을 띠었지만 사실은 폴란드가 조약에 반대할 경우 무력개입이 예상되는 상황이었으므로 강압에 의한 병합으로 보는 것이 적절하다. 주권에 관련된 규범이 내정불개입과 주권평등, 그리고 영토의 보존과 같은 내용에 기초한 것이라고 현대에는 이해되고 있지만, 주권의 규범은 유럽 내에서도 국제정치의 시대적 변화에 따라 다르게 적용되었다는 점을 알 수 있다.

IV. 유럽 주권국가체제의 성립과 비유럽의 중요성

1. 탈식민 국제정치이론의 필요성

근대 주권국가체제가 만들어진 과정에서 유럽과 비유럽 지역이 어떠한 관계를 맺어왔고 국가 주권의 개념과 실천이 어떻게 형성되고 확산되었는지는 중요한 과제이다. 유럽과는 다른 조직원리와 다른 국가 개념을 가지고 있던 비유럽 지역이 유럽식 질서를 받아들이면서 많은 고난을 겪었고 현재까지 그 고난이 이어지고 있기 때문이다. 과거 유럽 열강의 식민지배의 잔재가 남아 있을 뿐 아니라 비유럽 지역의 국제질서 자체가 여전히 많은 왜곡과 불균형의 요소들을 안고 있기 때문이다. 한국의 예만 보더라도 한편으로는 일본 식민지배의 잔재로 한일 관계가 왜곡되어 있고 해방과 국가 수립의 과정에서 남북한으로 분단되어 여전히 온전한 근대국가를 이루지 못하고 대결과 긴장 상태에 놓여 있다.

　　서구의 국제정치이론에서 모든 주권국가를 기능적으로 동일한 존재로 보고 오로지 힘의 크기에 따라 이론화하는 신현실주의 이론은 주권국가가 지역별로 다르게 형성되는 역사적 과정을 도외시한다. 1945년 이후만 보면 피상적으로 모든 국가들이 기능적으로 미분화된 무정부상태 하에 놓여 있는 것 같지만 오랜 역사를 거치면서 국가들 간에는 더욱 긴밀한 관계가 형성되어 있다(Waltz 1979). 가깝게는 1차 세계대전 이후 국제연맹에서 위임통치를 하면서 수임국과 위임국 사이에 의존과 종속의 관계가 자연스럽게 형성되어 왔다. 3세계의 독립과 해방의 과정에서 열강의 역할과 간섭은 다양한 형태로 나타난 것이다. 이러한 이론적 문제를 해결하기 위해 많은 학자들은 국제정치의 조직원리를 무정부상태가 아닌 위계상태로 개념화하려고 했다. 그러나 위계상태 조직원리론 역시 주권국가들 간 역사적, 질적 차이를 밝히기보다는 같은 주권국가들 간의 힘의 차이가 고착화되면서 발생하는 권위의 상하관계에 주목함으로써 근본적인 문제를 제기하지는 못하고 있다. 무정부상태 하의 위계상태를 보여주는 것이 의미는 있지만 조직원리 자체의 위계성을 밝히는 것이 아니라 무정부상태 조직원리를 인정한 속에서 위계적인 운용원리에 주목하고 있다(Lake 2009). 보다 근본적으로 탈식민의 국제정치학이론이 필요한바, 이는 근대 국제정치 자체가 유럽과 비유럽, 강대국과 약소국의 힘의 차이를 내재한 속에서 이루어졌다는 점에 기초해야 한다. 그런 면에서 근대 국제정치는 비유럽이 주도한 세계화가 포르투갈과 스페인이 주도한 세계화로 변화되는 15세기, 세계를 관념적으로라도 유럽이 주도하려고 한 시점이 시작 시점이라고 보아야겠다. 1492년 콜럼버스의 아메리카 대륙 발견, 1494년 토르데시야스 조약 등이 상징적으로 근대 국제정치의 시작을 알리는 기점이 된다.

유럽의 근대 주권국가가 본질상 식민지국가였다면 비유럽 지역이 유럽의 주권국가체제에 어떠한 영향을 주었는지를 보다 명확히 밝힐 필요가 있다(이용희 2013[1962]). 이는 여전히 연구가 미진한 분야로 몇 가지 점에 주목할 필요가 있다. 첫째, 비유럽 지역이 경제적으로 유럽의 근대 국제체제 형성 과정에 미친 영향이다. 유럽은 15세기 이후 비유럽 지역, 즉 아메리카·아프리카·인도·동아시아 지역을 경제적으로 착취해왔다. 다양한 자원뿐 아니라 노예인구를 착취하였고 다양한 불평등 무역을 추구했으며 금과 은의 광물을 수입하여 유럽의 화폐제도를 정착시켰다. 유럽의 근대 국제체제 형성 과정이 전쟁을 통해 이루어졌다면 전쟁 수행의 경제적 기초가 비유럽 지역에서 제공된 것은 중요한 사실이다. 둘째, 전쟁 수행의 주요 기술인 화약과 총포, 대포 등의 기술이 아시아에서 수입되었다. 화약과 포의 발명이 중국에서 비롯된 것은 잘 알려진 사실이다. 오토만 제국이 1453년 동로마제국을 멸망시키면서 포를 본격적으로 활용하였고 이후 유럽은 중세적 군사기술에서 화약의 시대로 변화한다. 비유럽 지역의 무기 및 군사기술의 영향력이 막대했음을 알 수 있다. 셋째, 영토국가 중심의 조직원리로 유럽은 근대 초만 하더라도 여전히 결혼과 세습, 그리고 왕조적 네트워크에 따른 조직원리를 가지고 있었다. 식민지를 개척하는 과정에서 영토적 분리가 조직원리의 중요한 부분이라는 점이 부각되었는데 이는 토르데시야스 조약부터 비롯된 사건이다. 선적 경계에 기초한 조직원리를 비유럽 지역에서 실천하면서 정치공간을 새롭게 인식하는 방식이 유럽에 영향을 미쳤다고 볼 수 있다(Jordan 2012).

2. 비유럽 국가들의 주권적 지위

비유럽 국가들의 주권적 지위는 오랜 기간에 걸쳐 서서히 확보되어 왔으며 현재에도 온전히 확보되었는가의 질문을 던질 필요가 있다. 근대 국제질서는 애초부터 주권국가와 비주권국가의 명확한 구분에 기초한 질서였고 주권국가의 지위에 오른 강대국들 간의 합의와 승인이 주권적 지위 부여에 핵심적 요소였다. 유럽 내에서도 강대국 정치의 전개에 따라 우선 보편제국의 가능성을 차단하고, 강대국들 간 주권규범이 어느 정도 확립되면서 이들 간 세력균형을 유지하기 위해 약소국들의 주권적 지위와 현실을 결정해나갔던 것이다.

따라서 오늘날 서구와 비서구를 막론하고 많은 정치체들이 주권국가로 승인되었지만, 이러한 평등한 주권적 지위가 애초부터 계획된 것은 아니다. 유럽의 근대 주권국가체제 형성 과정에서 주권은 유럽의 약소국 혹은 비유럽 국가들에게 매우 배타적으로 주어졌으며 그것도 온전하고 분할 불가능한 주권으로 주어진 것이 아니라 불완전하고 분할 가능한 형태로 주어졌다. 유럽 국가들은 소위 문명에 대한 관념과 세계관에 기초하여 비유럽 정치체들을 야만으로 규정하였고 비유럽 국가들에게는 주권을 부여하지 않고자 했다. 이후 유럽 국가들의 필요에 따라 부분적인 주권을 부여하는 관행이 만들어졌는데 이때에도 온전한 주권이 아닌 불완전한 주권을 부여하는 데 그쳤다.

비유럽과의 조우가 시작된 이래 유럽 국가들은 비유럽의 정치단위들을 어떻게 인식하고 어떠한 권리를 가진 존재로 다룰 것인가를 둘러싸고 많은 논란에 휩싸였다. 근대 국제법의 시초라고 알려진 비토리아가 아메리카 인디언의 지위를 놓고 국제법을 고민하기 시작한 것은 잘 알려진 사실이다(Vitoria 1992[1539]). 자연법이 여전히 영향을 발휘하고 있던 시대에 비유럽 단위는 본래적인 권리를 가진 것으로 인식되었지만 이러한 권리가 법적으로 유효한 주권적 권리인지는 별개의 문제였다. 비록 원주민들이 영토를 점유하고 있어도 유럽 국제법의 차원에서 이들이 진정한 주권적 영토권원을 확보하고 있는가, 유럽의 식민주의자들은 이들 영토에 대해 어떠한 권리를 획득할 수 있는가는 중요한 문제였다. 애초에 발견의 원리가 유럽 식민주의자들에게 영토권원을 줄 수 있다고 생각되었지만 곧 부정되었다. 단순한 발견으로 영토

권원이 확보될 수 없다는 것인데 이는 비유럽 단위들의 권리를 인정해서라기보다는 각축하는 유럽 열강들 간의 다툼에서 보다 명확한 권원이 필요했기 때문이다. 유럽인들이 비유럽 단위들의 주권적 지위를 어떻게 인식했는가와 별개로 비유럽 지역, 특히 아메리카와 아프리카처럼 야만의 정도가 심한 지역에서는 영토가 무주지라는 인식이 강화되었다. 비록 원주민이 거주하지만 노동을 가해 자신의 영토로 만들지 않았고 오랜 기간 동안 점유하지 않았기 때문에 유럽의 관점에서 영토권원을 만족시킬 수 없다는 것이다. 따라서 유럽인들이 선점과 실효지배를 통해 이들 지역에 대한 원시적 권원을 확보할 수 있다는 관념이 굳어지고 이는 식민지배를 합리화하는 논리로 발전했다.

유럽 내에서 주권국가체제가 어느 정도 완비된 19세기 초 이래 국제법은 점차 실정법주의 혹은 실증주의의 형태를 띠어갔다. 모호한 자연법주의를 탈피하고 온전히 정비된 유럽 주권국가체제를 바탕으로 비유럽에 대한 유럽의 권리를 법적으로 합리화하는 데 주력한 것이다. 많은 실증주의 계열의 국제법 학자들이 유럽의 제국주의를 합리화하였는데, 대표적인 예로 웨스트레이크(Westlake)는 비문명화된 지역의 영토가 어떻게 문명화된 특정 국가에 의해 전유될 수 있는가를 질문한다. 이에 대한 답은 비문명화된 지역은 국제법적 행위능력이 없기 때문에 이미 문명화된 국가가 양심에 따라 비문명화된 지역에 대한 행동을 협의에 의해 해나가야 한다는 것이다(Westlake 1894, 136).

웨스트레이크는 문명과 비문명의 기준이 문화나 관습, 도덕 등 사회문화적인 것은 아니라고 본다. 중요한 것은 정부의 존재 여부이다. 비문명 지역에 정부가 존재하여 이 지역에 도래한 유럽인들이 자신의 국가에서 누리던 복지를 누리고, 유럽인들 간의 정복 경쟁을 막을 수 있고, 원주민들이 유럽인들의 도래 이전에 누리던 복지를 계속 누리게

할 수 있는 권능을 가진 정부가 존재하는가 하는 점이라고 주장한다 (Westlake 1894, 141). 여기서 웨스트레이크는 아메리카와 아프리카의 원주민, 그리고 중동과 아시아를 구분한다. 전자는 그러한 능력을 갖추고 있지 못한 반면, 중동과 아시아 등의 지역은 그러한 정부를 가지고 있다고 본다.

아시아의 정치체들은 정부를 소유하고 있어서 유럽인들에 대한 사법적 권리, 무역과 관세 조정, 통신 등 여타 행정 사안들을 상호 조정할 수 있다고 본다. 반면 유럽인들이 이미 진출한 바 있는 아메리카와 아프리카의 경우 그러한 정부가 없기 때문에 영토 취득에 대해 새로운 기준이 제시된다는 것이다(Westlake 1894, 142). 정부가 없는 비문명 지역의 경우 문명국가들의 상호 이익을 위해 이 지역에 대한 주권적 요구는 서로의 양심에 따라 조정되어야 하며, 오로지 이익을 위한 전쟁을 하는 변명의 여지를 없애는 것이 원주민들의 고통을 방지한다는 점에서도 유익하다고 주장하고 있다(Westlake 1894, 143).

3. 베를린 회의(1884~1885)와 아프리카의 주권적 지위

유럽의 식민지배를 합리화하는 많은 논의들이 19세기 전반을 통해 제공되었고 아시아, 아프리카, 중동, 남아메리카 등 다양한 지역에서 다양한 식민지화의 경로가 실행되었다. 하지만 1884년의 베를린 회의는 아프리카는 물론 19세기 말, 20세기 초 제국의 식민지배 원칙 수립에 영향을 미친 중요한 회의로 식민지화의 정책을 둘러싼 본격적인 다자회의로 규범의 기초를 놓은 회의였다. 일본 역시 한국을 식민화하는 과정에서 유럽의 아프리카에 대해 어떠한 국제법 논리를 적용했는지 탐구했던 것으로 알려져 있다.

1884년 11월 15일에서 1885년 2월 26일까지 장기간에 걸쳐 지속된 베를린 회의는 아프리카를 마구잡이로 침략하고 분할하던 유럽 열강들 간의 이해관계를 조정하여 무력충돌을 미연에 방지하고자 열린 회의였다. 그러나 아프리카인은 한 명도 초대되지 않았다. 통일 이후 식민개척에 후발주자였던 독일의 비스마르크는 소위 정직한 중재자를 자임하면서 베를린 회의를 주재했지만 아프리카 진출을 추구하고 있었고, 콩고강 분지와 유역 지역에 공격적으로 진출하고 여기에 콩고자유국을 설립하려 했던 벨기에의 레오폴드 2세의 정책적 야심이 반영되었다. 영국 출신 탐험가였던 헨리 모턴 스탠리(Henry Morton Stanley)의 탐험과 더불어 콩고 유역과 아프리카 내륙에 대한 유럽 열강의 진출이 본격화되었고 영국, 프랑스, 포르투갈 등 주요 열강들의 이해관계를 조정할 필요가 제기되었다. 오스트리아-헝가리 제국, 프랑스, 독일, 영국, 이탈리아, 러시아, 미국, 스페인, 포르투갈, 스웨덴-노르웨이, 덴마크, 벨기에, 네덜란드, 터키 등의 대표들이 참석했는데 유럽 열강 이외에 미국만이 아프리카인들의 권리에 대해 간헐적으로 문제제기를 하였다. 베를린 회의 당시 미국 대표였던 카손은 원주민들의 권리를 유럽 국가들이 무시해서는 안 된다는 유예적 의견을 표시한 바 있지만 유럽 대표들은 이에 귀 기울이지 않았다.

베를린 회의의 의의를 둘러싸고 아프리카의 식민지배를 더욱 공고히 하고 이후 북아프리카에 대한 프랑스와 독일의 보호령화를 부추기는 계기가 되었다는 평가가 있는 한편, 사실상 콩고 지역의 배분에 그친 회의로서 이후의 식민지배와는 큰 연관이 없고 오히려 유럽 열강들 간의 자유무역과 선박운송의 자유, 노예무역 금지 등 경제적 의미가 더 컸다는 평가도 있다(Craven 2015). 그러나 많은 국제법 학자들은 과연 아프리카 원주민들이 영토에 대한 국제법적으로 의미 있는 권한을 가지는가, 원주민 통치자와 조약 체결이 가능한가, 식민지배가 과연 적절한가 등의 문제를 다룰 수밖에 없었다.

앞서 논의한 웨스트레이크는 비유럽 지역의 대표들, 촌로나 추장들이 유럽인들과 대화를 할 수 있는 이해력은 가지고 있지만 국제법의 주체로서 조약을 이해하고 체결할 능력이 없으므로 국제법적 주체의 권리를 가질 수 없다고 보았다. 오펜하임 역시 조약체결권은 주권국가 혹은 주권자의 권리로 조약 체결 당사자가 주권국가인 경우에만 조약 체결권을 향유하는 것으로 보았다. 반대로 조약이 체결되고 조약이 유효하다면 상대 통치자는 주권이 있는 것으로 보아야 한다는 것이다(오시진 2015, 136).

웨스트레이크는 비토리아 등 스페인의 근대 초기 국제법 학자들이 원주민들의 자연법적 권리를 논한 것은 옳은 일이나 이는 이들을 보호하기 위해 유럽인들의 행동양상을 바꾸려고 한 것이지 원주민들에게 국제법적 권리를 주려고 한 것은 아니었다고 본다. 즉 원주민에 대한 선의와 이들에 대한 국제법적 권리 인정은 다른 이야기라는 것이다. 웨스트레이크는 원주민의 자연법적 권리를 인정하는 것과 국제법적 주체의 권리를 인정하는 것은 다른 문제라고 주장한다. 그러한 점에서 유럽인들이 애초에 아프리카와 아메리카에 진출하여 원주민과 맺은 많은 약정들이 조약의 지위를 가질 수 없고 베를린 회의에서 논의된 바와 같은 조약의 결과에 영향을 미칠 수 없다고 본다. 다만 원주민이 어느 정도의 이해력이 있을 경우 도덕적 권원은 인정할 수 있다고 보았다. 결국 문명국가들이 상호 간에 결정한 사항이 가장 중요한 영토 취득의 법원이 된다는 것이다.

웨스트레이크는 니아사(Nyassa) 소재 영국 대리영사와 마코로로(Makololo) 국가의 족장들이 체결한 1889년 조약은 족장들의 지적 수

준이 비문명화된 종적으로서는 매우 높아 조약의 내용을 이해하고 영
국과 유의미한 조약을 체결했다고 평가한다. 여기서 족장은 영국에게
특정권리를 부여하고 영국은 관세와 세금을 족장에게 제공하고 있다.
무엇보다 족장은 영국 정부의 사전 동의 없이 다른 유럽 열강에게 영
토를 할양할 수 없다는 조항을 두고 있는데, 이는 영국이 족장의 주권
적 권한을 인정한 조약이다. 이 경우 영국과 같은 유럽 세력은 아프리
카 족장의 주권적 권한을 인정함으로써 다른 열강들과의 경쟁에서 우
위를 점하려고 했다. 이는 아프리카 족장들의 주권적 권능을 인정하지
않은 상태에서 아프리카 지역을 무주지로 상정하여 영토 취득한 경우
와는 배치되는 것이다. 따라서 때로는 무주지로 때로는 주권적 권능이
있는 족장의 영토로 아프리카 지역을 다르게 해석하고 열강의 이해에
따라 국제법적으로 모순되는 영토 취득 행위를 했다는 점을 알게 된
다. 과연 어떤 족장이 문명적이며 국제법적 주권권능을 가지는가, 이에
대한 명백한 기준이 제시될 수 있는가, 오히려 이러한 논란은 유럽 열
강의 영토 취득 경쟁에서 비롯된 자의적인 것이 아닌가 하는 점이 문
제로 떠오른다. 유럽 제국주의 세력은 이들 간의 경쟁 논리에서 아프리
카와 아메리카 원주민의 주권적 지위를 논했고, 그 기준은 정치적이고
법적으로는 자의적이기 때문에 과연 19세기 유럽의 국제법이 비유럽
국가들의 주권에 대한 일관되고 논리적인 기준을 제시했는가에 대해
서는 심각한 의문이 제기될 수밖에 없다(Westlake 1894, 84-85).

　　이러한 시각은 현재에까지 이어지고 있다. 국제사법재판소는 시
제법의 원칙에 의거하여 19세기 당시 베를린 회의의 결정을 옹호하
는 결정을 여전히 내리고 있다. 카메룬-나이지리아 간 영토분쟁 사건
(2002)에서 국제사법재판소의 판결이 자주 논의된다. 식민지 시대에
부족공동체와 체결한 식민지배의 법적 성격에 대해서는 다양한 견해

가 존재했다. 첫째, 식민지배 조약의 법적 성격을 부정하는 견해로 서구 국가들이 선점을 통해 부족 공동체의 영토적 권원을 원시적으로 취득하는 것이라는 견해이다. 둘째, 부족 공동체의 주권이 일부 인정되어 원주민들이 자결권과 유사한 권리를 향유하며 조약 체결이 법률행위라고 보는 관점이다. 셋째, 식민지배 조약들이 유효하지만 상대방의 주권은 부정하는 관점이다. 원주민이 주권을 가지지 못하므로 영토는 원시적으로 취득하는 것이지만 이들의 동의는 필요하다는 입장이다(오시진 2015, 137-138). 이들 견해 중에서 첫 번째 견해와 두 번째 견해는 논리적 일관성이 있다. 원주민의 주권 소유 여부에 따라 조약의 법적 성격이 결정되기 때문이다. 그러나 세 번째의 경우는 논리적으로 모순인데 원주민의 주권적 지위는 인정하지 않으면서 동의를 구하는 것이 필요하다고 보기 때문이다. 당시 다수의 학자들이 이러한 견해를 펴고 있었는데 이는 정치적 동의를 구하는 최소한의 필요성을 인정했기 때문이다.

국제사법재판소는 카메룬-나이지리아 간 영토분쟁 사건에서 베를린 회의 시대 유럽 강대국들이 아프리카 지역의 통치자들과 많은 조약을 체결하였으며, 영국만 하더라도 니제르 삼각지 지역에서 지역 통치자들과 350여 개의 조약을 체결하였다는 사실에 주목했다(오시진 2015, 134). 영국은 1884년 9월 올드 칼라바르(Old Calabar) 부족장들과 보호조약을 체결하여 외교권 포기를 약속받았는데 이를 영토 할양으로 볼 수 있는가가 쟁점이었다. 국제사법재판소는 보호조약을 두 가지로 분류하였는데 하나는 피보호국이 주권을 보유한 실체라고 인정한 것으로 모로코, 튀니지, 마다가스카르 등의 예를 들었다. 다른 하나는 피보호국을 국가로 볼 수 없는 경우로 사하라 이남 아프리카 지역을 예로 들고 있다. 이 경우 보호조약은 "원주민의 자율성에 기한 식민지 영토 내부 조직의 한 형태"로 보아야 한다는 것이다. 부족공동체가 사회조직을 구성하고 있는 경우로 무주지라고 볼 수 없고 이때의 협정은 영토권원의 파생적 뿌리라는 견해이다. 따라서 무주지 선점의 경우가 아닌 영토할양의 경우라고 본다는 것이다(오시진 2015, 135-136).

　카메룬-나이지리아 간 영토분쟁 사건에 대한 재판관의 판결 중 소수 의견인 란제바(Raymond Ranjeva) 재판관의 의견은 매우 흥미롭다. 란제바 재판관은 19세기 후반 국제법에서 유럽 국가들 간에 적용되는 법과 유럽 국가와 비유럽 국가들 간에 적용되는 법이 사실상 달랐다는 이중구조를 지적하고 있다. 전자는 국제법이라고 할 수 있지만 후자는 식민지법(colonial law)에 더 가깝다는 것이다. 오펜하임 역시 국제사회 내의 피보호국과 국제사회 밖의 피보호국을 구분하여 국제사회 밖의 피보호국은 보호받는 국가로 취급되지 않았다고 본다. 결국 국제사회 밖의 피보호국에 대한 보호는 병합에 이르기 전 단계의 조치이며 해당 영토는 미래의 선점을 위해 보존하는 것에 불과하다는 것이다(오시진 2015, 149).[1]

4. 베를린 회의의 결정이 식민지배에 미친 영향

오늘날과 달리 1945년 이전 식민지는 국제법에서 정당한 범주로 취급

---

[1]　별도의견으로 제시된 란제바 재판관의 논의 중 마지막 부분으로 원문은 다음과 같다. For these reasons, it would have been preferable to speak of international law when referring to the law governing; relations between the European Powers (or with sovereigns recognized by the European Powers, and of colonial law or acts, as appropriate, when addressing the relationship between the European Powers and indigenous chiefs. Such a distinction or classification permits a better understanding of the legal framework of colonization.

되었다. 1차 세계대전 이후까지 이러한 인식은 지속되었는데 프랑스의 국제법학자인 셸르(Georges Scelle)의 견해를 1932년에 출판된 저서에서 확인할 수 있다. 여기서 식민지는 법적으로 타당한 존재로 인정되고 있다. 즉 "오늘날 원시적이고, 미개발의 그리고 퇴폐한 집단이 존재하는 유럽 외의 영토에 대하여 식민지건설이 이루어지고" 있으며 "정복이라는 방법의 전통적 학설에 따라 그 권리의 효과가 창출되고 있다"는 것이다. "오랫동안 정복은 식민 개척국의 배타적 이해, 경제적·재정적·상업적·정치적·군사적 요구를 위한 목적의 추구에 기초하고 있는 것으로 간주되어"왔고, "식민개척국은 주권을 가지고" 있으며 "사실상 식민지건설은 합병"이라는 것이다. "식민지 영토는 식민본국 영토의 일부분을 이루게 되며 그 주민은 식민본국의 국적을" 가지며 "헌법적 지위와 법률들은 식민지 본국의 법적 체제의 일부분을 이루게 된다"는 견해이다(이석우 2009, 605-606).

　　이러한 인식의 중요한 기초를 제공하고 식민지배의 국제법적 전환점을 마련한 것이 베를린 회의이며 여기서 가장 중요한 논점으로 떠오르고 향후 식민지배의 중요한 원칙으로 확정된 것이 실효지배(effective occupation)이다. 아프리카 원주민들의 영토를 무주지로 간주하고 국제법적으로 의미 있는 조약의 조건을 구체화한 뒤 사실상 식민지배를 위한 절차로서 실효지배와 보호령화, 온전한 식민지화의 경로를 밝힌 것이다. 베를린 회의 이후 만장일치로 채택된 일반의정서(General Act)의 6장은 실효지배에 대한 조건을 밝히고 있다. 34조와 35조가 이에 관한 것을 밝히고 있는데 실효적 지배는 상당 기간 동안 영토에 대한 구체적 점유의사를 가지고 점유해야 하며 다른 경쟁세력들에게 통고하여 합의를 얻어야 함을 밝히고 있다.[2] 특히 다른 열강들의 합의를 얻기 위해 통고의 의무를 제안하고 있는 점이 중요한 바로 이를 통해 식민지배에 대한 다자적 합의를 끌어내기 위한 조치를 취하고 있다.

19세기 실증주의 국제법 학자로 유명한 로렌스의 경우, 베를린 회의가 향후 "동일한 영토에 대한 상충하는 주장들로부터 발생하는 곤란을 제거하게 될 조항들을 담고 있다"고 평가하며 "모든 유럽의 열강과 미국이 서명한, 1885년 서아프리카 회의의 최종의정서에 구현되어 있는 합의는 각 서명국들은 장래에 아프리카 연안의 일정한 크기의 육지를 선점에 의하여 취득하거나 그곳에서 보호국의 지위를 가지게 될 때마다 다른 국가들에 대하여 공식적인 통고를 보낼 의무를 스스로에게 지웠다"고 언급하고 있다. 따라서 "이러한 규칙은 이미 여러 경우에 실행되어 왔으며 모든 국가들이 이 규칙을 채택하고 선점되지 아니한 육지를 장래에 취득하는 경우에 이 규칙을 확대할 것이 요망"된다는 것이다(박배근 2013, 48).

홀 역시 베를린 회의의 일반적 적용 가능성에 대해 언급하고 있다. "선언이 아프리카의 해안에만 적용된다는 것은 사실"이지만 "그럼에도 불구하고, 영토를 선점하기 위하여 노력할 것으로 보이는 국가들 사이에서 이루어지고, 이 선언의 일자에 세계의 선점되지 아니한 채로 남

---

2   원문은 다음과 같다. Article 34: Any Power which henceforth takes possession of a tract of land on the coasts of the African continent outside of its present possessions, or which, being hitherto without such possessions, shall acquire them, as well as the Power which assumes a Protectorate there, shall accompany the respective act with a notification thereof, addressed to the other Signatory Powers of the present Act, in order to enable them, if need be, to make good any claims of their own.
Article 35: The Signatory Powers of the present Act recognize the obligation to insure the establishment of authority in the regions occupied by them on the coasts of the African continent sufficient to protect existing rights, and, as the case may be, freedom of trade and of transit under the conditions agreed upon.

아 있는 대부분의 연안 공간에 적용되는 합의는 일반적인 구속력을 가지는 규칙의 발전에 커다란 영향을 미치지 않을 수 없다"고 의의를 밝히고 있다(박배근 2013, 45).

타국에 대한 통고의 의무 역시 중요한 사항이다. 오펜하임은 통고의 의무에 대하여, "다른 국가에 대한 선점의 통고를 선점의 유효성의 필수 조건으로 하는 국제법 규칙은 존재하지 않"지만 "아프리카 대륙에서의 모든 장래의 선점에 관하여, 1884~1885년에 베를린 콩고 회의에 출석한 모든 국가들은 이 회의의 일반의정서 제34조로써 선점은 서로 통고되어야 한다고 규정하였다"고 평가하면서 "지금은 아프리카에서의 유효한 선점의 조건"이며 "시간이 지나면 이 규칙이 관습법에 의하여 또는 조약에 의하여 아프리카에서의 선점으로부터 모든 다른 곳에서의 선점으로 확대될 것이라는 점에는 의문이 없다"고 설명하고 있다(박배근 2013, 50).

결국 베를린 회의는 총회에서 독일령 동아프리카를 포함한 콩고 분지를 중립지대로 선언하고 유럽 제국주의 국가들이 무주지로 간주된 지역에 대해서는 점유, 그리고 그 이외의 지역에 대해서는 정복이라는 방식을 통해서 특정 식민지 영토에 대한 주권을 획득하는 데 기여한 것이다. 그러나 대부분의 경우에 있어서 아프리카에서 유럽 정부로의 주권 이양은 할양 조약과 보호령 설정 조약을 포함한 양자조약에 의해 공식적으로 이루어졌다(이석우 2004, 93).

19세기 후반에 들어서 보호령은 유럽제국이 비유럽 국가에 대해 공식적으로 이들 국가에 대한 우월한 주권을 상정하지는 않았으면서도, 집중적인 통제권을 행사하기 위한 다소 보편화된 기술이었다. 보호국을 설치하면 첫째, 피보호국의 측면에서 외부적 주권을 보호국의 권한을 양도하게 되고, 둘째, 보호국의 국민에 대한 영토적 관할권도 포기하게 된다. 반면 보호국의 측면에서 첫째, 모든 외부적 침략에 맞서 피보호국의 방위에 대한 약속을 지켜야 하고, 둘째, 문명을 향한 발전에 있어서 원조의 약속이 필수적 요소를 구성한다(이석우 2009, 612). 웨스트레이크 역시 "비문명 국가에 대한 보호령 제도(institution of protectorates)는 이들에 대한 취득(acquisition)을 향한 첫 번째 발걸음에 더욱 큰 자유를 주었다"고 언급하고 있다(이석우 2009, 632).

베를린 회의를 기점으로 유럽 열강들은 다양한 방식으로 아프리카의 식민지배를 완성시켜나갔다. 그 논리는 자체적으로 모순을 내포하고 있었고, 국제법으로 온전히 합리화되지도 못했다. 조약을 맺은 경우는 아프리카 지배자들의 주권적 지위를 암묵적으로 인정했지만 이들 국가들을 보호령으로 만들고 결국 식민지배하는 것이 목적이었다. 무주지로 상정하고 실효지배를 행한 경우도 상대방의 주권적 지위에 대해 애매한 태도를 취했다. 전체적으로 일관되지 못하고 과거 유럽 열강들이 상업적 목적으로 맺었던 조약들을 스스로 부정하게 되는 결론 속에서 아프리카 지배자들은 강요 하에서 조약을 맺어 주권적 권리의 일부, 혹은 전체를 양도할 수밖에 없었다(Anghie 2004; 이석우 2004, 93).

V. 일본의 한국 강제병합과 한국의 주권적 지위

이상의 논의는 한국이라는 정치체의 주권적 지위에 대한 논의에 많은 시사점을 준다. 한국은 1876년 개항 이후 1882년 미국과 수호통상조약을 맺어 서양 세력과 최초의 조약을 체결한다. 이후 서구 각국과 조약을 체결하게 되는데 이는 조선이 조약의 주체였다는 점을 의미한다.

그러나 19세기 후반 서구의 제국주의 정책에서 보듯이 조약의 주체로 인정했다고 해서 온전한 주권국가로 승인한 것은 아니다. 서구의 소위 문명기준으로 주권국가의 자격을 갖추지 않았다면 여전히 주권국가로 인정하지 않았기 때문이다. 서구 국가들은 물론 일본도 치외법권이 인정되는 불평등조약을 맺고 있었고, 이는 일본은 물론 터키, 중국에 모두 공통된 경우였다(Kayaoğlu 2010; 정구선 2006). 고종은 1897년 대한제국을 선포하는데 대한제국에 대한 승인은 여전히 불완전했고 국제사회에서 온전한 주권국가로 승인되었다고 보기 어렵다.

일본은 한편으로는 서구 주권국가들과 평등한 관계를 수립하고자 노력하면서 다른 한편으로는 아시아의 다른 국가들과 주권국가 대 비문명 비주권국가의 구도 속에서 제국적 권한을 획득하고자 노력했다. 일본은 1880년대 기존의 불평등조약을 개정하는 데 성공하였고 1888년 멕시코와의 조약에서 최초의 평등조약을 맺고 이를 다른 국가들과의 조약의 전범으로 삼아 나갔다. 일본이 대한제국에 대해 행한 정책은 한국을 불완전한 주권국가로 설정하고 보호조약을 거쳐 병합을 하고자 추진한 것이었다.

보호조약을 체결하고 이후 사실상의 식민지로 만드는 것은 당시 유럽 세력에게는 일반적인 패턴이었다. 영국은 이집트와 비공식, 공식 보호령 관계를 설정하였고 이집트의 내정에 대한 영향력을 행사하였다. 보호령은 피보호국의 안보를 지키기 위해 대외적 주권을 획득하는데 그쳐야 하지만 현실에서 보호국은 피보호국의 대내정책에 영향을 미치기 일쑤였다. 문제는 보호령을 병합하는 것이 합법인가 하는 점이다. 을사늑약의 경우 체결 과정에서 발생한 강압과 비준의 결여 등 불법적 요소가 존재한 것이 사실이다. 식민지배 과정에서 조약에 의한 절차를 밟는 경우 조약의 유효성이 중요한데 형식적, 절차적 요건에 결함이 없어야 한다. 강박에 의한 조약은 무효 사유에 해당하는데 국가에 대한 강박은 허용되어도 조약체결권자에 대한 강박은 구속력이 없다. 전쟁에 패하여 국가에 대한 강박이 존재하는 것은 구속력을 인정받지만 계약 당사자의 절대자유에 기초한 실제 동의가 없으면 구속력이 없는 것이다. 더 나아가 최고통치자의 인장 및 국왕의 서명이 없어서 형식적, 절차적 하자가 있는 경우도 있고 조약의 내용을 인지하지 못하여 자유로운 의사 합치로 볼 수 없는 경우도 있다(오시진 2015, 144).

을사늑약의 불법성 문제에 더하여 1910년의 병합이 시제법상으로 합법적이었던가는 별개의 문제이다. 당시의 국제법상 영토의 할양은 정복, 할양, 점령/실효지배, 시간의 경과에 따른 시효, 자연증가 등을 들 수 있다(Whitmore 1896). 한일병합조약은 사실상 병합(annexation)으로 대한제국 황제의 합의에 의한 할양과는 다르다. 할양으로 보더라도 조약체결 과정의 불법성, 즉 강제성과 비준 부재, 인장의 문제 등이 존재한다. 더욱이 당시의 상황을 평시에 대등한 상황에서 합의에 체결되는 할양이라고 보기는 어렵다. 그렇다면 결국 정복에 의한 병합으로 보아야 하는데, 병합은 강박, 전쟁, 무력사용 혹은 무력위협에 의해 발생하는 영토 변경이다. 병합에 의해 대한제국의 주권이 온전히 소멸되었다고 보려면 과연 당시 일본의 강압이 합법적이었는가, 일본의 보호국 역할이 조약의 성격에 맞게 제한되어 있었는가 하는 점 등이 다루어져야 한다. 일본은 을사늑약 이후 당초의 목적과는 달리 대한제국의 국내문제에 광범위하게 개입하고 있어 일본의 보호국 역할은 불법적이고 강제적이었다고 할 수 있다. 순종 역시 강압적 환경 속에서 병합조약을 체결할 수밖에 없어 병합으로 볼 때 한일 병합은 불법적이었다고 본다. 결국 불법적인 보호조약의 내용 행사 속에서 점령을 통해 불법적 주권 행사를 하였고 이로부터 병합이라는 정복행위를 한 것이다. 19세기에도 정복과 병합은 다른 국가들이 인정할 수 있는 강제력과 폭력 사용의 정당한 사유가 있어야 하는바, 일본의 강압적 수단은 을사늑약으로부터 시작된 불법행위에 기초한다고 하겠다.

대한제국이 근대 주권국가로 불법적으로 병합된 것이라면 일제 시기 동안 과연 한국이라는 주권국가가 소멸되었었는가 하는 문제가 제기된다. 일본은 한국이 일본에 속해 있었고 일본으로부터 독립한 신생국이라는 주장을 펴왔다. 따라서 일본은 태평양전쟁을 겪은 후에 한국에 대한 전쟁배상의 책임이 없으며 1951년 샌프란시스코 조약 이후 한국의 국가성이 확립되는 것으로 보았다. 그러나 시제법과 심지어 당시의 문명론을 인정한 상황 속에서도 일본의 한국 병합이 불법이었다면 한국의 국가성은 계속 존속한 것이 된다. 주권국가의 요소인 영토와 국민이 존재했고 다만 정부와 대외적 주권을 행사할 능력을 빼앗겼을 뿐이다. 일본이 강점기에 정부의 권한을 실효적으로 행사하였을 뿐으로 일제의 종식 이후 한국의 국가성은 온전히 회복된 것으로 보아야 한다.

VI. 결론

근대 주권국가체제의 성립과 발전, 확대 과정을 보면 이 과정에서 유럽과 비유럽의 첨예한 대립과 긴장이 있었음을 알 수 있다. 유럽에서 자체 완결된 주권국가체제가 비유럽으로 확대되었고 이 과정은 문명의 확대라는 도덕적 목적에 봉사했다는 견해는 대단히 유럽 중심적인 견해이다. 주권국가체제는 유럽 내부에서도 역사에 따라 전체적인 기획이 부재한 상황에서 진행되었고, 이 과정에서 강대국들의 힘의 논리가 강하게 작용하였다. 그러나 보편왕조를 이룰 수 있는 주체가 등장하지 못하고 상호 세력균형 속에 서로의 주권적 지위를 인정하는 다원적인 주권국가체제가 마련된 것이다. 유럽의 핵심 국가들 간에 주권국가체제가 완결된 이래 약소국과 비유럽을 향한 팽창과 지배가 확대되었다. 이 과정에서 주권적 지위는 강대국들의 합의와 이익에 따라 결정되는 것이었고 일관된 기획은 찾기 어렵다. 또한 비유럽에 대한 유럽 강대국들의 입장은 유럽 내의 주권국가체제 형성 과정에도 영향을 미쳤다. 결국 주권국가체제를 논의한다는 것은 이 전체를 하나의 역사적 과정으로 놓고 이해하는 것이 핵심이라는 것을 알 수 있다.

주권국가체제의 변화, 그리고 주권규범의 확산과 진화는 아직도 진행 중이다. 현재에 존재하는 주권국가들, 특히 3세계 국가들의 주권을 고려할 때 법적으로 평등한 주권을 가지고 있다고 상정되지만 사실은 많은 점에서 결손이 있다고 할 수 있다. 무엇보다 주권국가를 이루는 요소들, 즉 영토, 국민, 효율적이고 대외적으로 독립적인 정부라는 점에서 주관적으로 생각하는 주권적 요소들과 객관적으로 주어진 요소들 간의 편차가 존재한다. 이러한 편차와 불균형은 이후에도 자신의 주권적 요소를 변화시키려는 노력을 기울이게 하는 동력이 되고 있다. 또한 식민지 해방의 과정에서 강대국들의 정치에 의해 여전히 많은 불평등 기제들, 식민모국과의 관계 등이 존재한다. 따라서 법적 주권과 실질적 주권의 양 측면에서 현재 3세계 국가들의 주권성을 좀 더 명확히 파악할 필요가 있다.

참고문헌

강경선. 2016. "'주권자적 인간'에 관하여-대의제와 직접민주제의 매개를 위한 개념."
    『민주법학』 62: 181-217.
김준석. 2018. 『국제정치의 탄생』. 서울: 북코리아.
김채형. 2009. "영토취득과 실효적 지배기준에 대한 연구." 『국제법학회논총』 54(2): 59-90.
박배근. 2013. "무주지 선점의 요건에 관한 1905년 전후의 학설." 『영토해양연구』 6: 34-65.
양홍석. 2006. "개항기(1876-1910) 미국의 치외법권 적용논리와 한국의 대응."
    『한국근현대사연구』 39: 78-113.
오시진. 2015. "국제법상 문명론의 현대적 함의." 『국제법학회논총』 60(2): 131-57.
이서희. 2018. "국제법상 식민주의와 위임통치제도." 『국제법평론』 50(1): 135-66.
이석우. 2004. "아프리카의 식민지 문제와 영토 분쟁에 관한 국제법적 고찰."
    『국제법학회논총』 49(2): 79-101.
_____. 2007. "상권: 보호령(保護領) 제도의 국제법적 성격." 『안암법학』 25: 505-542.
_____. 2009. "식민지 및 보호령 제도에 관한 프랑스 국제법 학자들의 견해." 『백산학보』 83:
    601-43.
이용희. 2013[1962]. 『일반국제정치학(상)』. 서울: 이조.
이재승. 2011. "특집 : 국치 100년 ; 식민주의와 법학." 『민주법학』 45: 13-43.
임상래. 2018. "스페인의 아메리카 식민 지배의 성격과 방식에 관한 소고."
    『라틴아메리카연구』 31(1): 39-57.
전재성. 2019. 『주권과 국제정치: 근대 주권국가체제의 제국적 성격』. 서울: 서울대출판부.
정구선. 2006. "개항 후(1876~1894) 일본의 치외법권 행사와 한국의 대응."
    『한국근현대사연구』 39: 37-77.

Anghie, Antony. 2004. *Imperialism, Sovereignty and the Making of International Law.*
    Cambridge: Cambridge University Press.
Craven, Matthew. 2015. "Between Law and History: The Berlin Conference of 1884-1885
    and the Logic of Free Trade." *London Review of International Law* 3(1): 31-59.
Cummings, Sally N., Raymond A. Hinnebusch, and Honeyman Foundation. 2011.
    Sovereignty after Empire: Comparing the Middle East and Central Asia. Edited by
    Sally N. Cummings and Raymond Hinnebusch. Edinburgh: Edinburgh UP.
Fazal, Tanisha M. 2007. *State Death : The Politics and Geography of Conquest,
    Occupation, and Annexation.*
Fortna, Benjamin C. 2011. "Sovereignty in the Ottoman Empire and After." *Sovereignty
    after Empire: Comparing the Middle East and Central Asia.* Cambridge UP, 91-
    103.
Hobson, John M. 2009. "Provincializing Westphalia: The Eastern Origins of Sovereignty."

International Politics 46(6): 671-690.

Jordan, Branch. 2012. "'Colonial Reflection' and Territoriality: The Peripheral Origins of Sovereign Statehood," *European Journal of International Relations* 18, no. 2: 277 - 97.

Kayaoğlu Turan. 2010. *Legal Imperialism: Sovereignty and Extraterritoriality in Japan, the Ottoman Empire, and China*. Cambridge: Cambridge University Press.

Koenigsberger, H. G. 2007. "Composite States, Representative Institutions and the American Revolution." *Historical Research* 62: 135 - 53.

Krasner, Stephen D. 1999. *Sovereignty: Organized Hypocrisy*. Princeton, NJ: Princeton University Press.

Lake, David. 2009. *Hierarchy in International Relations*. Ithaca, NY: Cornell University Press.

Oppenheim L. 1912. *International Law*. A Treatise. Volume I. New York: Longmans, Green and Co.

Schmitt, Carl. 1934[2015]. *Politische Theologie: Vier Kapitel zur Lehre von der Souveränität*. 김항 옮김. 『정치신학: 주권에 관한 네 개의 장』. 서울: 그린비.

Sofka, James R. 2001. "The Eighteenth Century International System: Parity or Primacy?" *Review of International Studies* 27: 147-163.

Spruyt, Hendrik. 1994. *The Sovereign State and Its Competitors*. Princeton: Princeton University Press.

Stirk, Peter M. R. 2012. "The Westphalian Model and Sovereign Equality." *Review of International Studies* 38: 641-660.

Vitoria, Francisco de. 1992[1539]. *Vitoria: Political Writings*. Anthony Pagden and Jeremy Lawrance. eds. Cambridge: Cambridge University Press.

Waltz, Kenneth N. 1979. *Theory of International Politics*. Reading, MA: Addison-Wesley.

Waisberg, Tatiana. 2017. "The Treaty of Tordesillas and the (re)Invention of International Law in the Age of Discovery." *Meridiano* 47, Vol.18: 1-12.

Westlake, John. 1894. *Chapters on the Principles of International Law*. Camb. U.

Whitmore, Clifford C. 1896. "The Doctrine of the Acquisition of Territory by Occupation in International Law." Historical Theses and Dissertations Collection. Paper 365.

Zucca, Lorenzo. 2015. "A Genealogy of State Sovereignty." *Theoretical Inquires in Law* 16(2): 399-422.

제2장   30년전쟁의 역사사회학:
           불균등결합발전론을 중심으로

김준석(가톨릭대학교)

* 이 글은 『21세기 정치학회보』 제30집 2호에 게재된 동일한 제목의 논문을 일부 수정 보완한
것이다.

I. 들어가며

이 글은 역사사회학적 접근법에 근거하여 17세기 유럽에서 벌어진 30년전쟁(1618~1648)의 기원을 설명하는 것을 목적으로 한다. 최근 들어 국제정치학에서 역사사회학적 접근법에 대한 관심이 조금씩 높아지고 있다. 이는 새로운 이론적, 방법론적 혁신이 좀처럼 이루어지지 못하고 있는 오늘날의 국제정치학이 처한 상황과 관련이 있는 것으로 보인다. 역사사회학적 접근법은 정치하게 구성된, 자기완결적인 이론을 제시하거나 방법론 논쟁에 뛰어드는 대신, 국제정치의 현실을 '총체적'으로 이해하고 설명할 필요성을 제기하면서 새로운 연구 어젠다를 제안하는 데 초점을 맞추고 있다(Hobson 1998; Lawson 2006; 2007).

돌이켜보면 국제정치학과 역사사회학을 함께 고려할 필요성을 먼저 제기한 것은 역사사회학자들이었다. "거대구조의 본질과 효과, 그리고 변화의 근본 과정"의 이해를 목적으로 하는 역사사회학은 마르크스와 베버, 토크빌, 뒤르켕 등이 최초의 역사사회학자라는 견해를 받아들인다면 이미 200년 이상의 역사를 가진 것으로 볼 수 있고, 무어(Barrington Moore Jr.), 벤딕스(Reinhard Bendix), 앤더슨(Perry Anderson) 등이 진정한 태두라는 견해를 지지하는 경우에도 반세기 이상의 역사를 가진 것으로 볼 수 있다(Skocpol 1984, 4). 역사사회학자들이 역사 과정에서 국제정치적 요인의 중요성에 관심을 가지기 시작한 것은 1980년대 이후의 일이다. 대표적으로 스카치폴(Theda Skocpol)과 만(Micheal Mann), 틸리(Charles Tilly) 등은 근대혁명의 기원, 세계사에서 권력의 문제, 근대국가의 기원과 진화 등 각자의 관심사를 다루는 가운데 국제정치체제와 이 체제가 행사한 지정학적 압력의 역할을 강조했다. 이들은 이러한 주장을 전개하는 가운데 사회경제적 요인을 고려하기보다는 정치-군사-국제정치적 요인의 독자성을 옹호했고, 이러한 의미에서 이들의 입장은 '베버주의적 접근법' 혹은 베버의 문제의식을 확장한 힌체(Otto Hintze)의 기여를 감안하여 '베버-힌체적 접근법'으로 불린다(Smith 1991; Rachman 2013).

국제정치학의 역사사회학에 대한 관심은 1990년대 이래 영국학계를 중심으로 본격화되었다. 크게 두 부류의 학자들이 이러한 흐름을 주도하고 있다. 한편으로는 자신들의 접근법을 '제2세대 베버주의 역사사회학'으로 칭하는 일군의 국제정치학자들이, 다른 한편으로는 마르크스주의 역사사회학을 지향하는 일군의 국제정치학자들이 나름의 성과를 축적해 왔다. 이들의 주장은 다음의 세 가지 논점으로 요약될 수 있다.

첫째, 국제정치학은 국제체제와 제도의 기원 문제, 변화와 변환의 문제에 보다 많은 관심을 가질 필요가 있다. 다만 현재와 과거의 체제와 제도의 형태와 속성이 본질적으로 동일하다는 전제 하에 역사를 현재를 이해하고 설명하기 위한 자료를 구할 수 있는 '채석장'과 같은 것으로 간주해서는 안 된다(Hobson 2002a, 5). 국제정치학은 현재와 과거의 차이를 강조하고, 국제체제와 제도가 어떤 역사 과정을 거쳐 현재의 모습에 이르게 되었는지의 문제에 주목할 필요가 있다.

둘째, 국제체제와 제도의 기원과 변화의 문제는 한두 요인만으로 적절히 설명되기 어렵다. 여러 요인을 고려할 필요가 있고, 이들 사이의 상호작용을 복합적으로 살펴볼 필요가 있다. 이와 관련하여 무정부적인 국제정치구조의 중심성에 집중하는 신현실주의 국제정치이론은 역사사회학적 접근법의 집중적인 비판의 대상이 된다. 역사사회학적 접근법은 국제정치를 포괄적인 사회과정 내에 위치시켜 고찰할 것을 주장한다(Hobson 1998, 287-88; Hobden 2002, 43).[1] 물론 이런 경

우 국제정치를 자기완결적인 단일 이론에 담아내는 것이 어려워질 수
있다. 사회과정은 "혼란스럽고 복잡하며, 종종 모순적"이기 때문에 "공
통의 유형, 추세, 궤적"을 밝히는 것 이상을 기대하기 어려울 것이다
(Lawson 2007, 350). 그럼에도 이론의 자기완결성을 위해 "10퍼센트
의 현실에만 집중하고 나머지 90퍼센트에 눈을 감는 것"은 바람직하지
않다(Lawson & Shilliam 2010, 70). 역사사회학적 접근법의 가장 중요
한 목표는 '현실'에 보다 가까운 설명을 제시하는 것이다.

셋째, 두 번째 논점의 연장선상에서 역사사회학적 접근법은 무정
부적인 국제정치구조 내에서 국제정치의 가장 중요한 구성단위인 국
가를 '기능적으로 비분화'(functionally undifferentiated)된 것으로 가
정해야 한다는 신현실주의의 관점을 재고할 것을 주장한다. 역사사회
학적 접근법에서 국제정치는 국가들 사이의 정치적 관계에 국한되지
않고, 국가와 사회 간의 복합적인 상호작용을 포괄하는 것으로 개념화
된다. 이러한 접근법에서 국가는 '기능적으로 분화'된 것으로 간주된
다. 각 국가가 사회와 어떤 관계를 맺느냐에 따라 국제체제 내에서 국
가의 행동방식 역시 달라질 것이다(Hobson 1998, 295; Hobson 2002a,
15-16).

이 글은 역사사회학적 접근법 중 영국의 국제정치학자 로젠버
그(Justin Rosenberg)의 '불균등결합발전론'(uneven and combined
development)을 이론적 틀로 삼아 30년전쟁의 기원에 관한 설명을 시
도한다. 30년전쟁은 유럽에서 근대적인 국제정치체제가 확립되는 과

1   1990년대 이후 역사사회학적 접근법의 타당성을 주장하는 이들은 스카치폴, 틸리, 만 등
     제1세대 베버주의 역사사회학자들이 국제정치학과 역사사회학의 접점을 마련하는 데
     기여했지만 그 과정에서 신현실주의의 분석틀을 무비판적으로 받아들였고, 그 결과 이
     들에게 무정부적인 국제정치구조는 '설명의 대상'이 아니라 '설명의 전제'가 되었다고
     비판한다(Teschke 2014, 17; Rosenberg 2006, 309-310).

정에서 전환점 역할을 한 역사적 사건으로 알려져 있다. 전쟁을 마무리한 1648년의 베스트팔렌 조약에서 근대적인 주권원칙이 확립되었다는 오래된 견해는 더 이상 보편적인 지지를 받지 못하고 있지만 조약 체결을 전후하여 유럽 국제정치의 구성 방식에 의미심장한 변화가 일어난 것도 사실이다(Osiander 2001; 김준석 2012). 로젠버그의 역사사회학은 기본적으로 마르크스주의적 관점에 기초하는데, 최근 그는 이론의 적용 범위를 확장하려 시도하고 있다. 이러한 작업을 통해 우리는 국제정치에 대한 역사사회학적 접근법이 실제 역사 사례에 구체적으로 어떻게 적용되는지 가늠할 수 있는 기회를 가질 수 있을 것이다. 아울러 서사 중심의 국제정치사 연구를 이론적 틀에 담을 수 있는 방안에 관해 생각해 볼 수 있는 기회 역시 제공될 것이다.

이 글은 다음과 같이 구성된다. 다음 제2절에서 로젠버그의 불균등결합발전론에 관해 간략히 소개한 후, 제3절에서는 이 이론의 틀을 통해 30년전쟁의 기원에 관한 설명을 시도한다. 세 가지 요인을 검토하는데 전쟁의 기원을 경제발전 경로의 불균등성, 중앙정부-귀족 관계의 불균등성, 유럽-오스만제국 발전 경로의 불균등성과 관련하여 설명한다. 결론에서는 앞서의 논의를 정리하고, 이러한 시도가 가지는 의의를 검토한다.

II. 로젠버그의 불균등결합발전론

현재 서구 국제정치학계에서 역사사회학적 접근법을 주도하고 있는 것은 로젠버그를 비롯한 일군의 마르크스주의 역사사회학자들이다.[2] 로젠버그는 지난 2006년에 발표한 '왜 국제역사사회학이 존재하지 않는가?'라는 의미심장한 제목의 논문에서 국제정치학과 역사사회학의 '근본적'인 결합을 제안했다(Rosenberg 2006). 로젠버그에 따르면 스카치폴, 틸리 등 제1세대 베버주의 역사사회학자들의 국제정치에 대한 관심은 양자를 피상적으로 접합시키는 수준에 머물렀다. 이들에게 국제정치는 '지정학적 압력' 그 이상도 그 이하도 아니었다. 이 지정학적 압력은 국제정치의 무정부적인 속성에서 비롯된다는 것 이상의 설명이 필요하지 않은 외재적 요인으로 간주되었다. 이는 기존의 역사사회학에 신현실주의 국제정치이론이 거의 그대로 얹어졌음을 의미한다. 로젠버그는 신현실주의에서 무정부상태로서의 국제정치가 '물화(物化)'되었다고 지적한다. '물화'(reification)는 "사회적 인공물을 스스로 구성되는 독립체로 간주하여 이에 독자적인 힘과 속성과 성향을 부여하는 오류"로 정의된다(Rosenberg 2013a, 189). 이는 역사사회학에도, 국제정치학에도 만족스럽지 못한 결과였다.

　　로젠버그는 "국제정치를 전반적인 사회발전 과정에 내재화"시킴으로써, 즉 국제정치를 사회적 맥락 속에 위치시킴으로써 이 문제를 해결할 것을 제안한다(Rosenberg 2006, 313). 무정부상태로서의 국제정치를 사회화시킬 필요가 있다는 것이다. 이를 위해 로젠버그는 '국제' 혹은 '국제적인 것'(the international)의 범위를 확장하여 이를 '국가들 간 관계'뿐만 아니라 '사회들 간 관계'까지 포함하도록 재정의할 필요가 있다고 주장한다(Rosenberg 2013a, 192-93). '자족적'(self-contained)인 사회를 정치적·법적 경계로 둘러싼 국가들 사이의 상호작용만을 '국제'로 보는 대신, 사회들 간의 포괄적인 상호작용을 '국제'

2　　로젠버그 외에도 할러데이(Halliday 1994), 테슈케(Teschke 2003) 등을 마르크스주의 관점에서 국제정치학의 역사사회학적 접근법을 주도하는 대표적인 학자로 꼽을 수 있다.

의 범위 내에 포함시켜야 한다는 것이다. 로젠버그는 국제정치학의 역사사회학적 접근법은 이와 같이 확장된 '국제'를 대상으로 해야 한다고 주장한다(Rosenberg 2016a, 135-37).

그렇다면 국가들 간 관계뿐만 아니라 사회들 간 관계까지 포함하는 국제정치학은 어떤 틀에 담겨야 하는가? 로젠버그는 트로츠키(Leon Trotsky)의 '불균등결합발전론'을 차용하여 이론틀로 삼을 것을 제안한다. 트로츠키는 경제적으로 낙후된 러시아에서 세계 최초의 사회주의 혁명이 발발한 이유를 설명할 목적으로 이 이론을 고안했다(Rosenberg 2006, 309; 2013b, 583-84).[3] 사회들 간 관계로서의 국제정치를 불균등결합발전론을 통해 이해하고자 할 때 출발점은 사회들이 '불균등한'(uneven) 발전양상을 보인다는 사실이다.

예컨대 수렵·채집 단계에서 다른 사회보다 이른 시기에 농경 단계로 이행한 사회가 있었고, 더디게 이행한 사회가 있었다. 근대 유럽에서 자본주의로의 이행과 산업화 과정에서도 어떤 사회는 앞서 나갔고, 다른 사회는 뒤처졌다. 중요한 점은 각각의 사회가 다른 사회로부터 고립되어 발전하지 않는다는 점이다. 불균등한 사회 간에 모종의 상호작용, 영향의 주고받음이 필연적으로 일어난다는 것이다. 상호작용의 결과 발전에서 뒤처진 사회는 앞선 사회를 모방함으로써 따라잡으려는 경향을 보이는 것이 일반적이다. 다만 앞선 사회의 경험을 그대로 복제하는 것은 가능하지 않다. 각 사회가 처한 상황에 따라 고유한 방식으로 수용이 이루어진다. 예컨대 19세기 유럽에서 산업화의 후발주

3 　트로츠키에 따르면 러시아에서 자본주의의 발전은 영국과 프랑스같이 시간적으로 러시아에 앞서 자본주의를 발전시킨 나라의 경로를 밟을 수 없다. 이미 영국과 프랑스의 선례가 자본주의의 국제적 환경을 바꾸어 놓았기 때문이다. 러시아에서 자본주의의 발전은 상대적으로 낙후된 정치적·경제적·사회적 조건의 러시아가 영국과 프랑스 등의 선진 사례를 수용하는 독특한 방식으로 이루어졌다(Rosenberg 2006, 309).

자였던 독일, 러시아, 일본은 최초의 산업국가인 영국의 경험을 각자의
방식으로 받아들였고, 이는 독일식, 러시아식, 일본식 사회경제체제를
낳았음은 잘 알려져 있다. 로젠버그는 트로츠키를 따라 이를 '결합발
전'(combined development)으로 정의한다(Rosenberg 2006, 313-328;
2016, 137-141).

　　로젠버그는 인류 역사를 통틀어 불균등한 사회 사이의 상호작용
이 거의 모든 사회발전의 핵심적인 측면이었음을 강조한다(Rosenberg
2006, 325; 2016, 145). 국제정치학은 사회들 간의 상호작용을 통해 사
회발전이 이루어지는 과정을 연구대상으로 삼아야 한다. 로젠버그는
이런 의미에서 국제정치학이 '정치학의 감옥'으로부터 벗어나야 한다
고 주장하기도 했다(Rosenberg 2016, 134).[4] 전통적으로 지정학의 영역
에 속한다고 간주되어온 문제 역시 불균등한 사회들 간 상호작용의 관
점에서 설명할 필요가 있다. 대표적으로 1차 세계대전의 기원 문제를
들 수 있다. 주지하다시피 1차 세계대전의 발발에서 독일의 역할이 결
정적이었다. 기존의 지정학 중심 설명에서는 19세기 후반 영국을 제치
고 유럽 최강의 경제대국의 지위에 오른 독일이 이러한 위상에 걸맞은
영토팽창의 기회가 봉쇄되자 이에 불만을 갖는 동시에, 영토와 인구 면
에서 엄청난 잠재력을 가진 동쪽의 이웃 러시아가 자국과의 군사력 격
차를 빠른 속도로 줄여나가는 데 대해 불안감을 느끼게 되었다는 점이
강조된다(김준석 2014, 156-66). 전쟁은 유럽 국가들 간 힘의 배분이 변

4　국제'정치학'이 '정치학의 감옥'으로부터 벗어나야 한다는 주장은 다소 모순적으로 읽힐
　　수 있다. 하지만 국제정치학의 영어 번역이 'international relations'임을 상기하면 오해
　　가 풀릴 수 있다. 주지하다시피 'international relations'는 한국에서 일반적으로 '국제정
　　치학'으로 번역된다. '국제관계학'이라는 번역은 아직 널리 통용되는 수준은 아닌 것으로
　　보인다. 여기서는 일반적인 용례에 따라 'international relations'를 '국제정치학'으로 번
　　역한다.

화한 결과 발발했으며, 그 궁극적인 원인은 무정부적인 국제정치 하에서 국가들이 서로에 대해 느끼는 안보위협, 이 위협으로부터 벗어나는 길이 구조적으로 봉쇄된 안보딜레마의 상황에 있는 것으로 가정된다.

로젠버그(Rosenberg 2013a, 207-24)와 아니바스(Anievas 2014, 57-106)는 1차 대전의 기원에서 이러한 지정학적 요인의 중요성을 인정하면서도 이것만으로는 완전한 설명이 되기 어렵다고 지적한다. 이들에 따르면 1차 세계대전의 기원에 관한 설명은 유럽 산업화 과정의 불균등성에서 출발해야 한다. 즉 유럽 각국에서 산업경제로의 전환이 상이한 속도와 방식으로 진행되었다는 사실에서 시작되어야 한다. 주요 유럽 국가 중 독일의 산업화는 1850년대부터 본격화되었는데, 이는 영국과 프랑스보다는 늦었지만 러시아에는 앞선 것이었다. 산업화의 선발주자를 추격하는 동시에 후발주자의 추격을 받는 위치에 있던 독일은 1873년~1896년의 경제공황에 직면하여 자유무역을 포기하고 보호무역주의로 선회할 것을 결정했는데, 이것이 전쟁의 발발에 이르는 과정에서 결정적인 전환점이었다.

독일이 자유무역주의를 끝내 포기하지 않은 영국과 대조적으로 보호무역주의로 선회한 이유는 무엇인가? 이는 독일은 산업화 선발주자와의 격차를 좁힐 목적으로 정부 주도 하에 빠른 속도의 경제발전을 추진했고, 그 결과 산업경제체제로 진입한 이후에도 영국과는 달리 농업부문이 상당한 규모로 남아 있었기 때문이다. 마침 새로운 생산기술과 운송기술의 발전으로 값싼 미국산 곡물이 대량으로 유럽에 수입되면서 시장 상실을 우려한 융커집단의 강력한 압력에 직면한 독일 정부는 수입농산물에 대한 관세를 대폭 인상했다. 이 조치로 가장 큰 타격을 입은 것은 수출에서 곡물이 차지하는 비중이 높았던 러시아였다. 독일보다도 늦게 산업화를 시작한 러시아는 곡물 수출로 벌어들인 자금

을 바탕으로 독일과 마찬가지로 정부 주도의 산업화를 추진하고 있었
다. 곡물 수출만으로는 산업화에 필요한 자금을 전부 충당할 수 없었기
때문에 러시아는 해외로부터의 자금 유입을 필요로 했는데, 산업경제
체제에 막 진입한 독일은 차관을 제공할 능력이 없었던 반면, 독일보다
앞서 산업화를 시작한 프랑스는 그럴 만한 여유가 있었다.

　러시아가 독일과의 동맹을 포기하고 대신 프랑스와 동맹을 체결
한 데에는 이러한 이유가 있었다. 프랑스-러시아 동맹으로 비스마르크
가 애써 구축해 놓은 독일 중심의 동맹체제가 붕괴되었다. 독일과 프
랑스-러시아 동맹의 대립은 1차 세계대전의 직접적인 원인을 제공했
다(Rosenberg 2013, 210-14; Anievas 2014, 75-78). 결국 불균등한 경
제발전 단계에 있는 국가들 사이의 상호작용으로 예기치 못한 결과가
초래되었다. 로젠버그의 표현을 직접 인용하면 "사회들 간의 인과성이
역사과정의 단선적인 해석에 기초한 기대를 좌초시켰다"(Rosenberg
2013a, 217).

　로젠버그의 불균등결합발전론이 지정학적 요인의 중요성을 부인
하는 것은 아니다. 19세기 말~20세기 초에 발생한 유럽 강대국 간 힘
의 배분의 변화가 각국에 불안감과 두려움을 초래했고, 이것이 전쟁
으로 이어졌다는 것은 부인할 수 없는 사실이다. 불균등결합발전론에
서 강조되는 것은 힘의 배분의 변화 이면의 사회경제적 과정, 특히 산
업화의 시기와 방식에서의 '불균등성'에 주목해야 한다는 것이다. 이
불균등성에서 비롯된 각국의 이해관계가 각자에 특수한 정치적·경제
적·사회적 여건과 단기적인 원인에서 비롯된 사건, 사고와 '결합'하여
지정학적 압력에 대한 대응방식이 결정되었다. 신현실주의의 시각에
서 보면 1차 세계대전 이전 영국, 독일을 비롯한 주요 참전국들은 기
능적으로 비분화된 상태에 있는 것으로 간주되지만, 불균등결합발전

론의 관점에서 보면 각국은 경제적·정치적·사회적으로 상이한 발전
단계에 처해 있었다는 점에서, 그리고 사회경제적 차원에서의 상호작
용이 상이한 이해관계를 낳았다는 점에서 동질적이었다고 보기 어렵
다. 요컨대, 1차 세계대전의 기원과 관련하여 불균등결합발전론은 '총
체적'인 접근법을 취함으로써 신현실주의의 지정학 중심주의를 넘어
서려 한다고 할 수 있다.

　다음 절에서는 로젠버그의 불균등결합발전론을 통해 30년전쟁
의 기원을 설명하고자 한다. 다만 그에 앞서 불균등결합발전론의 유용
성을 지지하는 이들 사이에서 벌어지고 있는 두 가지 논쟁에 관해 간
략하게 언급할 필요가 있다. 이 논쟁은 불균등결합발전론의 적용 범위
를 트로츠키가 애초에 의도했듯이 '자본주의 생산양식'이 확립된 19세
기 이후로 한정해야 하는가의 여부와 불균등결합발전론이 얼마나 철
두철미하게 마르크스주의적 역사사회학으로서의 성격을 유지해야 하
는가의 문제를 두고 벌어졌다. 두 문제 모두 뚜렷한 해결책이 제시되
지 못하고 있다. 하지만 다음에서는 첫 번째 문제와 관련하여 일부 비
판적인 견해에도 불구하고(Ashman 2009) 로젠버그 자신은 2006년 논
문에서부터 가장 최근의 논문까지 불균등결합발전이 모든 역사 시기
에 적용된다는 입장을 견지하고 있다는 점과(Rosenberg 2006, 313-15:
2016, 145), 두 번째 문제와 관련해서는 일부 비마르크스주의 국제정
치학자들의 로젠버그 이론에 대한 관심이 증가하면서 경제중심주의를
부분적으로 덜어낸 불균등결합발전론의 가능성을 탐색하려는 시도가
이루어지고 있다는 점을 적극 고려하고자 한다(Hobson 2011, 153-54:
Buzan and Lawson 2015, 21: Liu 2016).[5] 다음에서는 이러한 해석에 근

5　특히 부잔과 로슨(Buzan and Lawson 2015)이 많은 주목을 받은 19세기 국제정치사에
　　관한 최근 저서에서 (조금은 신중하게 각주에서 밝히기는 했지만) 책 전체의 이론적 틀

거하여 불균등결합발전론의 관점에서 30년전쟁의 기원에 관한 설명을
시도하고자 한다.

III. 불균등결합발전론과 30년전쟁의 기원

30년전쟁은 1618년 5월 23일 보헤미아의 프라하에서 일군의 프로테
스탄트 귀족들이 합스부르크 오스트리아에 충성하는 두 명의 관리를
창문 밖으로 내던진 사건으로 촉발된 일련의 정치적 위기에서 비롯되
었다. 사건을 주도한 이들은 보헤미아 국가의 설립을 선포하며 합스부
르크에 정면 도전했지만, 독립의 꿈은 오래 지속되지 못했다. 반란군은
1620년 '빌라 호라(BíláHora) 전투'에서 합스부르크 연합군에 패했고,
반란은 실패로 돌아갔다. 하지만 이후 독일 신성로마제국의 프로테스
탄트 제후국과 가톨릭 제후국 사이에 '내전'이 발발했고, 덴마크, 스웨
덴, 프랑스가 차례로 전쟁에 개입했다. 1621년에 시작된 스페인과 네
덜란드연방 간의 전쟁도 스페인이 오스트리아와 긴밀히 연결되었고,
네덜란드연방이 프로테스탄트 측을 적극 지원했기 때문에 30년전쟁의
일부로 볼 수 있다. 결국 보헤미아 반란으로 촉발된 싸움이 독일의 내
전으로 확대되었고, 여기에 주변 국가들이 개입함으로써 유럽의 거의
모든 국가를 아우르는 국제전으로 발전했다고 할 수 있다.[6]
　　다음에서는 이와 같이 복잡한 구조를 지닌 30년전쟁의 기원을 불

　　로 불균등결합발전론을 언급한 것은 이 이론의 비마르크스주의적 방향으로의 진화에 큰
　　영향을 끼칠 것으로 보인다.
6　　30년전쟁의 개관을 위해서는 이에 관한 수많은 저작 중 Wedgwood(2011),
　　Wilson(2009)를 참조.

균등결합발전론의 관점에서 설명하고자 한다. 일단 전쟁의 기원에 관해 두 가지 접근법을 구분할 수 있는데, 한 가지 접근법은 전쟁 발발까지의 사건의 흐름을 구체적이고 세세하게 설명하는 것이고, 다른 한 가지는 구조적인 관점에서 사건을 해석하는 것이다. 불균등결합발전론을 통한 전쟁 기원의 설명은 두 번째 접근법에 해당될 텐데, 이를 살펴보기에 앞서 기존의 구조적 접근법 중 윌슨(Wilson 2008, 557)과 모티머(Mortimer 2015, 64-67)가 '국제전쟁학파'(international war school)로 부르는 접근법에 주목할 필요가 있다. 이 접근법을 지지하는 이들에 따르면 30년전쟁은 기본적으로 스페인, 네덜란드연방, 프랑스, 오스트리아 등 유럽의 주요 강대국들 사이의 세력 다툼이었으며, 독일에서 벌어진 전쟁은 '사이드 쇼'에 불과했다.[7]

대표적으로 거트만(Gutmann 1988)은 전쟁의 주원인을 합스부르크의 세력 증대가 여타 유럽 국가들에 불러일으킨 두려움에서 찾는다. 물론 1618년 무렵 합스부르크의 두 국가 스페인과 오스트리아 중 스페인은 이미 전성기를 넘긴 상태에 있었다. 하지만 이러한 사실이 당대인들에게는 아직 제대로 인식되지 못했다. 오히려 오스트리아가 스페인의 도움을 받아 보헤미아 반란을 진압하고, 이어서 독일 전체를 명목상으로 뿐만 아니라 실질적으로 통치하려는 야심을 노골적으로 드러내자 큰 두려움을 느낀 프랑스와 일군의 프로테스탄트 국가들(네덜란드연방, 스웨덴, 덴마크 그리고 신성로마제국 내의 프로테스탄트 제후국들)이 이에 대항하기 위해 힘을 합쳤다. 거트만은 30년전쟁이 스파르타와 아테네 간 패권전쟁으로서의 펠로폰네소스 전쟁과 구조적으로 유사함을 지적하기도 한다.

---

7   이러한 주장에 반대하여 30년전쟁을 신성로마제국의 정치적 구성에 관한 싸움이었다고
     보는 견해는 Asch(1997) 참조.

서덜랜드(Sutherland 1992)는 보다 장기적인 시각에서 1494년 이 탈리아전쟁의 발발부터 1715년 프랑스 루이 14세의 사망 시까지 두 세기 동안의 유럽 국제정치사가 스페인과 오스트리아를 거점으로 한 합스부르크 진영과 프랑스를 위시한 반(反)합스부르크 진영 사이의 대 결로 요약될 수 있다고 지적한다. 특히 프랑스의 반합스부르크 정책은 16세기 초 합스부르크의 영토가 프랑스를 둘러쌈에 따라 대외정책의 상수가 되었다.[8] 그러한 지리적인 요인이 없었다고 해도 여타 국가들의 입장에서 거대 '제국'의 구축에 성공한 합스부르크에 대한 견제는 필 수적이었다. 보헤미아 반란이 실패로 돌아간 후 독일에서 오스트리아 의 우위가 확립된다면 합스부르크와 반합스부르크 간 세력균형이 한 쪽으로 기울어질 것이 분명했고, 가톨릭 국가인 프랑스는 바로 이러한 이유에서 프로테스탄트 측을 지원하여 참전을 결정했다.

거트만이나 서덜랜드가 국제정치학자는 아니지만 이와 같은 '국 제전쟁학파'의 주장은 전쟁의 원인에 관한 신현실주의의 설명을 연상 시킨다. 무정부적인 국제정치구조로 인한 불확실성과 불안정성 그리 고 이를 해결하기 위해 끊임없이 권력 증대를 추구하는 국가들 간 경 쟁을 전쟁의 근본 원인으로 보는 신현실주의는 특히 국가들 간 권력 배분의 급격한 변화가 파괴적인 결과를 가져올 수 있음을 강조한다 (Levy and Thomson 2010, 28-31). 스페인은 점점 더 부유해져 가는 네 덜란드연방을 견제하고자 했고, 스웨덴과 프랑스는 합스부르크가 독 일마저 차지하여 유럽의 세력균형이 회복 불능의 상태에 빠지는 것을

8   서덜랜드에 따르면 30년전쟁의 기원은 "(합스부르크 출신의) 막시밀리안 1세 황제의 재 위 기간으로 거슬러 올라갈 수 있다. 특히 종교개혁과 1519년 이미 스페인 왕위를 차지 한 카를 5세가 신성로마제국 황제로 선출된 것이 결정적이었다. 막시밀리안 1세와 카를 5세는 합스부르크 제국주의에 대한 막을 수 없는 두려움을 불러일으켰다"(Sutherland 1992, 590).

막고자 했다.

다음에서는 불균등결합발전론의 관점에서 30년전쟁의 기원 문제를 설명하고자 하는데, '국제전쟁학파'와 마찬가지로 이 접근법은 전쟁의 발발 과정을 구체적이고 세세하게 설명하는 대신 구조적인 요인에 초점을 맞춘다. 둘 사이의 차이점은 '국제전쟁학파'가 국가들 간의 지정학적인 경쟁관계에 집중하는 반면, 불균등결합발전론은 보다 '사회학적'인 시각에서 이러한 정치적 관계 이면의 사회적 관계, 즉 사회들 사이의 관계를 조명하고자 시도한다는 데 있다. 불균등결합발전론의 관점에서 30년전쟁의 발발은 불균등한 발전 양상을 보이는 사회들이 공존하고 상호작용한 결과로 설명될 수 있다. 다음에서는 이러한 공존과 상호작용이 전쟁의 발발로 이어진 세 가지 경로를 살펴본다.

1. 경제의 불균등한 발전 경로와 30년전쟁의 기원

1621년 스페인 정부는 1609년부터 12년 동안 지속되어온 네덜란드연방과의 휴전을 연장하지 않기로 결정했다. 일반적으로 스페인의 이러한 결정으로 흔히 '80년 전쟁'으로 알려진 네덜란드 독립전쟁의 제2막이 시작되었다고 알려져 있다(Israel 1977, 34). 하지만 여기에서 잘 알려지지 않은 한 가지는 네덜란드연방을 다시 복속시키겠다는 표면상의 공언에도 불구하고 스페인은 내부적으로 그러한 목표를 포기했다는 사실이다. 그렇다면 스페인이 전쟁을 재개하기로 결정한 이유는 무엇인가? 이스라엘(Israel 1977, 36-38)에 따르면 이는 휴전 기간 동안 네덜란드연방의 스페인에 대한 경제적 '침탈'이 너무나 거세어져서 이를 방치할 경우 감당할 수 없는 결과가 초래되리라는 두려움 때문이었다. 네덜란드연방은 휴전협정 체결과 함께 자유로운 상업교류를 가로

막은 장애물이 사라지자 이베리아반도와 이탈리아, 스페인의 아메리카 식민지와의 무역을 통해 막대한 이익을 올리기 시작했다. 그리고 이와 같이 축적된 부를 바탕으로 당시 유럽 최강으로 평가받던 스페인의 육군력과 해군력에 비견할 만한 군사력을 구축할 수 있는 기반을 마련했다. 이에 스페인은 열악한 재정 상태에도 불구하고 네덜란드연방과의 전면전을 결정했다.

스페인이 이러한 결정을 내린 이유를 이해하기 위해서는 보다 거시적인 차원에서 1621년 이전 약 한 세기 동안의 경제발전 추이를 살펴볼 필요가 있다. 주지하다시피 대략 15세기 중반부터 1600년 무렵에 이르는 시기에 유럽은 경제적으로 완만하지만 지속적인 성장을 경험했다. 이는 이 시기에 일어난 이른바 '가격혁명'에서 잘 확인된다. 14세기 중반 전 유럽을 휩쓴 흑사병의 여파로 최저점을 찍은 유럽의 (주로 농산물의) 가격 수준은 15세기 중반 이후 회복세를 보이기 시작하여 16세기 내내 상승세를 유지했다. 물론 독일과 아메리카에서 발견된 은(銀)의 대량 유입과 유통이 촉매제로서 중요한 역할을 담당한 것이 사실이다. 하지만 가격상승의 진정한 원인은 이전 시기에 비해 유럽인들의 경제활동이 활성화되었다는 데 있다. 지대의 현금화로 봉건제가 최종적으로 붕괴함에 따라 농업생산성이 크게 증가했고, 농민들은 시장에 내다 팔 목적으로 재배작물을 다양화하기 시작했다. 지브롤터 해협을 통해 지중해로부터 북서유럽으로 가는 항로 개척에 성공을 거두자 이탈리아와 플랑드르 사이의 교역이 활성화되었다. 항해술의 발전으로 스페인과 포르투갈의 함선이 신대륙과 인도양으로 진출했다. 임금이 전반적으로 상승했고, 유럽인들은 이전에 비해 육류와 맥주를 더 많이 섭취하는 등 생활수준의 현격한 향상을 경험했다. 인구가 증가했고, 점점 더 많은 수의 유럽인들이 도시에 거주하게 되었다(Yun 1994,

114-25).

이러한 상황은 16세기 말부터 조금씩 바뀌기 시작했다. 한 세기 이상 계속된 장기호황이 막을 내리고 경제 쇠퇴의 조짐이 뚜렷해지기 시작했다. 이는 가격상승이 중단되고, 인구가 감소하기 시작한 데서 잘 확인된다. 또한 농업생산성이 감소하고, 도시의 산업기반이 붕괴했다. 드브리스(de Vries 2009, 174)에 따르면 이는 단순히 경기순환의 하강 국면에서 일어난 현상이 아니었다. 17세기 유럽은 경제적으로 위기의 시대에 접어들었다. 다만 모든 국가와 지역에서 경제의 쇠퇴가 동일하게 진행되지는 않았다. 어떤 곳은 심각한 경제위기를 경험했지만 어떤 곳은 큰 문제를 겪지 않았다. 위기는 불균등하게 진행되었다.

경제 쇠퇴가 가장 두드러진 곳은 합스부르크의 통치를 받던 이베리아 반도와 이탈리아였다. 특히 1591년 524만여 명을 헤아리던 카스티야의 인구는 1631년이 되면 450만여 명으로 줄어들었다(Casey 1999, 21). 1596년과 1602년 사이에 이베리아 반도 전역에서 전염병이 창궐하여 무려 60만 명 이상이 목숨을 잃은 것이 결정적이었다. 여기에 더해 1609년 펠리페 3세는 기독교로의 개종을 거부하는 이베리아 반도 내 이슬람교도의 추방을 지시했는데, 이로 인해 1609년부터 1614년 사이에 모두 275,000명이 스페인을 떠나야 했다. 발렌시아 지방의 경우 추방령으로 인구가 1/4 이상 감소하기도 했다(Elliott 1970, 177-78). 스페인이 유럽 전역에 걸친 정치적·군사적 개입을 지속함에 따라 국제적으로 상당 규모의 병력을 유지해야 했던 것도 인구 감소의 한 원인이 되었다. 1567년부터 1648년 사이에 스페인은 네덜란드에서만 (총 동원을 완료했을 경우) 평균 7만 명 규모의 병력을 유지했다. 이 중 약 10퍼센트 정도가 스페인 본토에서 충원되었는데, 이들 대부분이 한창 일할 나이의 장정들이었기 때문에 이는 경제에 무시하기 어려운 영

향을 끼쳤다. 이와 함께 스페인의 아메리카 식민지로 매해 상당 규모의
인구가 이주한 것도 경제에 부정적인 영향을 미쳤다. 1561년부터 1600
년 사이에 매년 평균 5,200여 명이 아메리카로 이주한 것으로 추산된
다(Casey 1999, 24-25).

인구의 급격한 감소와 함께 경제활동 전반이 활력을 잃어갔다.[9] 인
구감소는 스페인 경제 쇠퇴의 원인이자 징후였다. 1580년과 1630년
사이에 카스티야의 곡물 생산량은 무려 40퍼센트가량 감소했다(Casey
1999, 51). 엘리엇(Elliott 1970, 181-86)은 정부가 이윤이 많이 남는 양
모 생산을 위해 양목업자들에 지나치게 큰 특혜를 제공한 결과 곡물
재배를 위한 토지가 부족하게 되었다는 점과 내수시장이 협소하고 기
업가 문화가 발달하지 못한 결과 상공업의 성장이 제한적이었다는 점
이 경제 쇠퇴의 핵심 요인이라고 지적한다. 흔히 스페인이 아메리카 은
에 '중독'된 결과 생산적이고 파급력이 큰 경제부문이 발전하지 못했
다고 지적되곤 하는데, 엘리엇은 이러한 견해의 타당성이 크지 않다고
주장한다. 아메리카 은이 정부재정과 스페인 경제에서 차지한 비중은
그리 크지 않았다. 펠리페 2세(재위 1556~1598년)의 치세가 끝날 무렵
아메리카로부터 스페인에 유입되는 은의 양이 최고치에 이르렀는데,
이 중 정부에 귀속되는 은의 가치(대략 전체 유입량의 2/5 정도)는 당시
국왕 직할지 내에 위치한 교회와 수도원으로부터 거두어들인 세금의
가치와 엇비슷한 정도였다(Elliott 1970, 191-92).[10]

---

9   카멘(Kamen 1978)과 같은 이는 16세기 내내 유럽의 다른 나라에 비해 스페인의 경제적
    수준이 보잘것없었기 때문에 16세기 말과 17세기 초 이후에 스페인이 쇠퇴했다는 명제
    자체가 성립되지 않는다고 지적하기도 한다. 하지만 경제사학자에 의한 보다 최근의 연
    구에 따르면 16세기의 스페인은 상대적으로 부유한 국가였다. 일례로 16세기 말 스페인
    의 1인당 국민소득을 추산해보면 유럽에서 이탈리아, 네덜란드 다음으로 높은 수준이었
    다(Álvarez-Nogal and De la Escosura 2007, 320-321).

그 궁극적인 원인이 어디에 있건 간에 경제가 어려워짐에 따라 스페인은 국제정치적으로 큰 도전에 직면하게 되었다. 물론 경제의 쇠퇴가 곧바로 국제적 위상의 붕괴로 이어진 것은 아니다. 스트래들링(Stradling 1979, 163)은 적어도 1660년대까지 스페인의 국제정치적 위상은 심각한 타격을 입지 않았다고 주장한다.[11] 하지만 다른 누구보다도 스페인인들 자신이 이러한 상황을 심각하게 여겼다. '아비트리스타스'(arbitristas)로 알려진 '경제전문가'들이 위기의 원인에 대한 진단과 이를 극복할 방안에 관해 많은 저작물을 쏟아냈고, 일반인들 사이에서는 금융과 이윤이 많이 남는 상업 부문을 독점한 제노아인, 유태인, 네덜란드인들에 대한 '외국인 혐오'가 광범위하게 확산되었다(Vives 1970, 163-65; Elliott 1970, 189-90; 1977).

스페인과의 오랜 전쟁으로 재정 부담이 가중되었음에도, 그리고 유럽 경제가 하강 국면에 접어들었음에도 네덜란드연방이 경제적으로 그리고 이에 기초하여 정치적·군사적으로 발전과 약진을 거듭하자 스페인인들의 불안감은 더욱 증폭되었다. 네덜란드연방의 부의 원천은 1580년대 이래 폭발적인 성장세를 보인 무역 부문이었다. 네덜란드연방은 발트해 연안에서 시작하여 북해와 영국해협, 프랑스와 이베리아반도를 거쳐 지중해 지역으로 이어지는 유럽에서 가장 중요한 해상 무역로를 지배했는데, 이 무역로의 북쪽에서 남쪽으로 곡물과 목재, 어류

---

10   이러한 견해가 보편적으로 받아들여지는 것은 아니다. 플린Flynn 1982)에 따르면 스페인 정부 재정에서 아메리카 은이 차지하는 비중이 상당했으며, 바로 이 때문에 스페인은 자신의 능력 범위를 넘어 대외적인 팽창을 지속할 수 있었다. 플린은 바로 이러한 이유에서 은으로부터의 수입이 감소하자 스페인은 정치적·경제적으로 쇠락의 길을 걸을 수밖에 없었다고 지적한다.

11   이는 부분적으로 프랑스, 네덜란드연방을 비롯한 스페인의 적들이 스페인에 결정적인 타격을 가할 만큼 강력하지 않았던 데 기인한다(Stradling 1979, 167).

와 삼과 아마가 운반되고, 그 반대 방향으로는 포도주와 양모, 소금과 과일, 설탕, 아시아와 아메리카의 향신료, 염료, 은 등이 운반되었다. 예 컨대 1594년 북해와 발트해를 잇는 외레순(Øresund) 해협을 통과한 선박의 수는 총 6,208척이었는데, 이 중 58퍼센트에 해당하는 3,609척 이 네덜란드연방에 선적을 두었다(Sluiter 1948, 166-67). 네덜란드연방 은 1602년 동인도회사를 설립하여 인도양으로의 진출을 시도했고, 얼 마 지나지 않아 지금의 인도네시아에 해당하는 지역에서 포르투갈을 위협하는 세력으로 성장했다. 네덜란드인들은 1587년부터는 브라질과 서인도제도로도 진출하기 시작했다.

네덜란드연방이 무역대국으로 성장할 수 있었던 가장 큰 이유는 자본이 풍부했다는 점과 이 자본을 생산성 향상을 위해 효과적으로 사 용할 수 있는 경험과 노하우가 축적되어 있었다는 점이다(de Vries & Van der Woude 1997, 694-696). 이 풍부한 자본은 암스테르담을 비롯 한 연방의 주요 무역항에서 상품을 대량으로 구매하고, 이를 저장하고 보관할 기반 시설을 마련하는 데 투자되었다. 금융과 회계업무 등을 지 원할 시설들이 들어섰고, 상품 운송에 사용되는 선박의 성능도 대폭 향 상되었다. 네덜란드연방이 무역대국으로 발돋움할 수 있었던 두 번째 이유는 연방의 국내경제적 기반, 그중에서도 홀란트와 제일란트 두 지 역의 경제기반이 탄탄했다는 데 있다. 홀란트는 유럽 다른 어떤 지역에 비해서도 전체 인구 중 도시에 거주하는 주민의 비율이 높았다. 1500 년에 홀란트에서 도시에 거주하는 주민의 비율이 40퍼센트 정도에 이 르렀고, 1650년 무렵이 되면 총 인구수가 150만이 채 되지 않는 네덜 란드연방의 도시 인구가 영국과 스칸디나비아의 도시 인구를 합친 것 보다도 많을 정도였다. 도시화의 비율이 높다는 것은 상업과 제조업 등 비농업 분야에 종사하는 인구의 비중이 그만큼 크다는 것을 의미했다.

홀란트와 제일란트에서는 제조업과 어업의 비중이 농업 못지않게 높았고, 농업에서도 시장에 내다 팔 목적으로 재배하는 작물의 비중이 높았다. 요컨대 네덜란드연방은 무역 부문이 아니더라도 그 자체로 번성하는 경제를 보유했다. 이는 연방의 무역이 지속적·비약적으로 발전할 수 있는 동력을 제공했다(de Vries & Van der Woude 1997, 669-72; Bavel and Zanden 2004).

스페인은 자국과 네덜란드연방의 경제적 격차가 계속 증가하자 적지 않게 긴장하기 시작했다. 특히 스페인의 저지 노력에도 불구하고 점점 더 많은 수의 네덜란드 무역 상인들이 이베리아 반도와 이탈리아, 서인도제도와 아메리카 대륙 본토에서 활동 영역을 넓히는 데 대해 분노와 함께 불안감을 느꼈다. 스페인의 입장에서 더욱 심각한 문제는 네덜란드 재정제도의 우수성이었다. 특히 네덜란드연방 재정수입의 80퍼센트 이상을 담당한 홀란트는 이미 16세기 중반부터 동시대 다른 어떤 국가에서도 찾아볼 수 없던 '선진적'인 조세제도와 재정제도를 운용했다. 홀란트는 조세수입의 60퍼센트 이상을 여러 다양한 물품에 부과되는 세금인 소비세를 징수하여 충당했고, 재정 부족분을 메꾸기 위해 지방의회가 중심이 되어 연금채권을 발행했다. 네덜란드연방은 이렇게 징수한 세금을 효율적으로 관리·지출했다('t Hart 2014, 148-69; Fritschy 2003). 이는 펠리페 2세의 재위 기간에만 4차례에 걸쳐 정부채무에 대한 지불정지를 선언해야 했던 스페인과 뚜렷한 대조를 이루었다.[12]

---

12 체코슬로바키아 출신의 역사학자 폴리젠스키(J. V. Polisensky 1971, 28-29)는 두 나라 간의 전쟁뿐만 아니라 (적어도 1635년 프랑스가 개입하기 이전의) 30년전쟁 전체를 네덜란드연방으로 대표되는 '신문명'과 스페인으로 대표되는 '구문명' 간의 대결로 볼 수 있다고 지적하기도 했다. 폴리젠스키에 따르면 스페인은 정치적으로는 군주의 권위를 강조하고, 사회적으로는 귀족 중심의 엄격하게 서열화된 위계를 지향하며, 경제적으로는

이러한 가운데 스페인은 상황이 손쓸 수 없을 정도로 악화되기 전에 가용한 모든 자원을 동원하여 연방에 공세를 펼 필요가 있다는 결론에 도달했다. 이베리아 반도를 비롯한 모든 스페인 영토에서 네덜란드 상인의 상업 활동을 전면 금지하는 조치를 내리기도 했지만 그 효과는 미미했다. 오히려 이로 인해 서인도와 동인도에서 네덜란드 상인들의 활동을 부추기는 효과만을 낳았을 뿐이다. 스페인은 휴전이 만료되기 한참 전부터 근본적인 상황 변화가 일어나지 않는 한 네덜란드연방과의 전쟁을 재개한다는 방침을 결정해 놓고 있었다.

이 와중에 보헤미아에서 합스부르크 오스트리아에 대한 반란이 발발하고, 이것이 신성로마제국 내에서 오스트리아를 지지하는 세력과 반대하는 세력 사이에 내전으로 번질 조짐을 보이자 스페인은 오스트리아를 지지하여 개입했다. 네덜란드연방과의 전쟁을 유리하게 이끌기 위해서는 독일이 스페인에 우호적인 세력에 의해 장악되는 것이 절대적으로 필요했기 때문이다. 이에 더해서 독일이 스페인에 적대적인 세력에 의해 장악되면 이탈리아 북부에서 서부 독일을 거쳐 네덜란드로 이어지는 보급로가 위험에 처할 수도 있었다(Brightwell 1979, 420). 오스트리아가 전쟁 초반에 비교적 쉽게 승기를 잡을 수 있었던 것은 스페인의 이와 같이 적극적인 지원에 힘입은 바가 컸다. 하지만 스페인의 개입은 덴마크와 스웨덴, 프랑스의 연이은 참전을 유도했고, 결국에는 전쟁이 대규모화·장기화·국제화되는 결과를 가져왔다.

요컨대, 30년전쟁의 중요한 한 축인 스페인과 네덜란드연방의 전

농업이 절대적인 비중을 차지하는 가운데 상공업의 자본주의적인 방향으로의 발전은 상대적으로 더딘 '가톨릭 문명'을 대표했다. 이에 반해 네덜란드연방은 정치적으로 '대의기구'가 주도권을 행사하고, 사회적으로는 귀족 대신 '시민' 계층이 중심에 위치하며, 경제적으로는 자본주의화된 상공업과 농업, 어업이 주가 되는 '프로테스탄트 문명'을 대표했다.

쟁은 전반적인 경제위기의 시기에 두 나라의 경제 상황이 큰 차이를 보인 데서 그 원인을 찾을 수 있다. 이러한 차이는 두 나라의 경제가 서로 다른 경기순환 국면에 위치했기 때문에 나타난 것이 아니다. 스페인과 네덜란드연방 사이의 격차는 두 나라의 경제가 불균등한 발전 경로상에 위치했기 때문이었다. 네덜란드연방에서는 동시대 다른 나라에서는 상상하기도 어려울 정도로 선진적인 수준의 경제발전이 이루어지고 있었다. 이에 반해 스페인의 경제적 퇴조는 다른 누구보다도 스페인인들 자신에게 부인할 수 없는 사실이었다. 두 나라 간 전쟁은 이러한 상황을 심각하게 여긴 스페인이 이를 군사력을 동원하여 극복하려 시도하면서 발발했다. 하지만 전쟁은 두 나라 간의 싸움에 그치지 않았다. 스페인이 내부적으로 네덜란드연방과의 전쟁 재개를 결정할 즈음 보헤미아 반란이 일어났고, 스페인은 개입을 결정했다. 이에 따라 두 전쟁은 하나의 전쟁으로 불가분하게 엮이게 되었고, 이는 후에 독일에서 오스트리아와 연계한 스페인의 영향력 확대를 경계한 스웨덴과 프랑스의 개입을 초래함으로써 전쟁이 장기화되는 길을 열었다.

2. 중앙정부-귀족 관계의 불균등성과 30년전쟁의 기원

앞서 언급했듯이 30년전쟁은 1618년의 보헤미아 반란으로 촉발되었다. 반란의 원인은 무엇이었는가? 일단 표면적인 원인은 신·구교 간 종교 갈등이었다. 반란은 완고한 가톨릭 보수주의자로 알려진 합스부르크의 페르디난트 대공이 귀족들 중 대다수가 신교도인 보헤미아의 왕위 계승자로 선출되자 종교 탄압을 두려워한 일군의 신교 귀족들이 국왕 선출이 무효임을 주장하면서 시작되었다.

　하지만 종교 갈등이 반란이 일어난 이유의 전부는 아니었다. 종교

갈등의 이면에는 1526년 합스부르크가 보헤미아를 통치하기 시작한
이래[13] 오랜 기간 쌓여온 중앙정부와 귀족 간의 더 심각한 갈등이 존재
했다. 16세기 중반 이후 합스부르크의 지배를 받는 오스트리아와 보헤
미아, 헝가리의 귀족 대다수는 장기간 계속된 인플레이션으로 인해 큰
폭의 수입 감소를 겪었다. 귀족은 고정적인 지대를 가장 중요한 수입원
으로 삼았기 때문에 지속적인 물가상승에 취약할 수밖에 없었다. 이러
한 상황에서 중앙정부는 오스만제국에 대한 전쟁 수행을 이유로 점점
더 많은 액수의 재정 지원을 요구함으로써 귀족을 곤경에 빠뜨렸다. 귀
족의 반발이 심해지자 합스부르크 정부는 이들의 분열을 유도하고 정
부에 대한 저항의지를 꺾기 위해 관직의 배분에서 프로테스탄트 귀족
을 노골적으로 차별하고 가톨릭 귀족에게 우선권을 제공하기도 했다
(MacHardy 1992, 410-417). 페르디난트 대공의 왕위 계승자 선출은 이
미 갈등의 골이 깊어질 대로 깊어진 중앙정부와 귀족 관계에 불을 붙
인 셈이었다.

　시각을 좀 더 확대해 보면 보헤미아 반란은 특정 지역에 국한된
고립된 사건이 아니었다. 16세기 중반부터 17세기 중반까지 유럽 전역
에 걸쳐 중앙정부와 귀족 간에 갈등이 고조되었고, 여러 지역에서 중앙
정부에 저항하는 귀족 반란이 빈번하게 일어났다(Asch 2003, 7). 1560
년대 프랑스에서 종교전쟁이 발발한 것을 시작으로 1659년 스페인과
프랑스 사이의 피레네 조약으로 스페인으로부터 독립하려는 카탈루
냐의 시도가 최종적으로 좌절될 때까지 유럽 전역에서 크고 작은 반

13　1526년 보헤미아 야겔론스키(Jagellonský) 왕조의 루드빅 2세(Ludvík II)가 오스만 제
　　국군과의 모하치(Mohács) 전투에서 사망한 후 카를 5세의 동생이자 그를 대신해서 오
　　스트리아를 통치하던 페르디난트가 보헤미아의 왕위를 물려받음으로써 보헤미아는 합
　　스부르크의 지배를 받게 되었다.

란이 끊이지 않았다. 이 중 중요하고 잘 알려진 반란만을 꼽아보면 보헤미아 반란(1618~1620)을 비롯하여 프랑스 종교전쟁(1562~1598), 네덜란드반란(1568~1648), 카탈루냐반란(1640~1652), 프롱드의 난(1648~1653) 등을 들 수 있다. 귀족이 이 모든 반란을 처음부터 계획하고 실행에 옮기지는 않았다. 하지만 어떤 이유로든 반란이 일단 발발하면 반란의 대의에 동조하는 귀족에게 핵심적인 역할이 주어졌다.

근대 초 유럽에서 중앙정부와 귀족이 이처럼 갈등하고 대립한 이유는 무엇인가? 먼저 14세기 이래 유럽 사회에서 귀족이 차지하는 위상과 영향력이 지속적으로 감소했음을 지적할 수 있다. 여기에는 크게 두 가지 이유가 있다(Bohanan 2001, 8-10). 첫째, 중세 말에 일어난 군사기술의 변화가 귀족의 위상을 약화시켰다. 특히 전통적인 기마병의 중요성이 줄어들고 보병과 화포가 전쟁의 중심에 서게 됨에 따라 귀족은 예전과 같이 군인으로서의 임무수행을 자신들에게 독점적으로 부여된 사회적 역할로 내세우기 어려워졌다. 둘째, 14세기 중반 흑사병의 발발로 유럽의 인구가 1/3가량 감소하면서 농작물에 대한 수요가 줄어들고 노동력이 부족해지자 토지로부터 거두어들이는 지대가 가장 중요한 수입원이었던 귀족계층이 경제적으로 큰 타격을 입었다. 또한 16세기 들어서는 '가격혁명'으로 알려진 인플레이션이 한 세기 가까이 지속되면서 귀족의 실질소득 역시 감소했다.

이와 같이 곤경에 처한 귀족을 이전에 비해 한층 강력해진 중앙정부가 거세게 압박했다. 주지하다시피 유럽 역사에서 16세기와 17세기는 주어진 영토 내에서 폭력의 정당한 사용권한을 독점하는 존재로서의 근대국가가 처음 등장한 시기로 알려져 있다. 근대국가의 중앙정부는 오랜 기간 면세 특권을 누려오던 귀족에게 세금을 부과하고, 사병 보유를 제한하고 요새화된 성의 보유를 금지했다(Stone 1967, 96-97).

귀족이 각 지역에서 지역민들 사이에서 비공식적으로 누려오던 영향력도 대폭 축소되었다. 영국에서는 런던의 중앙정부가 귀족이 각 지역의 주장관(sheriff)과 치안판사(justice of peace)의 임명에 관여하던 관행을 중단시켰다(Stone 1967, 124). 이에 정도의 차이는 있지만 대부분의 유럽 국가에서 귀족은 중앙정부에 거세게 저항했다.

물론 국가와 귀족 간의 관계가 시종일관 대립적이었던 것은 아니다. 양자는 한편으로는 대립하면서도 다른 한편으로는 서로를 필요로했다(Zmora 2000, 35-36).[14] 거대해진 군대를 지휘하는 역할은 거의 언제나 귀족에게 주어졌고, 한층 비대해진 정부기구의 주요 관직 또한 귀족 출신에게 우선권이 부여되었다. 귀족의 입장에서도 정부의 군대에 복무함으로써 그리고 관직을 차지함으로써 지대의 감소로 부족해진 수입을 보충해야 했다(Bohanan 2001, 11-12). 하지만 이와 같이 국가와 귀족 양자가 서로의 필요성을 인정하고 안정적으로 공생하는 방법을 발견하기까지 상당히 긴 갈등의 시간이 이어졌다. 그리고 이러한 갈등은 종종 귀족의 정부에 대한 전면적인 반란을 낳았다.

이러한 반란들 중 일부에서는 종교 갈등이 정치적 갈등을 부추기는 촉매제 역할을 맡기도 했다. 16세기 중반에서 17세기 중반까지의 시기는 유럽에서 프로테스탄티즘과 가톨릭 사이의 갈등이 절정에 달한 시기이기도 했다. 유럽의 거의 절반에 해당되는 지역에서 프로테스탄티즘이 지배적인 종교로 자리 잡자 가톨릭 측은 반종교개혁의 시동

14　근대 초 유럽에서 근대국가와 귀족의 관계는 서구 역사학계의 오래된 논쟁거리 중 하나이다. 전통적으로 국가가 봉건귀족의 도구에 불과했다고 보는 마르크스주의 역사학의 시각(Anderson 1974, 15-42)과 국가와 귀족이 서로 상반된 이해관계를 가지고 대립했다고 보는 무니에(Mousnier 1977, 162) 등의 시각이 학계를 반분해 왔는데 보다 최근에는 양자가 대립하면서도 서로를 필요로 하는 '공생관계'였다는 해석이 힘을 얻고 있다. 이 새로운 해석의 개관을 위해서는 Asch(2003, 125-149)를 참조.

을 걸어 이에 대항했다. 반종교개혁은 가톨릭교회만의 관심사가 아니었다. 가톨릭을 국교로 하는 거의 모든 국가는 정도의 차이는 있지만 자국 영토 내에서 종교의 통일성을 달성하기 위해 신교도들을 강하게 압박했다. 이로 인해 상당수 귀족이 프로테스탄티즘으로 개종한 곳에서는 국가와 귀족 사이에 내재되었던 갈등이 밖으로 표출될 가능성이 현저하게 높아졌다(Wilson 2008, 578).

1618~1620년의 보헤미아 반란 역시 사회적 위상이 약화된 귀족이 중앙정부와 반목과 대립을 거듭하던 중 종교 갈등을 기화로 전면적인 반란을 일으킨 여러 사례 중 하나로 볼 수 있다. 여기에 불균등한 사회들의 공존과 상호작용을 강조하는 불균등결합발전론의 관점에서 보헤미아에서 반란이 일어난 이유 한 가지를 추가할 수 있다. 이는 다른 나라의 중앙정부-귀족 관계가 합스부르크 정부와 반란을 일으킨 보헤미아 귀족에게 일종의 '전범(典範)'을 제공했다는 사실이다. 합스부르크 정부에게는 귀족의 저항을 효과적으로 극복하고 유럽에서 가장 강력한 중앙집권체제를 수립한 스페인이 전범이 되었다. 스페인은 본토에서 멀리 떨어진 네덜란드에서 반란이 발발한 것을 제외하면 적어도 이베리아 반도 내에서는 카를 5세의 치세 초기인 1520~1521년에 발발한 코무네로스(Comuneros) 반란 이후 1640년 카탈루냐 반란이 발발하기 이전까지 어떠한 귀족 반란도 겪지 않았다. 특히 합스부르크 스페인의 근거지라 할 카스티야에서 정부는 일찌감치 강력한 통치체제를 구축했다. 이는 카스티야가 스페인의 공세적인 대외정책으로 인해 당시 유럽에서 세금이 가장 무겁게 징수되는 지역이었음을 감안하면 놀라운 일이 아닐 수 없다(Jago 1981, 308). 여기에는 세 가지 정도의 이유가 있다.

일단 스페인에서는 반란을 주도할 만한 위치에 있는 대(大)귀족

들이 국왕의 권력에 완벽하게 포섭되었다는 사실을 들 수 있다. 이 점
은 특히 국왕과 혈연으로 얽힌 콜리니(Coligny), 콩데(Condé) 등 왕국
의 대귀족들이 종교전쟁과 프롱드의 난 등에서 반란을 이끌거나 구심
점 역할을 한 프랑스의 경우와 대조를 이룬다(Casey 1999, 160). 다음
으로 이베리아 반도에서는 프로테스탄티즘이 거의 뿌리를 내리지 못
했다는 사실이 중요하다. 스페인 본토는 사실상 종교개혁의 '무풍지대'
였다. 이는 스페인에서는 유럽의 다른 지역에서처럼 귀족들이 종교를
명분으로 세를 규합하고 반란을 일으킬 기회가 극히 제한적이었음을
의미한다. 마지막으로 스페인에서는 유럽의 여타 지역에 비해 전체 주
민 중 귀족의 비율이 매우 높았다는 점을 들 수 있다. 예컨대 1591년에
실시된 인구조사에 따르면 카스티야 인구 중 귀족의 비율은 지역에 따
라 편차가 있긴 하지만 대략 10퍼센트를 상회했다. 약 8세기경부터 그
라나다가 최종 함락된 1492년까지 이베리아 반도에서는 이슬람에 의
해 장악된 영토를 '수복'하는 '레콩키스타'(reconquista)가 진행되었는
데, 이로 인해 초래된 정치적·사회적 혼란의 와중에 귀족 작위가 남발
된 것이 귀족의 수가 증가한 이유였다. 16세기 들어 정부는 자격 요건
을 재정비하여 귀족의 수를 제한하려 했고, 이는 귀족들 사이에 극심한
생존경쟁을 불러일으켰다. 결과적으로 정부의 무리한 재정압박에도
저항이 본격화되기 어려웠다(Casey 1999, 143-144).

　　스페인의 '성공'은 합스부르크 오스트리아를 비롯한 여타 국가들
에 자극제가 되었다. 비록 1590년대 이후 쇠퇴의 기미를 보이기 시작
하기는 했지만 스페인은 17세기에 한참 접어든 이후에도 당대 유럽의
최강국으로서 두려움과 경탄의 대상이었다. 보헤미아에서 반란이 일
어나고, 프랑스에서는 1610년 앙리 4세(재위 1589~1610)의 뒤를 이
어 불과 10살의 나이에 왕위에 오른 루이 13세(재위 1610~1643)가 귀

족의 반란 위협에 시달리고, 또 이를 극복한 이후에도 1620년대 후반까지 왕국의 서남부를 장악한 위그노 세력과 전쟁을 벌여야 했던 것에 비해 스페인 정부는 국내 상황을 걱정할 필요 없이 대외정책에 모든 에너지를 쏟을 수 있었다. 앤더슨(Anderson 1974, 60)은 스페인이 근대 초 서유럽의 국가 형성 과정에서 매우 특별한 위치를 차지했다고 지적한다. 스페인의 성공 사례가 여타 국가들에 지대한 영향을 끼쳤기 때문이다.

합스부르크에 대한 반란을 주도한 보헤미아 귀족들에게는 네덜란드연방이 전범이 되었다(Te Brake 1998, 170-73). 특히 '스타텐'(staaten)으로 불린 지역의회와 다수 지역의회의 연합체로서의 '스타텐 헤네랄'(staaten general)을 중심으로 정부를 조직하고 운영하는 네덜란드연방의 사례가 중앙정부의 권한을 최소화하고, 귀족의 자율성을 최대한 보존하고자 하는 반란 주도 세력에게 큰 호소력을 가졌다. 다만 보헤미아인들은 네덜란드연방과는 달리 새 국가에 군주가 반드시 필요하다고 보았다. 물론 이 군주는 귀족들에 의해 선출되어야 하고, 훗날 입헌군주제에서와 같이 매우 제한된 권한만을 보유한다고 규정되었다(Mortimer 2015, 166). 반란 주도 세력은 신성로마제국의 선제후이자 칼뱅교도인 팔츠(Pfalz)의 프리드리히 5세에게 군주 자리를 제안했고, 프리드리히는 주변의 만류에도 이를 수락했다. 이로써 보헤미아 반란이 후일 독일 전체의 내전으로 확대될 단초가 마련되었다.

근대 초 유럽에서 근대국가의 출현은 단기간에, 일률적으로 이루어지지 않았다. 독일의 역사학자 부르크하르트(Burkhardt 2004, 277-78)는 30년전쟁을 '국가형성전쟁'으로 정의했다. 30년전쟁이 발발할 당시 유럽 국가들이 충분히 제도화되지 못한 상태에 있었다는 것이다. 근대국가의 제도화에 오랜 기간이 소요된 것은 중앙정부의 세력 확장에 귀족이 거세게 저항했기 때문이다. 국가가 정당한 폭력의 사용을 독점하는 과정에서 직면한 가장 큰 장애물은 귀족의 저항이었다. 중앙정부의 입장에서 성공적인 국가 형성은 귀족의 저항을 얼마나 효과적으로 극복하느냐에 달렸다고 해도 과언이 아니었다. 중앙정부와 귀족의 대립과 갈등은 유럽에서 근대국가의 형성이 상이한 방식으로 이루어진 가장 중요한 이유이기도 했다. 비교적 이른 시기에 중앙정부의 귀족에 대한 우위를 확립한 국가는 대외적으로 그렇게 하지 못한 국가에 대해 우위에 설 수 있었다.

결국, 30년전쟁은 중앙정부-귀족 관계의 불균등성으로 인해 상이한 발전 양상을 보이는 국가들 간의 전쟁이었다. 한편으로는 스페인과 같이 1640년 이전까지 심각한 귀족의 저항에 직면해 본 적이 없는 국가가 존재했고, 다른 한편으로는 합스부르크 오스트리아, 프랑스와 같이 반란이 빈번하게 발발하는 국가가 존재했다. 또한 예외적이기는 하지만 네덜란드연방과 같이 반란의 결과 여타 국가와는 전혀 다른 성격의 통치체제를 제도화한 경우도 있었다. 이들 간의 복합적인 상호작용이 30년전쟁의 발발을 가져왔다. 중앙정부-귀족 관계의 불균등성은 전쟁의 기원을 넘어 전쟁이 전개되는 방식에도 영향을 끼쳤다. 스웨덴이 제한된 인구 규모와 경제력에도 불구하고 1630년전쟁에 개입한 이래 효과적인 전력을 유지할 수 있었던 것도 여타 국가와는 달리 중앙정부와 귀족 간의 갈등이 최소화될 수 있었기 때문이고(Lockhart 2004, 73-90), 프랑스가 1635년 이후에야 참전을 결정한 것도 이 시기에 위그노와의 싸움이 일단락되었기 때문이다. 또한 스페인이 프랑스를 제외한 여타 국가들과의 전쟁을 마무리하기로 결정한 것도 1640년에 카탈루냐, 포르투갈, 나폴리에서 중앙정부에 대한 반란이 동시다발적으로 일어난 사실과 관련이 깊다. 잘 알려져 있듯이 신현실주의 국제정치이론에서는 무정부상태로서의 국제관계에서 국가는 지정학적 경쟁을 통해 동질화되는 경향을 보이고, 이것이 국가를 '기능적으로 비분화'된 존재로 간주할 수 있게 하는 근거가 된다고 주장한다. 이는 적어도 근대국가가 처음 등장하여 형태를 갖춘 근대 초 유럽에서는 사실과 거리가 먼 가정이라고 할 수 있다.

3. 유럽과 오스만제국의 불균등한 발전 경로와 30년전쟁의 기원

근대 초 유럽 국제정치사 연구에서 오스만 투르크 제국이 유럽 국제정치에 끼친 영향의 중요성은 종종 간과되곤 한다. 우리는 특히 30년전쟁의 기원과 관련하여 오스만 요인에 주목할 필요가 있다. 1453년 콘스탄티노플의 함락 이래 제국의 몰락이 돌이킬 수 없는 사실이 된 18세기 중반까지[15] 오스만제국은 유럽 여러 나라에 심각한 위협을 제기했다. 오스만제국에 대한 싸움의 최전방에 위치한 것은 합스부르크 오스트리아와 스페인이었다. 1526년 모하치(Mohács) 전투에서 보헤미아-헝가리가 주도하는 기독교연합군이 술레이만 1세(재위 1520~1566)가 이끈 오스만군에 패배하여 헝가리 왕국의 절반 가까이가 오스만제국의 차지가 된 이래 합스부르크 오스트리아와 스페인은 헝가리와 발칸반도에서 그리고 지중해에서 오스만제국과 치열하게 대결했다(Murphey 2001).

술레이만 1세가 오스만제국을 통치하던 시기는 제국의 최전성기였다. 그가 술탄으로 재위하던 시기 오스만제국은 아나톨리아와 발칸

---

15   일반적으로 오스만제국이 1769~1774년의 러시아-터키 전쟁에서 패배한 후 체결한 1774년의 쿠츄크 카이니르지(Küçük Kaynarca) 조약이 오스만 몰락의 상징적인 사건으로 간주되어 왔다(Göl 2013, 35).

반도를 중심으로 동쪽으로는 페르시아만에서 서쪽으로는 지금의 알제리, 북쪽으로는 크림반도에서 남쪽으로는 이집트와 홍해에 이르는 대제국을 건설했다. 모하치 전투로 헝가리를 장악한 이후 서쪽 방향으로의 영토 팽창은 중단되었고(Murphey 2001, 212), 1566년 술레이만 1세가 사망한 후 그보다 훨씬 덜 유능한 후계자들이 술탄의 자리에 오르면서 제국의 기세는 한풀 꺾였지만, 오스만은 여전히 유럽인들에게 버거운 상대였다. 1547년 합스부르크와 5년간의 휴전협정을 체결할 때 오스트리아의 통치자 페르디난트는 헝가리 영토의 일부를 보유하는 대가로 술레이만 1세에게 '조공'을 바치기로 합의했고,[16] 카를 5세는 터키어 협정문에서 자신을 '황제'로 칭하는 대신 '스페인의 왕'이라는 칭호를 사용한다는 데 동의했다(Imber 2010, 340). 펠리페 2세의 스페인이 네덜란드연방의 독립을 저지하는 데 실패한 결정적인 이유 중 하나는 오스만의 서지중해 진출을 막기 위해 전력을 분산시켜야 했기 때문이다. 오스트리아 역시 1527년 이래 크로아티아와 헝가리에 긴 방어선을 구축하고 이를 오스만제국으로부터 지키기 위해 전력을 기울여야 했다. 1571년 레판토(Lepanto) 해전에서 스페인이 거둔 승리는 양자 간 세력 균형에 그다지 큰 영향을 끼치지 못했다.

따라서 합스부르크 오스트리아와 오스만제국 사이에 벌어진 '장기터키전쟁'이 끝나고 1606년 지트바토로크(Zsitvatorok)에서 평화조약이 체결된 이후, 1648년 전쟁이 완전히 끝나는 순간까지 오스만제국이 합스부르크에 대한 도발을 자제한 것은 30년전쟁의 기원과 역사에서 결정적인 중요성을 지닌다.[17] 일단 만약 1606년에 평화조약이 체결

---

16   모하치 전투 이후 헝가리는 오스만과 트란실바니아, 그리고 합스부르크가 3등분하여 통치했다.
17   1606년 평화조약은 오스만제국과 합스부르크 오스트리아 사이에 역사상 처음으로 체

되지 않고 이전과 마찬가지로 짧은 휴지기 후에 전쟁과 국경분쟁이 재개되었다면 신성로마제국과 합스부르크 오스트리아에서 신·구교 간 종교 갈등이 중앙정부에 대한 전면적인 반란으로 확대되는 일은 일어나지 않았을 것이다. 아마도 오스만제국과의 전쟁을 위해 가톨릭뿐만 아니라 프로테스탄트 제후국과 귀족의 재정 지원을 필요로 하는 오스트리아 정부가 종교 문제를 두고 강경한 입장을 고수하기 어려웠을 것이다. 또한 1606년의 평화조약에서는 20년 동안의 평화를 약속했지만 1618년과 1625년, 1627년과 1642년에 조약이 갱신되어 총 60년 동안 평화적인 관계가 유지되었는데, 오스만제국이 애초에 약속한 20년이 경과한 후에 조약을 갱신하지 않고 오스트리아에 대한 공세를 재개했다면 오스트리아는 반대 진영의 신성로마제국 제후들을 완전히 제압하고 독일의 실질적인 지배자가 되겠다는 야심을 노정하는 대신 협상과 타협을 통해 내전을 마무리하는 수순을 택했을 가능성이 높다. 만약 그랬다면 스웨덴과 프랑스가 독일의 전쟁에 개입하는 일도 일어나지 않았을 것이다.

그렇다면 오스만제국이 16세기와는 달리 1606년 이후 합스부르크 오스트리아와 평화적인 관계를 유지하려 했던 이유는 무엇인가? 30년전쟁의 발발은 오스만의 입장에서 보면 오랜 숙적인 오스트리아뿐만 아니라 스페인 역시 결정적으로 약화시킬 수 있는 절호의 기회였음에도 전쟁에 개입하지 않은 이유는 무엇인가? 과거 술레이만 1세 치하의 오스만제국이 유럽 국제정치에 깊숙이 관여하여 카를 5세의 합스

결된 정식 평화조약이었다. 그 이전에는 전장의 상황에 따라 휴전 협정이 체결되었을 뿐이다. 조약에는 오스만의 술탄이 오스트리아의 루돌프 2세를 국왕이 아닌 황제로 지칭한다는 조문이 삽입되었다. 하지만 이전과 마찬가지로 오스트리아는 오스만제국에 상당 액수의 '선물'을 제공하기로 약속해야 했다(Ziegler 2004, 345-346; Baramova 2014, 118).

부르크 제국을 견제하기 위해 프랑수아 1세의 프랑스와 동맹을 맺었던 사실을 상기할 때 오스만이 내린 결정을 어떻게 이해할 수 있을까(Imber 2010, 338-339)? 오스만제국에게는 오스트리아와 평화적인 관계를 유지해야 할 불가피한 이유가 있었는데, 그것은 16세기 말 이래 오스만제국이 정치적·사회적·경제적 위기에 처했다는 것이다. 여기에서 중요한 점은 이 위기가 오스만제국 내부의 특수한 사정에만 기인하지 않았다는 사실이다. 위기는 '국제적'인 기원을 가졌다. 오스만제국은 합스부르크와의 오랜 상호작용의 결과 정치적·사회적·경제적으로 전례 없는 곤경에 처하게 되었고, 바로 이러한 이유 때문에 평화를 절실히 필요로 하게 되었다. 불균등결합발전론은 이러한 상황을 이해하는 데 도움을 줄 수 있다.

앞서 지적했듯이 오스만제국은 15세기 후반과 16세기 전반의 약한 세기 동안 전성기를 누렸다. 이 시기 동안 오스만제국은 다방면에서 대다수 유럽 국가들을 압도했다. 오스만의 유럽에 대한 우위가 가장 명백한 분야는 군사력이었다. 일단 동원 가능한 병력 수에서 오스만제국은 확고하게 우위를 점했다. 1526년 모하치 전투에서 헝가리는 2만 5천여 명을 동원한 반면, 술레이만 1세는 8만여 명을 전투에 투입했다. 이 격차는 16세기 중반이 되어도 좀처럼 줄어들지 않았다(Tracy 2015, 5). 병력 동원만큼이나 중요한 병참의 효율성에서 오스만제국과 유럽 국가들의 격차는 더욱 벌어졌다. 16세기 전반 오스트리아군의 최대 이동거리는 480킬로미터 정도였다. 당시 유럽에서 가장 부유한 프랑스는 3만 명 규모의 병사를 최대 640킬로미터 정도 이동시킬 수 있었다. 이에 반해 오스만은 10만 명의 병사를 이스탄불에서 1,520킬로미터 떨어진 빈까지 큰 어려움 없이 이동시킬 수 있었다(Tracy 2015, 6). 오스만 정부는 군대의 이동경로 근방에 거주하는 농민에게 정해진 날짜에 정해진 지점으로 필요한 식량을 운반하도록 한 후 이를 현금을 지불하고 구입하는 병참 시스템을 발전시켰다. 이는 무엇보다도 오스만 정부의 재정이 매우 튼튼했기 때문에 가능한 시스템이었지만[18] 그에 못지않게 전쟁을 사전에 계획하고 준비하는 행정 능력 역시 중요했다(Çizakça 2013, 245; Tracy 2015, 7).

유럽과 비교할 때 오스만제국이 큰 규모의 병력을 동원하고 탄탄한 재정의 이점을 누릴 수 있었던 이유는 무엇인가? 두 가지 요인을 들 수 있는데, 한 가지는 오스만 정부의 적극적인 농민보호 정책으로 유럽의 농민과 비교할 때 오스만 농민이 더 부유하고, 더 많은 자유를 누렸다는 점이다(Mardin 1969, 260-261). 이는 유럽에서와 달리 오스만제국에서는 농민 반란이 매우 드물게 일어나는 이유가 되었다. 다른 한 가지는 술탄의 정부가 지배엘리트의 독립성을 철저하게 억눌렀다는 점이다(Çizakça 2013, 263-264). 오스만제국에는 유럽의 세습 귀족에 해당하는 집단이 존재하지 않았다. 유럽에서는 귀족들이 정부의 관직마저 세습하려는 경향을 보였지만 오스만제국에서 그러한 일은 상상하기 어려웠다. 오스만 정부는 지방에 주둔하는 장교에게 '티마르'(timar)라 불린 영지를 수여하여 자급자족하도록 했는데, 유럽에서였다면 당연히 세습의 경로를 밟았을 이 영지 역시 비세습의 원칙이 철저하게 지켜졌다. 이와 같이 지배엘리트의 자율성을 인정하지 않은 결과 유럽과는 달리 엘리트 집단의 술탄 정부에 대한 저항이나 반란이 매우 드물었다. 요컨대 오스만제국은 유럽에 비해 통일적이고 안정적이었으며, 그만큼 효율적으로 병력을 동원하고 세금을 징수할 수 있었

---

18 1574년 무라드 3세(Murad III) 술탄 즉위를 기념하여 오스만 정부는 110자루에 가득 담긴 금화를 병사와 관리들에게 배분했는데, 그 가치를 돈으로 환산하면 베니스 공화국 1년 예산의 절반에 해당할 정도였다(Tracy 2015, 7).

다(Nisancioglu 2014, 335-336).

하지만 16세기 중반 이후 오스만제국이 유럽에 대해 누리던 이점이 차츰 사라지기 시작했다. 특히 군사상의 이점과 재정상의 이점이 사라졌다(Imber 2010, 346-347). 가장 중요한 이유는 합스부르크 오스트리아의 '각성'이었다. 특히 1576년 루돌프 2세가 통치자의 자리에 오른 이후 군사력의 '현대화' 작업이 본격화되었다. 오스트리아는 당시 서유럽에서 한창 진행 중이던 '군사혁명'의 주요 기술을 과감히 도입하여 점점 더 많은 수의 병사를 창이나 활 대신 화약무기로 무장시키는 동시에, 오스만제국과의 국경지대에 위치한 주요 요새를 '트라스 이탈리엔느'(trace italienne) 방식으로 재구축했다(Ágoston 1998, 129-136; Tracy 2015, 15-16). 이러한 변화에 워낙 많은 재원이 필요했기 때문에 성과가 즉각적으로 나타나지는 않았다. 하지만 1593-1606년의 장기 터키전쟁이 발발했을 때 오스트리아가 오스만에 화력의 우위를 누리게 되었다는 사실이 양측 모두에게 명백하게 인식되었다. 기병위주의 전술을 고수하던 오스만 군대는 화승총과 장창으로 무장한 보병이 주축을 이룬 오스트리아군을 맞아 고전했고, 전장의 지휘관들로부터 기존 전술로는 오스트리아의 새로운 전술에 대응하기 어렵다는 보고서가 여러 차례 이스탄불에 전달되었다. 문제의 심각성을 깨달은 오스만 정부는 변화가 필요하다는 결론을 내렸다(Tracy 2016, 15-16; Inalcik 1980, 288-289).

오스만 군사개혁의 핵심은 두 가지였다. 하나는 술탄의 친위대 역할을 하는 정예상비군인 '예니체리'(yeñiçeri)의 수를 늘리고 이들에게 화약무기를 지급하는 것이었다. 이에 따라 1527년 12,700명 수준이던 예니체리의 수가 1609년에는 37,600여 명으로 증가했다(Ágoston 1998, 140). 두 번째 개혁은 '섹반'(sekban)이라 불린 보병부대의 창설이었다. 오스트리아와의 전쟁에서 소형화기로 무장한 보병의 위력을 실감한 오스만제국은 유사한 전력을 갖추고자 했다. 화승총을 다루기 위해 긴 훈련이 필요하지 않았기 때문에 섹반은 주로 농민들로 충원되었고, 매해 전쟁 시즌이 끝나면 부대는 해산되었다. 예니체리의 강화와 섹반의 등장으로 '티마르'에 근거한 전통적인 군인 집단은 설자리를 잃게 되었다(Aksan 2006, 91-92).

하지만 이와 같이 야심차게 추진한 오스만의 군사개혁은 그리 성공적이지 못했다. 오히려 예상치 못한 정치적·사회적 혼란만을 불러일으켰다. 다수의 역사가들은 17세기 초반을 전후하여 오스만제국이 큰 변환을 겪었는데 군사개혁의 실패가 그 시발점을 제공했다는 데 의견의 일치를 보이고 있다(Inalcik 1980; Aksan 2006; Tezcan 2009). 군사개혁이 실패한 가장 큰 이유는 오스만제국의 재정이 새로운 무기체계의 도입과 이로 인해 증가된 전쟁 비용을 감당하지 못했기 때문이다. 한편으로는 새로운 무기체계의 비용이 매우 높았다. 이는 오스만 재정에 전례 없는 도전을 제기했다. 오스트리아를 비롯한 유럽 국가들은 세금만으로 늘어난 전쟁 비용을 감당하기 어렵게 되자 금융시장에서 자금을 융통함으로써 문제를 해결했다. 하지만 오스만제국에서 공공부채는 적어도 18세기 중반까지는 금기사항이었다. 또 정부가 부채를 질 의지를 가지고 있었다고 해도 오스만제국에는 막대한 액수의 자금을 제공할 만한 금융시장이 존재하지 않았다. 1604년 술탄은 부족한 전쟁 비용을 보충하기 위해 자신의 개인 자금 일부를 공적 자금으로 전용하기도 했고, 고위관리와 부유한 신민에게 대출을 강요하기도 했다. 하지만 이 정도 노력으로는 부족분을 채우기에 턱없이 모자랐다(Tracy 2015, 17).

오스만의 재정이 늘어난 전쟁 비용을 감당하지 못한 또 하나의 이

유는 16세기 말 이후부터 제국의 경제적 상황이 지속적으로 악화되었
다는 데 있다. 여기에는 여러 요인이 있는데, 일단 근본적인 요인은 오
스만 정부가 시장에서의 경제활동을 철저하게 통제하여 자본주의적인
발전의 길을 봉쇄했다는 데 있다. 오스만 정부는 상업거래를 통해 큰
이윤을 올리는 것을 터부시하여 상인과 수공업자의 이윤율이 2퍼센트
에서 10퍼센트 사이에 머물도록 강제했고, 이를 위해 상공업자의 활동
을 지속적으로 감시하고 관리했다. '유사 사회주의'(pseudo-socialist)
로 불릴 만한 경제체제 하에서 일정 규모 이상으로 자본이 축적되기
어려웠고, 이는 상공업의 발달을 저해했기 때문에 16세기 오스만제국
의 1인당 소득은 동시대 유럽 12개 국가 평균의 60퍼센트에 불과했다
(Çizakça 2013, 269-270). 여기에 더해서 1580년대부터 시작된 인플레
이션으로 오스만 경제는 큰 혼란에 빠졌다. 인플레이션의 주원인은 제
국 외부에 있었다. 유럽으로부터 신세계의 은이 유입된 것과 오스만
제국에 앞서 인플레이션을 겪기 시작한 유럽 국가들이 제국으로부터
곡물과 구리, 양모 등을 대량으로 수입한 것이 물가상승을 압박했다
(Inalcik 1980, 312-313; Barkan 1975, 5-6). 경제성장의 동력은 제한적
인데 물가는 지속적으로 오르는 상황에서 재정수입의 감소는 불가피
했다.

    이와 같이 재정 부족으로 인해 군사개혁이 실패한 결과 오스만제
국은 정치적·사회적으로 전례 없는 혼란에 빠지게 되었다. 섹반의 창
설은 '티마르(Timar) 체제'를 근본적으로 뒤흔듦으로써 군심의 이반을
초래했다. 또한 보병으로 동원되었다가 전쟁이 끝난 후 소집 해제된 농
촌 출신 군인들이 귀향하는 대신 이곳저곳을 유랑하며 촌락과 도시를
약탈하거나 중앙정부에 불만을 품은 지역 유력자의 사병으로 편입되
었다(Inalcik 1980, 294-295). 인플레이션으로 실질 수입의 감소를 경험

한 예니체리를 비롯한 엘리트 군 집단의 불만이 통제 불능의 상태로 치달았고, 이스탄불과 지방 곳곳에서 반란이 발발했다. 이 반란에는 섹반 출신 농민들이 다수 참여했다. 1622년에는 술탄 오스만 2세가 반란을 일으킨 군대에 의해 폐위된 뒤 살해당하기도 했다(Inalcik 1980; Imber 2010, 358-59). 이러한 심각한 위기에 처하여 평화가 가능한 한 오래 지속되기를 더 많이 희망한 것은 오스만제국이었을 가능성이 높다.

어느 편이 평화적인 관계를 더 많이 필요로 했든 합스부르크 오스트리아와 오스만제국 사이의 예외적으로 긴 평화는 오스트리아가 보헤미아와 독일에서 발생한 문제에 강경 일변도의 입장을 취함으로써 30년전쟁을 촉발하고 장기화시키는 데 필수적인 조건이었다. 오스만제국이 1606년 이후 합스부르크에 유화적인 태도를 보인 것은 제국이 전례 없이 심각한 정치적·경제적·사회적 위기를 겪었기 때문인데, 지금까지 불균등결합발전론의 관점에서 이 위기의 원인 중 상당 부분이 '국제적'인 데 있었다는 점을 입증하고자 했다. 즉 위기가 불균등한 사회발전 단계의 정치체들 간 상호작용의 결과로 일어났다는 점을 입증하고자 했다.

정리하면, 16세기와 17세기 전반에 오스트리아를 비롯한 유럽 국가들과 오스만제국은 불균등한 사회발전 단계에 있었다. 먼저 앞서 나간 것은 오스만이었다. 오스만제국은 유럽 국가들에 비해 군사적·재정적으로 우위에 있었는데, 이는 오스만 사회가 보다 통일적이고 안정적이었기 때문이다. 16세기 중반부터 이러한 상황이 차츰 변하기 시작했다. 유럽은 팽창하는 경제력과 재정동원 능력을 바탕으로 화약무기를 중심으로 군사기술을 혁신하는 데 성공했고, 이는 장기터키전쟁에서 오스만제국이 고전을 면치 못한 이유가 되었다. 이에 오스만제국은 유사한 군사개혁을 시도했지만 재정능력의 부족으로 실패했다. 실패의 이유 중에는 오스만제국이 유럽 국가들과는 달리 공공부채에 의존할 수 없었다는 점과 유럽과의 통상에서 다량의 은이 유입되고 주요 물품이 유출됨으로써 인플레이션이 유발되었다는 점 등이 포함된다. 오스만의 실패한 군사개혁은 심각한 정치적·사회적·경제적 위기를 초래했고, 위기는 적극적인 대외정책의 추진을 사실상 불가능하게 만들었다.

IV. 결론

지금까지 로젠버그의 불균등결합발전론의 관점에서 세 가지 불균등성을 중심으로 30년전쟁의 기원에 관한 설명을 시도했다. 먼저 스페인과 네덜란드연방의 경제가 불균등한 발전의 궤적을 그렸다는 점이 전쟁의 원인이 되었다. 스페인은 자국과 네덜란드연방의 경제적 격차가 계속 확대되리라는 점을 분명히 인지했고, 군사력을 동원해 이를 막으려 시도했다. 네덜란드연방이 이베리아반도와 아메리카 식민지와의 무역을 통해 많은 이익을 올리는 상황도 전쟁 결정을 부추기는 요인이 되었다. 이와 같이 경제의 불균등성이 원인이 되어 시작된 두 나라 사이의 전쟁은 비슷한 시기에 일어난 이웃한 지역에서의 정치적 격변과 결합하여 전 유럽을 아우르는 전쟁으로 확대되었다. 스페인과 네덜란드연방의 전쟁은 양국 간 휴전협정의 종료에 따라 1621년에 시작되었지만, 스페인의 전쟁 재개 결정은 그보다 훨씬 이전에 내려졌는데, 이것이 스페인이 오스트리아가 1618년에 발발한 보헤미아 반란에 대처하는 데 힘을 보탠 결정적인 이유였다. 네덜란드연방과의 전쟁을 유리하게 가져가기 위해서는 이웃한 독일이 스페인에 적대적인 세력에 의해 장악되는 것을 막아야 했기 때문이다. 스페인의 개입이 없었다면 보헤

미아 반란으로 촉발된 친(親)오스트리아와 반(反)오스트리아 진영 간
의 싸움은 신성로마제국의 '종교내전'에 그쳤을 것이다. 하지만 스페인
의 개입은 두 합스부르크 국가가 힘을 합쳐 중부유럽을 장악하려는 의
도에서 비롯된 것으로 인식되었고, 이는 스웨덴과 프랑스의 참전을 가
져왔다. 전쟁 규모의 증가는 그렇지 않아도 취약한 스페인 재정에 엄청
난 부담을 안겼고, 이는 국제정치적으로 그리고 경제적으로 스페인의
최종적인 쇠퇴를 결과했다.

　다음으로, 중앙정부-귀족 관계의 불균등성 역시 전쟁의 기원에서
중요한 요인이었다. 30년전쟁 당시 거의 모든 유럽 국가들은 중앙정
부와 귀족 간에 갈등을 겪고 있었는데, 갈등의 결과 양자 간에 세력 분
포가 어떻게 결정되는지에 따라 국가의 발전 경로 역시 상이한 모습을
취했다. 30년전쟁은 불균등하게 형성된 국가들 사이의 전쟁이었다. 중
앙정부-귀족 관계의 불균등성은 1618년 보헤미아에서 귀족들이 반란
을 일으킨 이유 중 하나이기도 했다. 당시 중앙정부의 귀족에 대한 우
위를 가장 확고하게 확립한 스페인은 그렇게 하지 못한 국가에 일종의
'전범' 역할을 했고, 이는 합스부르크 오스트리아가 종교 정책을 빌미
로 보헤미아를 압박하도록 자극했다. 반란을 주도한 보헤미아 귀족들
은 대의기구로서의 지방의회가 국가의 중심을 차지한 네덜란드연방을
모델로 삼았다. 30년전쟁은 국제적으로 형성된 바람직한 정치질서에
관한 상이한 관념 간의 충돌에서 비롯되었다.

　마지막으로, 합스부르크제국과 오스만제국의 발전 경로의 불균등
성이 30년전쟁의 기원에서 중요한 부분을 차지했다. 1606년부터 약
60여 년 동안 합스부르크 오스트리아와 오스만제국은 평화적인 관계
를 유지했다. 양자가 16세기 내내 그리고 다시 17세기 후반부터 18세
기 후반까지 치열하게 싸움을 벌였다는 점을 감안하면 이 60년의 '휴

지기'는 매우 예외적인 기간이었다. 이는 오스만제국이 오스트리아에 대한 공세를 자제했기 때문에 가능했는데, 이 기간 동안 오스만제국은 심각한 정치적·경제적·사회적 위기를 겪었다. 주목해야 할 점은 이 위기의 원인이 오스트리아를 비롯한 유럽 국가들과의 상호작용에 있었다는 점이다. 16세기 이후 유럽 국가들이 팽창하는 경제와 재정능력을 기반으로 '군사혁명'에 성공하면서 전장에서 우위를 점하자 오스만제국은 유사한 군사개혁을 시도했지만 재정능력의 부족으로 실패했다. 유럽과는 달리 정부가 공공부채를 통해 재원을 마련하기 어려운 폐쇄적인 경제구조, 유럽과의 교역으로 인한 인플레이션 등이 원인이었다. 군사개혁의 실패로 오스만제국은 오히려 광범위한 위기 상황에 빠지게 되었다. 유럽과 오스만제국의 불균등한 발전 경로가 오스만의 특수한 정치적·경제적·사회적 상황과 결합하여 전례 없는 위기를 초래했고, 이것이 제국이 오스트리아와 다른 유럽 국가에 대한 공세를 자제하는 원인이 되었다.

이상의 세 가지 불균등성에 근거한 30년전쟁의 기원에 관한 설명은 앞서 지적했듯이 30년전쟁의 원인에 관한 구조적 설명으로 분류될 수 있다. 지정학적 요인, 경제적 요인 혹은 종교적 요인 등 한두 가지 요인만을 고려하는 구조적 설명과는 달리 불균등결합발전론을 이론적 틀로 삼은 이상의 설명은 정치적·경제적·사회적·종교적·지정학적 요인 등이 시간의 흐름에 따라 상호 교직하는 과정을 설명하려 시도한다는 점에서 역동적이다. 불균등결합발전론뿐만 아니라 역사사회학적 접근법 전반이 '물화'의 극복을 가장 중요한 목표로 삼는다는 점을 감안하면 이러한 역동성은 의심의 여지없이 큰 장점이다.

다만 전쟁의 기원에서 여러 요인들을 동시에 고려해야 하고, 또 이 요인들의 복합적인 상호작용을 설명해야 하는 불균등결합발전론의 특성상 일목요연한 설명을 기대하기는 어렵다. 불균등결합발전론을 통한 전쟁의 기원에 관한 설명은 지나치게 복잡하다는 인상을 피하기 어려운 것이 사실이다. 만약 '이론'이 이렇게 복잡한 그림만을 제시할 수 있다면 그것을 과연 '이론'이라 부를 수 있을지 의문이 제기될 수도 있다. 사실 이 글을 포함하여 불균등결합발전론을 실제 역사 사례에 적용하려 한 대부분의 시도들이 유사한 비판에 직면할 수 있다. 아마도 이러한 점을 의식하여 로젠버그는 '변증법'에 관한 트로츠키의 주장을 불균등결합발전론의 '철학적 전제'로 소개했지만 설득력이 그다지 커 보이지 않는다(Rosenberg 2013b, 574-583). 로젠버그를 비롯한 불균등결합발전론의 지지자들은 이 이론이 가지는 방법론적 특성을 정치학 일반 혹은 사회과학 일반의 방법론과 비교하여 제시함으로써 이론의 적용 가능성을 보다 확대할 필요가 있다.

참고문헌

김준석. 2012. "17세기 중반 유럽국제관계의 변화에 관한 연구." 『국제정치논총』 46권 4호.
_____. 2014. "1차 세계대전의 교훈과 동아시아 국제정치." 『역사비평』 108권 가을호.

Ágoston, Gábor. 1998. "Habsburg and Ottomans: Defense, Military Change and Shifts in Power." *Turkish Studies Association Bulletin* 22-1.

Aksan, Virginia. 2006. "War and Peace." S. N. Faroqhi ed. *The Cambridge History of Turkey: Volume 3, The Later Ottoman Empire, 1603-1839*. Cambridge: Cambridge University Press.

Álvarez-Nogal, Carlos and Leandro Prados de la Escosura. 2007. "The decline of Spain(1500-1850): conjectural estimates." *European Review of Economic History* 11-3.

Anievas, Alexander. 2014. *Capital, the State, and War: Class Conflict and Geopolitics in the Thirty Years' Crisis, 1914-1945*. Ann Arbor: The University of Michigan Press.

Asch, Ronald G. 1997. *The Thirty Years War: The Holy Roman Empire and Europe, 1618-48*. Basingstoke: Palgrave MacMillan.

_____. 2003. *Nobilities in Transition, 1500-1700: Courtiers and Rebels in Britain and Europe*. London: Hodder Arnold.

Ashman, Sam. 2009. "Capitalism, uneven and combined development and the transhistoric." *Cambridge Review of International Affairs* 22-1.

Baramova, Maria. 2014. "Non-splendid Isolation: The Ottoman Empires and the Thirty Years War." *The Ashgate Research Companion to the Thirty Years' War*. Farnham: Ashgate.

Barkan, Ömer. 1975. "The Price Revolution of the Sixteenth Century: A Turning Point in the Economic History of the Near East." *International Journal of Middle East Studies* 6-1.

Bavel, Bas J. P. van and Jan Luiten van Zanden. 2004. "The jump-start of the Holland economy during the late-medieval crisis c.1350-c.1500." *Economic History Review* 62-3.

Bohanan, Donna. 2001. *Crown and Nobility in Early Modern France*. Basingstoke: Palgrave MacMillan.

Brightwell, Peter. 1979. "The Spanish Origins of the Thirty Years' War." *European Studies Review* 9-4.

Burkhardt, Johannes. 2004. "The Thirty Years War." R. Po-chia Hsia ed, *A Companion to the Reformation World*. Malden MA: Blackwell.

Buzan, Barry and George Lawson. 2015. *The Global Transformation: History,*

Modernity and the Making of International Relations. Cambridge: Cambridge University Press.

Casey, James. 1999. *Early Modern Spain: A Social History*. London and New York: Routledge.

Çizakça, Murat. 2013. "The Ottoman government and economic life: Taxation, public finance and trade controls." S. N. Faroqhi and K. Fleet eds. *The Cambridge History of Turkey. Volume 2: The Ottoman Empire as a World Power, 1453–1603*. Cambridge: Cambridge University Press.

Elliott, J. H. 1970. "The Decline of Spain." C. M. Cipolla ed. *The Economic Decline of Empires*. London: Methuen & Co LTD.

_____. 1977. "Self-Perception and Decline in Early Seventeenth Century Spain." *Past and Present* 74.

Fleet, Kate. 2013. "The Ottomans, 1451-1603: A political history introduction." S. N. Faroqhi and K. Fleet eds. *The Cambridge History of Turkey. Volume 2: The Ottoman Empire as a World Power, 1453–1603*. Cambridge: Cambridge University Press.

Flynn, Dennis O. 1982. "Fiscal Crisis and the Decline of Spain(Castile)." *Journal of Economic History* 42-1.

Fritschy, W. 2003. "A 'financial revolution' reconsidered: public finance in Holland during the Dutch Revolt." *Economic History Review* 56-1.

Göl, Ayla. 2013. "Europe, Islam and Pax Ottomana, 1453-1774." *International orders in the early modern world : before the rise of the West*. New York: Routledge.

Gutmann, Myron P. 1988. "The Origins of the Thirty Years' War." *Journal of Interdisciplinary History* 18-4.

Halliday, Fred. 1994. *Rethinking International Relations*. London: MacMillan.

Hobden, Stephen. 2002. "Historical sociology: back to the future of international relations." S. Hobden J. M. Hobson eds. *Historical Sociology of International Relations*. Cambridge: Cambridge University Press.

Hobden, Stephen & John M. Hobson eds. 2002. *Historical Sociology of International Relations*. Cambridge: Cambridge University Press.

Hobson, John M. 1998. "The historical sociology of the state and the state of historical sociology in international relations." *Review of International Political Economy* 5-2.

_____. 2002a. "What's at stake in bringing historical sociology back into international relations? Transcending 'chronofetishism' and 'tempocentrism' in international relations." S. Hobden J. M. Hobson eds. *Historical Sociology of International Relations*. Cambridge: Cambridge University Press.

_____. 2002b. "The two waves of Weberian historical sociology in international relations." S. Hobden J. M. Hobson eds. *Historical Sociology of International*

Relations. Cambridge: Cambridge University Press.

_____. 2011. "What's at Stake in the Neo-Trotskyist Debate? Towards a Non-Eurocentric Historical Sociology of Uneven and Combined Development." *Millennium* 40-1.

Imber, Colin. 2010. "The Ottoman empire(tenth/sixteenth century)." M. Fierro ed. *The New Cambridge History of Islam, Vol. 2: The Western Islamic World Eleventh to Eighteenth Centuries.* Cambridge: Cambridge University Press.

_____. 2013. "Government, administration and law." S. N. Faroqhi and K. Fleet eds. *The Cambridge History of Turkey. Volume 2: The Ottoman Empire as a World Power, 1453–1603.* Cambridge: Cambridge University Press.

Inalcik, H. 1980. "Military and Fiscal Transformation in the Ottoman Empire, 1600-1700." *Archivum Ottomanicum* 6.

Israel, Jonathan I. 1977. "A Conflict of Empires: Spain and the Netherlands, 1618-1648." *Past and Present* 76-1.

Jago, Charles. 1981. "Habsburg Absolutism and the Cortes of Castile." *American Historical Review* 86-2.

Kamen, Henry. 1978. "The Decline of Spain: A Historical Myth?" *Past and Present* 81.

Lawson, George. 2006. "The Promise of Historical Sociology in International Relations." *International Studies Review* 8-3.

_____. 2007. "Historical Sociology in International Relations: Open Society, Research Programme and Vocation." *International Politics* 44-4.

Lawson, George & Robbie Shilliam. 2010. "Sociology and international relations: legacies and prospects." *Cambridge Review of International Affairs* 23-1.

Levy, Jack S. and William R. Thompson. 2010. *Causes of War.* Malden: Wiley-Blackwell.

Liu, Xin. 2016. "Anarchy in the East: Eurocentrism, China-centered geopolitics and uneven and combined development." *International Politics* 53-5.

Lockhart, Paul Douglas. 2004. *Sweden in the Seventeenth Century.* Basingstoke: Palgrave MacMillan.

MacHardy, Karin J. 1992. "The Rise of Absolutism and Noble Rebellion in Early Modern Habsburg Austria." *Comparative Studies in Society and History* 34-3.

Mardin, Şerif. 1969. "Power, Civil Society and Culture in Ottoman Empire." *Comparative Studies in Society and History* 11-3.

Mortimer, Geoff. 2015. *The Origins of the Thirty Years War and the Revolt in Bohemia, 1618.* Basingstoke: Palgrave MacMillan.

Mousnier, Roland. 1977. "Research into the Popular Uprisings in France before Fronde." P. J. Coveney ed. *France in Crisis, 1620-1675.* London and Basingstoke: MacMillan.

Murphey, Rhoads. 2001. "Süleyman I and the Conquest of Hungary: Ottoman Manifest Destiny or a Delayed Reaction to Charles V's Universalist Vision." *Journal of Early*

Modern History 5-3.

Nisancioglu, Kerem. 2014. "The Ottoman origins of capitalism: uneven and combined development and Eurocentrism." *Review of International Studies* 40-2.

Osiander, Andreas. 2001. "Sovereignty, International Relations, and the Westphalian Myth." *International Organization* 55-2.

Polišenský, J. V. 1971. *The Thirty Years War*. R. Evans trans. London: New English Library.

Rachman, Richard. 2013. *What Is Historical Sociology?* London: Polity Press.

Rosenberg, Justin. 2006. "Why is There No International Historical Sociology?" *European Journal of International Relations* 12-3.

_____. 2013a. "Kenneth Waltz and Leon Trotsky: Anarchy in the mirror of uneven and combined development." *International Politics* 50-2.

_____. 2013b. "The 'philosophical premises' of uneven and combined development." *Review of International Studies* 39-3.

_____. 2016. "International Relation in the Prison of Political Science." *International Relations* 30-2.

Skocpol, Theda. 1984. "Sociology's Historical Imagination." T. Skocpol ed. *Vision and Method in Historical Sociology*. Cambridge: Cambridge University Press.

Sluiter, Engel. 1948. "Dutch–Spanish Rivalry in the Caribbean Area, 1594-1609." *Hispanic American Historical Review* 28-2.

Smith, Dennis. 1991. *The Rise of Historical Sociology*. London: Polity Press.

Stone, Lawrence. 1967. *The Crisis of the Aristocracy, 1558-1641*. Abridged Edition. Oxford: Oxford University Press.

Stradling, R. A. 1979. "Seventeenth Century Spain: Decline or Survival?" *European Studies Review* 9-2.

Sutherland. N. M. 1992. "The Origins of the Thirty Years War and the Structure of European Politics." *English Historical Review* 107-424.

te Brake, Wayne. 1998. *Shaping History: Ordinary People in European Politics, 1500-1700*. Berkeley: University of California Press.

Teschke, Benno. 2003. *The Myth of 1648: Class, Geopolitics, and the Making of Modern International Relations*. London: Verso.

Tezcan, Baki. 2009. "The Second Empire: The Transformation of the Ottoman Polity in the Early Modern Era." *Comparative Studies of South Asia, Africa and the Middle East* 29-3.

't Hart, Marjolein. 2014. *The Dutch Wars of Independence Warfare and Commerce in the Netherlands 1570–1680*. London and New York: Routledge.

Tracy, James D. 2015. "The Habsburg Monarchy in Conflict with the Ottoman Empire, 1527-1593: A Clash of Civilizations." *Austrian History Yearbook* 46.

Vries, Jan de & Ad Van Der Woude. 1997. *The First Modern Economy: Success, failure, and perseverance of the Dutch economy, 1500-1815*. Cambridge: Cambridge University Press.

Wedgwood, C. V. 2001. *The Thirty Years War*. 남경태 옮김. 서울: Humanist.

Wilson, Peter H. 2008. "The Causes of the Thirty Years War 1618-48." *English Historical Review* 123-502.

_____. 2009. *The Thirty Years War: Europe's Tragedy*. Cambridge, MA: Belknap Press.

Yun, Bartolomé. 1994. "Economic Cycles and Structural Changes." T. A. Brady, H. A. Oberman, J. D. Tracy eds. *Handbook of European History, 1400-1600: Later Middle Ages, Volume 1. Structures and Assertions*. Grand Rapids, MI: William B. Eerdmans Publishing Company.

Zmora, Hillay. 2000. *Monarchy, Aristocracy, and the State in Europe, 1300-1800*. London and New York: Routledge.

Ziegler, Karl-Heinz. 2004. "The peace treaties of the Ottoman Empire with European Christian powers." R. Lesaffer ed. *Peace Treaties and International Law in European History: From the Late Middle Ages to Word War One*. Cambridge: Cambridge University Press.

제3장　　　아메리카 합중국과 주권의 문제설정:
탈근대 네트워크 주권에서 근대 완전
주권으로의 퇴행?*

차태서(성균관대학교)

* 이 글은 『한국정치학회보』 53집 4호(2019, 129-151)에 발표된 논문을 수정 보완한 것이다.

"Were it possible so to accelerate the intercourse between every part of the globe that all its inhabitants could be united under the superintending authority of an ecumenical Council, how great a portion of human evils would be avoided."

– James Madison(1817)[1]

"There is no such thing as a global anthem, a global currency, or a global flag. This is the United States of America that I'm representing. I'm not representing the globe. I'm representing your country."

– Donald Trump(2017)

I. 서론

미국의 소위 "건국부조들" 중의 한 명인 제임스 매디슨은 합중국 제4대 대통령직(1809~1817)을 마치고 현실정치 영역에서 은퇴했음에도 불구하고, 당시 한창 진행되고 있던 남아메리카에서의 독립혁명 문제 등, 여러 현안에 관한 생각을 주로 서한문의 형식으로 왕성하게 밝혔다. 그중에서 특히 한 가지 흥미를 끄는 것은 미래 세계질서의 향방에 대한 그의 코멘트이다. 위의 제사(題詞)에 옮겨 놓았듯이 매디슨은 자신이 열정적으로 방어하고 나섰던 아메리카 연방헌법의 세계사적 의미를 고찰하였는데, 북미대륙의 연방질서를 원형으로 한 전 지구적 단위의 초국적 권위체가 후세에 건설될 수 있다면 인간사의 수많은 악들이 소멸될 것이라는 보편주의적 열망을 드러냈다.[2] 실제로 18세기 말,

---

1   Bradizza(2011, 242)에서 인용.
2   주지하다시피 매디슨은 1787~1789년 기간에 벌어진 연방헌법 비준 논쟁에서 연방파

대영제국에서 막 독립한 13개의 방가들(邦家, state) 사이에 주권을 공유하는 연방체제를 건설함으로써 무정부상태에 놓인 정치체들 간의 안보적 갈등을 해소하고자 노력했던 아메리카 합중국(Philadelphian system)의 창설 경험(Deudney 1995; 1996)은, 이후 국제질서에 있어 유럽의 베스트팔렌 체제(Westphalian system)를 넘어 초국적인 네트워크 주권체제를 구성하려는 자유국제주의 실험의 역사적 뿌리를 형성하였다(Deudney and Meiser 2008). 즉, 건국에서부터 미국은 근대 유럽의 주권체제와는 차별되는 탈근대적 주권질서의 아키텍트, 혹은 기성 국제사회의 근본을 이루는 제도와 규칙의 변혁을 추구하는 "혁명국가"로서 탄생하였다(Cha 2015, 747-751).

그러나 "연방헌법의 아버지" 매디슨이 보편주의에 토대한 탈근대 주권적 "미국몽(American dream)"을 밝힌 지 200년이 지난 후인 2017년 취임한 제45대 대통령 도널드 트럼프가 보수주의 정치행동 컨퍼런스(Conservative Political Action Conference, CPAC)에서 행한 연설의 내용을 보면, 오늘날 미국의 혁명국가적 정체성이 얼마나 극적으로 변화하고 있는지를 알 수 있다(Trump 2017). 본래 (안전한 문명의 공간인) 안과 (폭력적인 야만의 영역인) 밖의 구분선을 명확히 나누고 영토국가의 영역을 물샐틈없이 구획하는 주권의 정치는 서유럽기원의 근현대 국제정치사상의 기본 공리에 해당한다(Walker 1993). 그러나 미국은 이러한 근대주권의 정치학을 넘어서는 탈근대적 주권정치의 기획자이자 코스모폴리탄 보편성의 실현자로서 오랜 기간 자임해왔기

의 수장으로서 푸블리우스(Publius)라는 필명 아래 존 제이(John Jay), 알렉산더 해밀턴 (Alexander Hamilton) 등과 함께 후일 "연방주의자 논고"(Federalist Papers)라고 묶여 불리게 된 일련의 논설문들을 발표하였다. 이를 통해 그는 내분과 외세의 개입으로 불안정했던 연합헌장시대(Articles of Confederation)를 끝내고 아메리카 합중국(United States of America)을 탄생시키는 데 이바지하였다.

에, 마이클 하트와 안토니오 네그리 같은 포스트-마르크스주의 이론
가들은 21세기 네트워크 지구제국의 원형으로서 미국헌정을 연구하고
그것이 전 세계적으로 확산되는 과정을 집중적으로 추적하기도 했었
다(Hardt and Negri 2000, 160-182). 그런데 바로 그 탈근대 정치질서
기획의 핵심부에서 이를 정면으로 부정하는 아웃사이더 정치인이 백
악관의 주인이 되었다는 점은 현대 주권사와 세계질서의 향후 궤적에
있어 커다란 파문을 생성하지 않을 수 없다.

따라서 본 연구는 탈근대적 네트워크 주권을 추구하며 자유세계
질서를 구축해온 미국 외교의 보편주의 전통과 근대주권의 (재)완성을
열망하는 패권하강기 포퓰리스트 대전략의 대조를 통해 국제정치적
관점에서 동시대 구조 변동의 세계사적[3] 의미를 탐구하고자 한다. 다시
말해, 자유국제주의에 기반을 둔 미국의 초국적-탈베스트팔렌적 기획
이 비자유주의적-대륙적 근대주권국가 기획에 의해 잠식되는 현재의
역사적 국면에 대해 주권 개념을 중심으로 분석함으로써, 미래 세계질
서의 향방을 예측해 보는 것이 본 장의 목표이다. 이러한 필자의 지향
은 최근 정치학계에서 새롭게 제기되고 있는 포퓰리즘/민족주의의 귀
환(Judis 2016; 2018)과 반동의 국제정치 부상(MacKay and LaRoche
2018; Zielonka 2018)이라는 문제들과 결부된다. 즉, 트럼프 현상을 단
순히 미국만의 국지적·우연적 사건으로 이해하는 것이 아니라, 신자

---

3   물론 중심부 미국의 기획이 곧 지구전역의 주권과 관련한 실제상황과 바로 동일시될 수
    는 없다. 반주변부 혹은 주변부에 해당하는 지역들에서 주권의 현실적 작동방식은 언
    제나 중층적, 특수적으로 결정될 수밖에 없기에 미국적 주권의 문제틀이 갖는 적용범
    위의 한계는 뚜렷하다. 즉, 필자가 다루고자 하는 바는 미국주도의 전 지구적 "주인서사
    (master narrative)" 분석에 국한될 뿐이며, 실제 개별지역의 주권형태와 그 역사적 궤적
    은 본 편집서가 시도하고 있듯이 비교지역질서 연구의 시각에서 경험적 분석 대상으로
    다뤄져야 할 것이다.

유주의적 지구화 시대의 조건이 가져온 경제·문화적 탈구에 대한 반발이 이른바 "레트로토피아"(Bauman 2017)에 대한 희구와 토포스(topos)에 대한 노스탤지어[4]로 이어지는 현대 선진산업세계 일반의 맥락에서 파악하고자 한다. 환언하면, 오늘날 민족국가의 완전한 국경선에 대한 퇴행적 욕망이 부상하고 근대 영토주권론이 새로운 (그리고 낡은) 이상으로서 귀환하는 과정을 탐구하고, 특히 트럼프와 같은 포퓰리스트들이 어떻게 온전한 국가주권과 민족공동체의 재구성이라는 실현 불가능한 약속을 통해 대중을 동원하며 현재의 탈지구화 과정을 선도하고 있는지를 살펴보고자 한다.

II. 연방체제 건설과 탈근대적 주권 지향

1. 아메리카 합중국의 건국과 탈근대 주권체의 실험[5]

역사적으로 1789년 아메리카 합중국의 수립 경험은 자유국제주의의 사상적 토대로 기능함으로써 탈베스트팔렌 국제체제를 구상해온 미국

---

4   지그문트 바우만(Zygmund Bauman)에 따르면, "레트로토피아"란 20세기의 전진적 유토피아의 희망이 사라지고 난 빈 공간에 좋았던 (것으로 가정되는) 과거에 대한 "향수"(nostalgia)가 21세기의 이념적 지형을 잠식하고 있는 위기적 상황을 표현하는 신조어이다. 이러한 반동적 정서는 탈냉전기 지구화 시대가 낳은 격변과 가속화에 대한 일종의 시대적 "방어기제"라고 볼 수 있다. 다시 말해, 민족적 상징과 신화로 "회귀"함으로써 이상적인 장소(topos)-즉, 민족국가의 경계로 확고히 구획되어진 향수의 공간-를 재건하겠다는 "퇴행적" 약속을 의미하며, 오늘날 불안과 공포에 떨고 있는 대중이 반동적 포퓰리스트와 민족주의자들의 선동에 호응하고 있는 초국적 현상을 설명해준다(Bauman 2017).

5   본 절은 졸고의 일부분(Cha 2018, 394-398)을 발췌, 수정한 것임을 밝혀둔다.

의 탈근대적 주권 문제설정(problématique)의 기원을 형성한다. 이 점을 이해하기 위해서는 1789년 연방(Federal Union)의 건설과 이를 이론적으로 뒷받침한 "연방주의자 논고"에 대한 최근의 국제정치학적 재해석(Cutterham 2014; Totten 2012; Gibson 2009, 86-122)을 살펴볼 필요가 있다. 연방 건설사에 대한 수정주의적 접근에서 핵심적으로 제기되는 주장은 아메리카 합중국의 형성이 국가 간의 "안보이슈"와 "협력이슈"를 해결하기 위한 국제정치적 문제의식에서 출발했다는 지적이다.[6] 다시 말해, 아메리카 연방은 일종의 국가 간 평화조약으로서 정

---

6   사실 이러한 해석은 다름 아닌 푸블리우스 자신들의 문제의식에 기인한다. 이는 애초에 연방헌법제정운동을 부른 연합헌장체제의 위기가 독자적인 군대와 외교권 등 준주권을 지닌 북아메리카 "나라들" 간의 갈등 고조-특히 남부와 북부 간의 분쟁-에서 비롯되었기 때문이다. 특히 이른바 1786년의 '제이의 위기'는 북부의 이해관계를 주로 대변하던 존 제이(John Jay) 외교장관(Secretary of Foreign Affairs)이 스페인과의 협상에서 남부의 경제에 사활적인 미시시피강의 항해권을 포기하는 대신 북부에 유리하게 스페인의 항구를 여는 것을 조건으로 제시하면서 발발한 사건이다. 이를 기화로 연합이 남과 북 두 개의 지역(section)으로 분열하여 무력충돌로 이어질 뻔한 일촉즉발의 상황에 봉착하게 된다. 이 사건으로 인해 방가 간 결속이 느슨한 연합헌장만으로는 남과 북 두 개의 정치단위로의 분열과 전쟁을 방지할 수 없다는 위기의식이 팽배하게 된다(Hendrickson 2003, 195-196). 이런 역사적 배경을 고려해 봤을 때, 19세기, 특히 남북전쟁 이전의 "State"를 동아시아의 오랜 지방 행정단위인 "州"로 번역하는 것은 적절치 않다. "주"라는 역어를 사용하는 순간 우리는 금방 미국이라고 하는 단일한 근대국가가 1789년 수립되고 각 13개 식민지는 중앙집권국가 내의 지방 단위로 편입되어 존재했었던 것처럼 착각하기 쉽다. 따라서 가능한 한 근대 유럽 기원의 베스트팔렌 체제가 보편적으로 정치체의 성격과 정치체 간 관계를 규정하지 않았던 18세기 북아메리카 공간의 특수성과 복합성을 살릴 수 있는 신개념어가 필요하다. 완전한 근대적 주권국가도 아니지만, 준주권을 지니고 유사 국제관계를 형성했던 시공간적 특수상황의 포착이 요구되는 것이다(차태서 2006, 278-279). 이러한 고민에 따라 배영수는 일찍이 버나드 베일린(Bernard Bailyn)의 『미국혁명의 이데올로기적 기원』을 국역 출간하면서 "State"를 춘추전국시대에 쓰이던 언어를 차용해 "방가(邦家)"로 번역하였다(Bailyn 1999). 같은 맥락에서 "미국"이라는 표현 대신 아메리카 "합중국(合衆國)"이라는 역어를 사용하는 것이 여타 일반적인 근대 민족국가와는 차별되는 네트워크 주권체를 나타내기에 적합하다고 여겨지나, 워낙 미국이란 국명이 일반적으로 사용되는 관계로 이 글에서는 통상적 용법을 그대로 수용하기로 한다.

치질서의 역사에서 보편적으로 발견되는 두 가지 주된 안보위협인 제
국(hierarchy)과 무질서(anarchy)를 모두 극복한 새로운 국가 간 조직
원리를 고안하려는 푸블리우스(Publius)의 지적 발명품으로서 이해된
다(Hendrickson 2003). 대영제국의 식민주의로부터 독립한 13개 나
라들(states)의 대표가 일종의 국제회의를 개최한 결과, 기존의 연합헌
장이라는 느슨한 동맹체를 넘어 상호 주권을 분할, 공유하는 평화협정
질서인 "필라델피아 체제"(Philadelphian system)가 수립되었으며, 이
는 근대 유럽의 세력균형체제를 넘어서는 새로운 국가 간 질서의 창조
를 의미한다는 해석이다(Deudney 1995). 유럽의 근대 주권질서가 영
구적인 국제 전쟁을 양산함으로써, 개별 국가들을 전쟁기계화하고, 결
국에는 인민의 자유를 억압하는 전제정(tyranny)을 양산해 왔다는 공
화주의적 문제의식 아래, 무정부질서의 안보 딜레마 효과를 완화할 새
로운 국가 간 조직원리로서 연방을 창조해낸 것이다. 따라서 아메리카
합중국은 그 자체로 "국가(the national)이자 국제(the international)인
복합네트워크 체제"(Cha 2018, 394)로서의 성격을 지닌다.

특히 여기에서 주목해야 할 점은 네가키(negarchy)[7] 정치질서
로서 필라델피아 체제의 건설이 "유럽의 베스트팔렌 체제에 대한 대
안"(Deudney 2007, 161)을 의미했다는 사실이다. 진실로 연방헌법은
근대국제체제 대 단일세계제국이라는 유럽적 대당을 넘어 상호간 주

---

7 다니엘 듀드니(Deudney 2007, 48)가 고안한 용어인 "네가키"는 기존의 현실주의 이론
이 설정한 무정부상태 vs. 위계상태라는 조직원리의 대당(dyad)을 넘어서는 제3의 국가
간 조직원리를 지칭하는 개념으로 역사상 공화주의 정치사상과 정치체에서 발견되는 권
력의 제약(restraints)-부정(negatives)의 메커니즘을 포착하기 위한 신조어이다. 네가
키로 조직된 정치체제에서 행위자들 간의 관계는 권위의 분할과 공유, 그리고 견제를 통
해 상호제약(mutual restraint)적인 형태로 질서 지워진다는 점이 가장 특징적이다. 따
라서 공화주의적 정치체는 무정부상태의 혼란과 제국상태의 억압 모두를 회피하는 안정
적이고 자유로운 질서를 유지할 수 있게 된다.

권을 공유하고 제약하는 제3의 길, 즉 새로운 국가 간 평화프로젝트를 구현했다는 점에서 미국적 예외주의의 탄생을 의미했다(Cha 2015, 750). 네가키 체제의 수립 이후 미국 혁명가들은 자신들의 정치적 피조물이 "보편적으로 매력적인 모델이자 전위이며, 보편적으로 실현 가능한 삶의 방식"이라고 확신했으며, 아메리카 합중국은 "자유공화주의적 역사 종언의 비전"을 체현한 것으로 간주되었다(Deudney and Meiser 2008, 25). 가령, 존 위더스푼(John Witherspoon)과 벤저민 프랭클린(Benjamin Franklin) 등은 국제정치적 실험으로서 자신들의 연방체제가 세계질서의 궤적에 있어 인류 진보의 최종단계 모델이 될 것이라고 주장했다. 그들은 인류 정치체제의 역사가 "왕조와 국가들의 분열되고 적대적인 상황"(과거 유럽의 첫 단계)에서 "세력균형이라고 불리는 확대된 상태"(둘째 단계로서 당대 유럽)로 진화해 왔으며, 마침내 (셋째 단계이자 최종단계인) "아메리카 연방의 수립"으로 영구평화를 가져올 인류의 미래상이 밝혀졌다고 주장했다(Hendrickson 2003, 24-25, 142-143). 이는 특히 오늘날 탈근대 주권구상 혹은 공화-연방기획의 대명사로 알려진 임마누엘 칸트(Immanuel Kant)의 "영구평화론"이 여전히 근대주권국가체제를 주어진 가정으로 전제한 이념적 고안물에 그쳤던 반면에, 미국의 필라델피아 체제는 주권국가의 성격 자체를 변형시키고, 실제 북미대륙 위에 새로운 국가 간 평화체제를 실현했다는 점에서 건국부조들의 자부심은 그 역사적 근거를 확보했다고 평가할 수 있다(Deudney 2004).[8]

8   그러나 필라델피아 체제의 실험도 19세기 중반 남북전쟁이라고 하는 커다란 실패를 겪게 된다. 통상적인 표현으로 1861~1865년 기간 발발한 북미대륙 위의 전쟁을 미국 내부의 내전("Civil War")이라고 표현하지만, 실제에 있어 남북전쟁의 의미는 기존의 방가 간 평화조약이 깨지면서 생성된 두 개의 동맹체(United States of America vs. Confederate States of America) 간에 벌어진 "국제전"으로 보아야 한다. 남북전쟁 종

2. 혁명국가로서 미국: 탈근대 네트워크 주권의 지구적 팽창 추구

정리하자면, 건국 초기부터 미국의 혁명가들은 먼 훗날 자신들의 신국
제체제 실험이 전 세계로 확장 적용된다면, 구세계의 세력균형체제에
내재적인 전쟁상태를 탈피하고 세계연맹(World Union)에 의한 보편
적 평화가 도래할 수 있을 것이라는 희망을 품고 있었다(Tomasi 2002;
2003). 그리고 이러한 탈근대적 세계질서에의 열망이 대외정책에 있
어 자유국제주의의 중핵을 형성하게 된다(Cha 2018, 398-400). 실제
20세기에 들어 세계적 강대국으로 부상한 이래 미국은 세계질서건설
자(global architect)로서 주요 대전쟁의 "승리 이후"(After Victory)
(Ikenberry 2001)의 역사적 국면들을 총체적인 국가 간 질서변환의 기
회로 삼았다.

구체적으로, 현대 미국의 지도자들은 대부분 보편주의적 신
념 아래에서 베스트팔렌 체제를 필라델피아 체제의 원칙과 조응하
는 형태로 변화시키는 것을 궁극적 국가목표로 정의해왔다(Deudney
2007, 185-189). 미국의 대외적 정체성은 연방헌법의 형태로 체현되
었고, 이러한 이상화된 역사의 기억이 담론적으로 유럽의 현실정치
(realpolitik)와 제국주의에 대항하는 "미국특색적 자유국제주의"를 생
산해왔다고 볼 수 있다. 진실로 미국은 근대국제사회의 핵심기반을 대

료 후 링컨(Abraham Lincoln)과 공화당에 의해 재건된 합중국은 이전까지의 국가 간
연합의 형식에서 보다 연방"국가"적 성격이 강해진 중앙집권적 형태로 변화한 것이다
(Deudney 2007, 171-176). 즉, 이 시기부터 개별 "state"는 이전의 준주권-전전 남부 정
치가들이 강조하던 분리독립할 권리(secession)도 그중 하나다-을 대부분 상실하게 되
고, 특히 외교권과 군사력 사용에 있어서는 거의 완벽하게 연방에 종속되게 된다. 따라서
이 시점 이후에는 "방가" 대신 "주"라는 번역어가 적당하다고 볼 수 있다. 또한, 연관하
여 본래 문법상 복수형 명사로 취급되던 "United States"가 남북전쟁을 경유하며 민간의
언어 사용법에서 서서히 단수형으로 전환되었던 점도 주목할 만한 사실이다.

체하는 자신만의 세계비전을 추구하는 일종의 "혁명국가"[9]로서 행동해 왔다. 특히 20세기 미국의 자유국제주의자들은 두 차례의 세계대전 이후 유럽의 세력균형체제가 파국적으로 붕괴함에 따라 전 지구적 단위에서 "매디슨적 계기"(Madisonian Moment)가 재림하였다고 상상하였다(Hendrickson 2009, 304). 은퇴한 매디슨이 한낱 백일몽처럼 꿈꾸던 초국적 주권체 건설에의 막연한 희망을 실제세계에 구현할 수 있는 기회가 도래했다고 생각한 것이다.

그리하여 이러한 역사적 "기시감"(Déjàvu)은 미국의 국제주의자들로 하여금 "국제 무정부상태와 제국주의적 폭압의 사악한 힘을 약화시킬 수 있는 일종의 연방"(Hendrickson 2009, 11)을 전 세계적 단위에서 창안하도록 독려하였다. 제1차 세계대전 이후 연방헌법과 그것의 네가키 모델은 우드로 윌슨(Woodrow Wilson)과 그의 국제주의 지지세력에게 "세계질서 문제 해결의 본보기를 구성"하였다(Hendrickson 2009, 11). 베르사유 조약 비준을 촉구하는 1919년 7월 10일 상원연설에서 윌슨은 파리평화회의에서 제시한 자신의 국제평화 구상이 미국 건국에 대한 이상화된 상상에 기반하고 있다는 점을 여실히 보여주었다(Hendrickson 2009, 323). 국제연맹(League of Nations)은 "세계가 민주주의에 안전하도록 만드는" 혹은 유럽문명 표준에 대항하는 국제질서 변화를 위한 미국문명의 해법을 의미했다. 이러한 맥락에서 허버트 후버(Herbert Hoover)는 베르사유 평화회의를 둘러싼 논란은 "300년간 자라온 문명들 간의 충돌," 즉 유럽적 근대주권질서와 미국적 탈근대주권질서의 격돌을 의미한다고 발언하였다(Nash 2013, 122n13).

물론 미국은 제2차 세계대전 이후에나 "자유주의적 리바이어

9 　영국학파의 시각에서 혁명국가의 의미를 분석한 글로는 Armstrong(1993) 참조.

던"(Ikenberry 2011)으로서 실질적으로 국제체제를 자신의 이미지에 따라 변환시킬 수 있는 힘을 보유하게 된다. 그런데 전후 벌어진 소위 현실주의-이상주의 논쟁에서 이상주의자들의 담론을 살펴보면, 윌슨주의의 첫 세계질서개혁 시도가 전간기에 참담한 실패로 돌아간 이후에도 미국의 연방체제 실험을 전 세계에 투사하려는 욕망이 지속적으로 존재했음을 읽을 수 있다. 예를 들어, 퓰리처상을 수상한 전기 작가인 칼 밴 도랜(Carl Van Doren)의 경우 미국헌법 제정사를 서술하면서 이것이 지구적 연방 구성에 앞선 역사적인 "거대한 리허설"(Great Rehearsal)이라고 표현하였다(Van Doren 1948). 또한 한스 모겐소(Hans Morgenthau)의 격렬한 비판대상이 되었으며, 전후 이상주의자들의 대표주자였던 프랭크 타넨바움(Frank Tannenbaum)은 유럽의 일원적 근대국가와 구분되는 미국의 고유한 정치체를 "조정국가"(coordinate state)라고 칭하였다. 그는 이 모델이 세계의 국가 간 질서개혁에도 유용한 경험이 될 것이며, 이를 전 지구적 차원에서 전파해 나가는 것이 미국 외교정책의 목표가 되어야 한다고 주장하였다(Tannenbaum 1952; 차태서 2006, 268-270).[10]

같은 맥락에서 냉전종식 이후 자유국제주의자들이 추진해온 다자주의적 국제레짐의 구축 및 민주주의와 자유방임시장의 확대 전략도 구공산권 진영을 미국 주도의 자유세계 질서에 편입하여 무정부 질

10 그러나 전후 미국의 "이상주의" 욕망은 양극체제라는 구조적 조건의 벽에 부딪히게 된다. 즉, 냉전기는 소련과의 사활적 대결이라는 안보적 한계 때문에 미국의 대전략에 있어 현실주의적 논리가 자유국제주의적 논리와 경합했던 국면으로 이해 가능하다. 특히 비서구 지역에서는 현실주의가 자유주의 논리를 압도하였던 것으로 볼 수 있다. 하트와 네그리의 표현을 빌리자면, 냉전기 미국의 주변부 외교정책에서는 탈근대적 제국추구 대신 근대 유럽적 제국주의 경향이 압도적이었으며, 그 절정이 월남전 수행이라고 볼 수 있다(Hardt and Negri 2000, 176-179). 본격적인 탈근대 네트워크 주권을 추구하기 위해서는 냉전의 종식을 기다려야만 했던 셈이다.

서를 극복하고 국제평화를 구축하려는 매디슨주의적 탈근대 네트워크 주권론의 전통을 따른 것으로 해석 가능하다. 특히 일극체제의 구조적 맥락에서 클린턴 행정부는 "미국 국내법의 국제적 적용 의지로 인해 주권국가체제의 근간"(이혜정 2017, 85)의 변경을 시도하였으며, 전 지구적 경찰행위(Hardt and Negri 2000, 16-17; 180-182)와 신자유주의 체제의 전파를 통한 전 지구적 환경조성 전략을 추구하였다(이혜정 2017, 47-88). 2001년 9·11테러 이후, 부시 행정부 시절의 예방전쟁론/정권교체론 및 변환외교론은 미국 대전략의 골간인 포스트-베스트팔렌 네트워크 주권 추구사에 있어 하나의 절정기로 기록될 것이다. 주류 자유국제주의의 어젠다를 훨씬 더 공격적이고 일방적인 방식으로 추진하며, 종종 군사적 수단의 동원까지 불사하는 신보수주의 집단이 메가테러의 발생이라는 "예외상태"를 기화로 백악관의 핵심부를 장악하면서, 미국의 탈베스트팔렌 기획에 더욱 가속도가 붙었던 셈이다. 타국의 주권을 제약하고 자신의 의지를 부과해온 보편적 주권의 논리는 늘상 미국 외교에 존재했지만, 그것이 공식화되고 탈근대의 논리로 천명된 것은 이때가 본격적이라 할 수 있다. 특히 전 지구적 테러전쟁의 와중에 등장한 콘돌리자 라이스(Condoleezza Rice)-스티븐 크래스너(Stephen Krasner) 국무부 팀의 제한/조건부 주권론과 변환외교론의 원칙은 기존 베스트팔렌 체제에서 확립된 민족국가 주권 원칙을 정면으로 부정하고 행성적 차원의 사법체계를 구성해나가는 탈근대 지구질서 구축의 야심을 표현한 것으로 볼 수 있다(이혜정 2017, 89-152; 전재성 2006).

그러나 네오콘 주도의 탈근대 변환 전략은 애초의 필라델피아 시스템이 구상했던 복합네트워크 주권질서에 비해 훨씬 더 위계적인 제국체제에 가까운 모습으로 세계에 비쳤고, 결국 테러와의 전쟁의 주전

장인 중동 지역에서 커다란 실패를 맛보게 된다.[11] 나아가 2008년 발생
한 전 지구적 금융위기는 팍스 아메리카나 프로젝트의 물질적 토대를
결정적으로 약화시키는 계기가 되었다. 따라서 신보수주의자들의 군
사 중심적 접근을 폐기하고, 다시금 다자주의적 자유국제노선과 스마
트 파워를 강조한 오바마 행정부는 대침체(Great Recession)와 대테러
전쟁의 뒤처리에 힘썼다. 그리고 소위 재균형(rebalancing) 전략을 추
구하고 오바마케어 등의 사회경제적 정책 변화를 통해 국내 양극화 문
제의 해결에도 나섰지만, 미국의 "자본주의, 민주주의, 패권의 삼중위
기"를 해소하기에는 역부족이었다(이혜정 2017, 153-221). 결국 이러한
총체적 위기 속에서 미국 민중의 불만과 불안은 고조되었고, 기성 지배
계층의 컨센서스는 불신의 대상이 되었다. 그리고 바로 이와 같은 시대
적 상황을 배경으로 해서 트럼프 현상의 부상과 함께 미국 대전략에서
주권의 문제설정이 크게 전환(혹은 퇴행)되는 과정이 나타나게 된다.

---

11 이러한 상황은 자유주의적 대외정책 실행 과정에 내재해 있던 "병리적" 결과가 산출된
것으로 이해될 수 있다. 자유주의가 지닌 독백적(monologue) 성향과 그로 인한 외부세
계와의 독선적 관계맺음 방식이 이후 정반대의 반자유주의적 극단인 트럼프 현상이 등
장하는 배경을 이루었다. 가령, 마이클 대쉬(Desch 2007), 토니 스미스(Smith 2012) 등
은 전 세계에 자유주의를 전파하려는 미국의 근본주의적 열망이 9·11테러에 대한 과도
한 대응을 유발했고, 그것이 대외적으로 이라크에 대한 일방적 침공, 대내적으로는 애국
자법(Patriot Act) 같은 억압적 법률 제정 등의 결과를 낳고 말았을 뿐만 아니라, 종국에
는 미국패권의 하락을 야기했음을 비판한다.

III. 트럼프 시대의 반동: 근대 주권전통으로의 복귀?

1. 신자유주의적 지구화의 실패와 근대 민족국가적 문제설정의 재부상

오늘날 갑작스러운 반지구주의적 포퓰리즘의 부상과 반동적 어젠다의 출현을 이해하기 위해서는 20세기 말부터 진행된 신자유주의적 지구화의 부작용, 그중에서도 경제적 영역과 문화적 영역의 두 전선에서 진행된 거대한 사회적 탈구(dislocation)가 어떻게 서구 인민들의 불안과 분노를 축적해왔는지를 분석해야만 한다. 첫째, 경제적 차원에서는 일찍이 칼 폴라니(Polanyi 2001)가 전간기의 위기를 탐구할 때 사용했던 이중운동(double movement)과 탈내장화(disembeddedness) 개념이 유용한 분석틀을 제공해준다. 지난 30여 년간 신자유주의의 구호 아래 금융엘리트들의 주도로 탈내장화가 진행되면서, 전후의 "내장된 자유주의"(embedded liberalism)(Ruggie 1998)라는 사회적 타협방식이 가져온 서구 백인 노동계급의 물질적 안정과 번영의 기반이 그 근저에서부터 해체되어 버렸다. 그리고 마치 대공황이 1930년대 파시즘의 부상으로 연결된 사태와 유사한 경로로 2008년 전 지구적 금융위기 이후 민중의 고조된 사회경제적 불만이 포퓰리즘 운동의 형태로 분출되고 있다는 해석이 가능하다(Snyder 2019; Eichengreen 2018; Stiglitz 2019). 과거 19세기의 자유방임 문명이 풀어놓은 "악마의 맷돌"의 파괴적 효과가 결국 대공황과 2차 세계대전으로 이어졌다는 폴라니(와 케인즈)의 역사적 가르침이 망각된 결과, 이중운동의 추가 다시금 권위주의적 민족주의의 부상이라는 파국의 방향으로 기울고 있다는 진단이다(Kuttner 2018).

둘째, 이와 평행하게 진행되어온 현상으로서 20세기 후반 이래 세대 간 가치의 빠른 변화와 이민자 증대가 선진산업세계의 가부장적인 백인남성의 문화적 헤게모니와 지위를 위협함으로써 발생하는 이데올로기적 긴장상태를 지적할 수 있다. 급속한 사회문화적 탈구를 경험한 과거의 주류문화 세력들이 백인 민족주의의 형태로 배타적·폭력적 정체성 정치를 가동하고 있는 것이 지금의 포퓰리즘 고조의 한 속성이라는 해석이다(Norris and Inglehart 2019; Fukuyama 2018).[12] 물론 이상의 두 가지 차원의 불안과 분노의 증대는 신자유주의적 지구화라는 거시적 맥락 속에서 보면, 동전의 양면과 같은 것으로 분리된 변수가 아닌 서로 상승작용을 일으키는 요소들이다. 물질적 빈곤화와 문화적 정체성의 긴장이 상호간에 시너지 효과를 일으키며 백인 노동계급의 상실감과 분노를 키워내고 있다. 또한, 좌우를 막론하고 기존의 주류정당과 기득권층(establishment)이 자유방임 자본주의 컨센서스를 수호하기만 할 뿐, 점점 주변화되고 막다른 골목으로 치닫고 있던 "새로운 소수자들"(Gest 2016) 혹은 "자기 땅의 이방인들"(Hochschild 2016)의 구체적 고통을 무시해온 정치적 마비상태가 결정적으로 기성 정치권 외부에 존재하던 포퓰리스트들이 정치의 핵심부로 진입할 수 있는 길을 열어 놓았다.

본 연구의 주제와 관련해서 포퓰리스트들의 대중동원 전략이

---

12 제1차 세계화 시기였던 19세기 말에도 대규모 (유럽)이민자의 물결이 있었고, 이로 인해 현재 포퓰리즘 물결의 선조라고 할 수 있는 인민주의 운동이 미국에서 일어났었다. 같은 맥락에서 탈냉전 (2차) 지구화 시기에는 상대적으로 유색인종(특히 라티노)의 이민유입이 대폭 증가하여 점차 전통적인 앵글로 색슨계 백인의 인구비율이 축소되는 경향이 강화되자, 20세기 초와 유사한 형태의 배외주의적 백인 민족주의가 폭발한 것으로 보인다(이혜정 2017, 243-246). 실제 지난 2016년 대선에서 트럼프 지지자들의 가장 강력한 표식이 인종주의와 반이민 정서에 있다는 것을 실증적으로 증명하는 주요 연구성과들이 속속 발표되었다(Sides, Tesler, and Vavreck 2018; Abramowitz 2018).

흥미로운 것은 이들이 지구화로 인해 발생한 탈구와 결여를 주체의 (가상적) 완전성을 보장해주는 민족공동체의 건설을 통해 충족시켜주겠다고 공약하고 있기 때문이다. 정신분석학적 이데올로기 분석틀(Glynos 2001; 2011)을 따라 포퓰리스트들의 레토릭을 분석해볼 때 주목되는 점은 무엇보다 위협인식과 존재적 불안(ontological insecurity)에 떨고 있는 민중들에게 완전하고 순수했던 "과거" 민족국가 공동체에 대한 향수를 불러일으키고, 이러한 판타지의 실현을 가로막고 있는 두 종류의 적들—타락한 엘리트와 인종/종교적 타자—에 대한 분노와 공격을 선동하고 있다는 사실이다(Browning 2019). 옛날 언젠가 존재했다고 (부당)전제되는 동질적·가부장적 민족공동체를 회복하는 것이 현재 위기에 처한 존재적 안보(ontological security)를 보장할 수 있는 유일한 길이라고 선전하며, 이를 위해 카리스마적 지도자를 중심으로 단결한 다수 "인민"이 소수의 기득권 세력과 불순한 외부자들을 척결하는 배제의 메커니즘을 가동시키고자 노력하는 것이 포퓰리즘 정치의 핵심이다(Steele and Homolar 2019; Homolar and Scholz 2019).

포퓰리즘이 대서양 세계를 중심으로 커다란 힘을 얻음으로써 오늘날 세계질서에 던지는 효과는 바로 거대한 "반동"의 시대가 도래했다는 점이다.[13] 냉전종식 이후 "역사의 종언"(Fukuyama 1992)이나 "평평한 세계"(Friedman 2005) 같은 미국 자유주의자들의 승리주의 찬가가 울려 퍼지고 코스모폴리탄 정치체제와 탈근대로 나아가는 듯했

---

13   정치사상사의 맥락에서 "반동"이라는 용어는 기본적으로 계몽주의 시대 서구에서 탄생한 개념으로 역사의 변화(특히 근대화)를 부정적으로 인식하고, 대신에 특정한 시기의 과거를 이상화된 형태로 상상하면서 현재에 재창조하고자 하는 정치적 운동을 가리킨다(MacKay and LaRoche 2018).

던 21세기 전환기의 장밋빛 분위기와는 정반대로, 현재에는 세계사가 다시 민족주의와 국가 간의 강력정치(machtpolitik)의 시대로 후퇴하고 있는 듯 보인다. 오늘날의 포퓰리즘이 소환하는 노스탤지어 독트린은 특히 신주권론 혹은 민족국가의 귀환이라는 형태로 등장하고 있는데, 이는 기존에 미국이 선도하여 추진해온 지구화, 자유세계질서, 글로벌 거버넌스 등이 만들어온 탈근대적 네트워크 주권체제를 반대하고 민족국가를 중심으로 다시금 인민이 자기통제권을 회수하는 것을 목표로 한다. 포퓰리스트들에 의하면, 작금의 지구화된 세계는 인민의 자기결정권, 곧 주권을 선출되지도 않았을 뿐 아니라 자신의 정치적 결정에 아무런 책임도 지지 않는 초국적 엘리트들과 국제기구 관료들에게 양도해온 비민주적 공간이기 때문에, 다시 민주주의를 회복하기 위해서는 권력을 재영토화하는 것이 요구된다.[14] 또한, 민족공동체의 동질적 정체성과 복지를 위협하는 외부로부터의 침입을 방지하기 위해 근대적인 국경선을 복원하여 이민자와 난민들의 흐름을 막아내는 것도 중요한 목표로 제시된다. 그리하여 시간이 지날수록 국경지대의 군사화, 장벽과 철조망의 증가 등 새로운 국가주의적 스펙터클이 증가하

---

14 신주권론(new sovereigntism) 논의는 냉전 후 글로벌 거버넌스 시대에 부상한 국제법 질서에 대한 비판적 시각에서 출발한다. 신주권론자들은 글로벌 거버넌스가 선출되지 않았고 책임도 지지 않는 초국적 기구들에 입법 권한들을 양도함으로써 인민주권을 훼손하고 입헌정부를 약화시키기 때문에, 근본적으로 비민주적인 체제라고 생각한다. 이들은 또한 국가가 응당 자국민의 이익을 보호하고 증진하는 것을 외교정책의 최우선으로 삼아야 함에도, 글로벌 거버넌스가 이러한 목표를 심각하게 저해하기에 문제라고 주장한다. 이와 더불어 신주권론자들은 여러 전 지구적 규범들이 탈헌법적, 탈주권적 국제법의 악영향을 증폭시키기 때문에 인민주권과는 양립할 수 없다고 역설한다. 대표적인 인물들로 존 볼턴(John Bolton), 커티스 브래들리(Curtis Bradley), 잭 골드스미스(Jack Goldsmith), 에릭 포즈너(Eric Posner), 제레미 랩킨(Jeremy Rabkin), 존 유(John Yoo) 등을 들 수 있다(Goodhart and Taninchev 2011, 1047). 특히 미국적 맥락에서 이러한 신주권론의 전통을 추적한 글로는 김준석(2013)을 참조할 것.

고 있다(Kallis 2018; Chryssogelos 2020). 정리하자면, 과거 근대 서구에 존재했다고 가정되는 완전주권의 판타지(Weber 2017)가 브렉시트(Brexit)와 트럼프 당선이라는 세계사적 사건들을 경유한 대서양 세계에 유령처럼 배회하고 있는 것이 오늘날의 정치적 지형도이다.

2. 근대주권 회복하기: 트럼프의 "위대한 미국" 재건 운동

본 연구의 주요 관심사와 연관 지어 볼 때, 2016년 미국 대선이 가져온 가장 큰 변화는 건국기 이래 오랫동안 합중국 자신이 주도해온 보편적 자유세계질서의 확산이 트럼프와 그의 지지자들에 의해서는 도리어 미국의 주권을 침해해온 악영향으로 서사되고 있다는 점일 것이다. "위대했던" 미국이 지구화로 인해 불완전한 주권을 소유한 "불구가 된 미국"(Trump 2015)으로 전락하였다는 것인데, 크래스너(Krasner 1999, 9-25)의 분류를 따르자면 여러 주권의 속성 중 특히 "상호의존주권"이 침식되었다는 것이 트럼프주의자들의 문제의식이다. 국가들 간의 승인 문제와 결부된 국제법적 주권, 내정불간섭을 의미하는 베스트팔렌 주권, 국내적 최고성을 일컫는 대내적 주권 등에는 큰 문제가 없지만, 자국 국경을 넘는 인적·물적 교환을 통제할 수 있는 능력과 관계된 상호의존주권의 영역이 20세기 후반부터 가속화된 초국경화로 인해 크게 손상되었다는 주장이다.[15]

여기서 한 가지 주목되는 점은 포퓰리스트들이 이른바 "희생자 민

---

15 물론 지구화가 본격화되기 이전의 근대에서도 주권이 완전한 형태로 공고하게 그 이상적 형태가 실현되었던 적은 존재하지 않는다는 비판도 가능하다. 주권은 언제나 불완전적(전재성 2017)이고 문제적이었으며(Callahan 2018, 467), 위선적이었다(Krasner 1999). 주권 개념과 현실의 역사적 발전 과정에 대해서는 전재성(2019) 참조.

족주의"(victimhood nationalism)의 내러티브를 동원하고 있다는 점 이다. 본래 피해의식 민족주의론은 이스라엘과 같이 전통적으로 거대한 폭력의 피해를 입은 상대적 약소국, 혹은 피포위국에게 적용되는 이론이었다. 그런데 오늘날 포퓰리즘 시대가 경이로운 것은 영국이나 미국과 같은 초강대국들, 특히 지금까지 신자유주의적 지구화를 주도했으며, 그에 의해 가장 큰 수혜를 입은 중심부 국가들이 피해자의식을 강조한 반동적 민족주의의 진원지가 되었다는 사실이다(Lerner 2020). 예를 들어, 트럼프의 경우 미국이 과거 무분별한 자유주의 개방정책의 오류로 인해서 중국이나 멕시코 같은 개발도상국들로부터 무역적자와 불법이민 유입의 형태로 막대한 피해를 입었기 때문에 이에 대한 보상이 필요하다는 입장을 대선 캠페인 시절부터 견지해 왔다. 이러한 견해는 대통령이 된 이후에도 마찬가지인데, 가령 2018년 G7 정상회담 중 가진 언론회견에서 트럼프는 기자들에게 미국은 "모두가 도둑질해가는 저금통 신세"라고 언급하기도 하였다(Shaw 2018).[16]

이러한 트럼프의 제스처는 매우 역설적인데, 미국이 신자유주의적 지구화와 자유세계질서의 건설자에서 그것들의 파괴자로 이행하고 있음을 의미할 뿐만 아니라, 더 심원하게는 독립혁명 이래 미국 고유의 보편주의와 그 핵심으로서 탈베스트팔렌 주권론이 폐기되고 혁명국가 미국이 역사적으로 거부해왔던 근대 유럽의 주권론과 현실주의적 국

---

16 당연하게도 기성 지구화가 미국에 해가 되었다는 명제는 매우 "논쟁적"인 가설이다. 예를 들어, 스티글리츠(Stiglitz 2019)는 트럼프주의자들의 주장과는 정반대로 미국은 20세기 후반 이래 무역협정들에서 자신이 원하는 것들(지적재산권 보호, 금융개방 등)을 모두 얻어 왔으며, 세계 무역게임은 일반적으로 개발도상국들을 희생시켜 미국 등의 선진국이 이득을 얻어온 불공정 게임이었다고 반박한다. 아울러 세계화의 불균등한 효과로 인해 미국의 노동자들이 임금하락이라는 손해를 본 것은 사실이지만, 이는 미국 기업의 탐욕 때문이지 개도국들이 미국을 "속인" 결과가 아니라는 점을 강조한다.

제정치론으로 워싱턴 핵심부의 세계관이 퇴행했음을 지시하기 때문이다. 결국 트럼프주의자들의 핵심적 슬로건이라 할 수 있는 "미국을 다시 위대하게"(Make America Great Again, MAGA)라는 말은 단순한 선거구호의 의미를 넘어, 현재 미국 주권의 불완전성을 주장하며 미국 주권의 (반동적) 완성을 "다시" 추구함을 나타낸다. 따라서 트럼프는 자신들의 특수이익을 위해 지구주의(globalism)를 추구하여 미국의 주권을 훼손시켜 왔다고 여겨지는 기성 엘리트를 인민의 적으로 규정하고, 그들이 추진해온 자유국제주의적, 보편적 주권론을 폐기한다. 대신에 그는 반지구주의 혹은 민족주의라고 하는 근대 유럽의 비전[17]을 대안으로 제시하고 모든 외교정책의 가치를 "미국 우선"(America First)이라고 하는 현실주의적 국익의 관점에서 평가하고자 한다.

> 어떤 경우에도 자신의 이익을 첫째로 앞세우지 않고 번영한 나라는 없습니다. 우리의 우방과 적국 모두 우리의 이익보다 자신들의 이익을 우위에 놓고 있기에, 우리도 마찬가지로 그들에게 공평무사하되 우리의 이익을 우선시해야만 합니다. 우리는 더 이상 지구주의라는 거짓된 노래에 이 나라와 국민들을 굴복시키지 않을 것입니다. 민족국가는 여전히 행복과 조화의 진정한 토대로 남아 있습니다⋯⋯ 제 임기 중에 우리의 자율권을 축소시키는 어떠한 협약도 체결하지 않을

---

17   물론 근대 유럽의 비전을 홉스적 강력정치, 혹은 완전주권을 추구하는 현실국가(real-state)들 간의 자연상태로만 국한하는 것은 지나치게 일면적이다. 특히 영국학파(Bull 1977)에서 강조하는 것처럼 그로티우스적, 규범적 국제"사회"가 베스트팔렌 체제에 한 속성으로 존재했던 것도 사실이다. 그러나 혁명기부터 미국인들의 눈에 타자화된 형태로 인식된 "구세계"의 근대정치란 언제나 무질서의 혼란상태(즉, 세력균형게임 상태)에서 전쟁만을 일삼으며, 전쟁기계의 원활한 작동을 위해 인민의 자유를 억압하는 전제국가들의 집합, 즉 말 그대로 "만인 대 만인의 투쟁"에 가까운 자연상태로 그려져 온 것 또한 사실이다(Cha 2015, 747-751).

것입니다(Trump 2016a).

또한, 2018년 9월 트럼프가 유엔총회에서 행한 연설(Trump 2018)은 그의 현실주의적 국제정치관이 공식적 언술로 표출된 대표적 예로서, 세계사에는 강대국 간 강력정치가 영원히 회귀할 뿐, 지구적 규모의 보편 권위체는 먼 미래에도 탄생하지 않을 것이라는 반자유주의적·보수적 역사관과 근대국가주권론의 옹호가 표명되었다. 아울러 19세기 미국이 상대적으로 약소국이던 시절 선포된 먼로독트린을 다시 언급하며 베스트팔렌적 주권 수립(=외부의 개입 방지)을 미국의 제 1목표로 선언하는 등 노골적인 과거 회귀적 입장을 강조하였다. 나아가 그는 다음과 같이 명시적으로 반지구화와 반자유세계질서의 입장을 선언하였다.

누구에 의해서도 선출되지 않았으며, 누구에게도 책임을 지지 않는 지구 관료조직에 우리는 절대로 미국의 주권을 양도하지 않을 것입니다. 우리는 지구주의라는 이데올로기를 거부하며, 대신 애국주의 독트린을 수용합니다. 세계의 책임 있는 국가들은 글로벌 거버넌스로부터만 아니라 다른 새로운 형태의 강압과 지배로부터 오는 주권에 대한 위협으로부터도 자신을 보호해야만 할 것입니다(Trump 2018).

3. 안과 밖의 경계 짓기: 주권자의 결단과 비상사태의 선언

이하에서는 앞서 설명한 트럼프의 근대회귀적 세계관과 대외정책 독트린이 실제 정책에서는 어떤 방식으로 구현되어 왔는지를 영역별로 나누어 살펴보겠다. 홉스적 현실주의와 유사한 정치관을 지닌 트럼프주의는 외부위협의 "안보화"(securitization) 프로세스를 가동시켜 정책의 방향을 설정하고 집행하는 양상을 보인다(Magcamit 2017). 즉, 트럼프는 안보화 행위자(securitizer)로서 미국에 근본적 위기를 가져오는 존재적 위협들—자유무역협정, 불법이민자, 중국 등—을 호명하고 이에 대한 투쟁을 수행하며, 그 과정에서 여러 가지 예외적인 정책조치들을 정당화한다. 그리고 트럼프의 포퓰리스트적 안보화 행위는 미국패권의 하강과 자유방임적 지구화의 폐해 등을 통해 존재적 불안을 느끼고 있던 유권자들의 무의식에 크게 반향을 일으켜 권위주의적인 지도자의 초헌법적 행위에 지지를 표명하게 만드는 반자유주의적 정치 과정을 작동시킨다(손병권·김인혁 2017).

보다 구체적으로 트럼프의 정책결정과 집행 과정을 보면 칼 슈미트(Carl Schmitt)적 정치관과 부합하는 모습들을 여러 측면에서 관찰할 수 있다. 트럼프의 정책 내러티브는 우선 현재의 미국이 커다란 위기에 빠져 있다는 현실묘사에서 출발한다. 내외부의 적으로서 무슬림, 라티노 이민자, 중국인, 타락한 자유주의 엘리트 등에 의해 위협받는 순수하고 동질적인 인민(Volk)을 호명(interpellation)하는 이데올로기적 작업이 병행된다. 그리고 이러한 "진짜 인민"(true people)의 목소리를 대변하는 호민관으로서 트럼프는 침식된 민족주권을 복원하여 초국적 흐름을 통제해 미국을 다시 위대하게 만들겠다는 전략을 추구한다. 여기서 중요한 것은 내부의 공동체를 보호하고자 하는 행위가 필연적으로 안과 밖의 경계 짓기 작업을 수반할 수밖에 없으며, 이는 자유주의적 보편주의와 대조되는 비자유주의적 초법 조치, 즉 카리스마적 지도자의 결단에 의한 예외상태 선언의 반복으로 이어지게 된다(Mohamed 2018).

지금까지 트럼프 대통령의 포퓰리스트적 정책역량이 집중된, 그래서 국가비상사태(national emergency) 선포가 반복되어온 두 가지 핵심전선이 존재하는데, 이는 애초에 2016년 트럼프 현상을 불러일으킨 저학력 백인남성 노동계급의 분노를 자아낸 양대 요소와 직결된다. 하나는 이민 문제로 트럼프 지지자들의 정체성 불안과 관련되며, 다른 하나는 무역 문제로 경제적 불안과 결부된다. 트럼프는 바로 이 두 분야를 "안보"의 문제로 프레이밍(framing)하여 자신의 정책적 에너지를 집중적으로 투여해 왔으며, 이를 통해 가상의 미국 민중공동체의 복원을 시도함으로써, 존재적 불안에 떨고 있는 자신의 지지층들에게 충족감과 안정감이라는 판타지를 선사하기 위해 노력해 왔다.

1) 정체성 안보: 반이민 정책과 장벽 건설

2016년 대통령 선거 유세 기간부터 트럼프는 반복적으로 인종주의적 색채가 강하게 투영된 반이민 발언을 일삼음으로써, 정치적 논란을 일으키는 동시에 공고한 지지층을 형성해왔다. 특히 백악관 입성 이후 현재까지 중남미에서 넘어오는 라티노 이주민에 대한 국경 통제력 회복을 통해 앵글로-색슨 국가로서 미국의 정체성 지키기(Huntington 2004)에 집중하고 있는 모양새이다. 이런 차원에서 보면 애초에 MAGA라는 트럼프의 핵심적 정치표어는 일종의 코드 언어로서 "Make America 'White/Christian' Again"으로 해독 가능하다. 따라서 본래의 자유주의적, 보편주의적 미국 신조(American Creed)를 포기하고 일종의 부족주의(Chua 2018)로서 배타적 인종-종교 공동체의 건설을 꿈꾸는 잭슨주의 독트린(Cha 2016)이 트럼프 정치기획의 중심에 있다고 생각된다.

좀 더 구체적으로 살펴보면, 우선 전반적인 이민정책에 있어 트럼프는 불법 월경자 문제의 안보화 및 포퓰리스트적 프레임 구성에 주력하고, 특히 이민의 문제를 서민 대 특권층의 투쟁 문제로 전치시키는 모습을 보인다. 가령, 2019년 의회 연두교서에서 그는 다음과 같이 불법이민 문제를 프레이밍하였다.

> 불법이민 문제보다 더 미국의 노동계급과 정치계급 사이의 분할선을 잘 보여주는 이슈는 없습니다. 부유한 정치인들과 기부자들은 정작 자신들은 장벽, 차단기, 경비원들의 뒤에 살면서도 국경의 개방을 주창합니다. 반면에 노동계급에 속하는 미국인들은 대량의 불법이민으로 인한 대가를 치르도록 남겨져 있습니다. 일자리의 감소, 낮아진 임금, 과밀화된 학교, 너무나 붐벼서 들어갈 수 없는 병원, 범죄의 증가, 그리고 사회안전망의 고갈과 같은 대가들 말입니다(Trump 2019a).

급기야 트럼프는 2019년 2월, 남부국경에 대한 국가비상사태를 선언하고 해당 지역의 인도주의적 위기상황이 핵심적 국가안보이익을 위협하고 있다고 정의 내렸다. 그리고 국방부 장관과 국토안보부 장관에게 군사력 발동을 포함한 특별조치를 강구할 것을 명령하였다(Trump 2019b). 이러한 움직임은 트럼프의 대표공약 중 하나였던 "장벽" 건설 예산이슈를 두고 야당인 민주당과 의회에서 극한대립을 벌이던 중에 나온 조치이다.[18] 사실, 장벽 건설과 국경의 요새화라는 문제는 오늘날 포퓰리즘의 부상이 본격화되기 전인 2000년대 초부터 이미 부

---

18 흥미롭게도 트럼프에게 국경의 "이데아"는 반세기 넘게 한반도의 허리를 가르고 있는 비무장지대(DMZ)인 듯하다. 트럼프는 2019년 6월 오사카 G20 정상회담을 마치고 한국을 방문하기 직전에 기자들을 만나 자신이 DMZ를 방문할 것이라고 말하면서, 아무도 그 국경을 통과할 수 없다는 점에서 DMZ야말로 진짜 국경이라고 할 수 있다고 평했다. 이는 자신이 추진하고 있는 미-멕시코 국경장벽과의 비교 속에 나온 발언으로 여러 논란을 빚었다(이윤영 2019).

각된 사안이다. 새로 광범위하게 유행처럼 건설되기 시작한 장벽은 지구화 시대 국가권력이 처한 난국을 표현한 것이자 가장 상징적인, 스펙터클한 형태의 근대국가주권 재건 노력을 보여주는 것으로, 일종의 스크린, 극장권력의 한 형태로 볼 수 있다. 토머스 프리드만 같은 지구화 찬양론자들이 설파했던 "평평한 세계"(Friedman 2005)의 이미지와는 정반대로 장벽 건설이 탈냉전 이후 급증했던 사실은 국민국가주권이 약속한 안정성이 지구화로 인해 침식된 것에 대한 인민의 불만을 반영한 것이다. 또한, 장벽은 인종주의적이고 반동적인 시민주체를 구성하는 생명정치(biopolitics)의 기제로 작동하기도 하였다. 즉, 장벽은 안과 밖, 우리와 그들 사이의 안정적인 경계를 설정해주는 듯한 환상을 제공해주며, 백인 노동계급이 처한 문제들을 악마화된 타자들에게 전가하는 기회도 만들어낸다. 국경/주권의 재건과 동질적 민족공동체의 복원을 통해 모든 고난이 해결될 수 있다는 희망이 장벽 건설을 통해 가상적으로 실현되는 것이다(Brown 2010).

다른 한편, 트럼프는 2019년 5월 이민개혁안을 발표하였는데, 기존의 가족 중심 이민제도를 능력 중심(merit-based) 이민정책으로 "현대화"한다고 주장하였다. 특히 완전한 국경안보가 이민체제의 기초이며 가장 우선되어야 할 목표라는 점을 강조하면서, 자신의 새로운 개혁안은 "일자리와 임금, 미국 근로자의 안전을 최우선적으로 삼는 이민 계획"으로 "친미국, 친이민, 친노동자"라는 "상식"에 기초한 것이라고 주창하였다(류강훈 2019). 아울러 2019년 5월 말, 트럼프는 백악관 성명과 트위터를 통해 멕시코에 관세부과정책을 전격 발표하였는데, 이는 경제수단을 이용해 이민대책을 마련하라고 멕시코 정부를 강압하는 유례없는 조치였다. 물론 이러한 제스처는 WTO, NAFTA 등의 자유무역협정규칙에는 정면 배치되는 관세의 무기화였지만, 트럼프는 관세부과를 위해 국가비상사태선포까지 고려하였다. 이후 6월 합의를 통해 관세부과는 보류되고 멕시코가 미국으로 오는 불법 이민자의 유입을 방지하기 위한 대책을 취하기로 합의하였으나, 실제적 효과는 미지수이다(남빛나라 2019).

2) 경제 안보: 보호무역주의와 관세전쟁의 수행

대외경제정책에 있어 포퓰리즘은 기존의 자유무역체제에서 심각한 손해를 입고 실업과 지위의 하락 우려를 갖게 된 백인 노동자계급에게 반자유무역의 대항서사를 제공해주었다. 트럼프의 무역 관련 내러티브는 포퓰리즘에서 흔히 나타나는 '타락한 엘리트 vs. 순진무구한 인민'이라는 수탈적 관계를 상정하는 것에서 출발한다. 반자유무역 서사에 있어 포퓰리즘의 힘은 부분적으로 그것이 지닌 정서적 언어의 호소력에서 유래하는데, 특히 세계화에 의해 버림받고 중국과 같은 타자들에 의해 착취당하는 것으로 규정되는 노동자들의 "결여"를 강조한다. 그리고 이어서 포퓰리즘 서사는 일종의 환상적 미래를 약속하는데, 자유무역체제에서 탈퇴하는 것과 같은 특정한 급진적 해법을 취하면 밝은 미래가 찾아오고, 반대로 현재-과거의 상태를 유지하면 어두운 현실이 지속될 것이라는 이분법적 선택지를 제시한다(Skonieczny 2018).

가령, 트럼프는 대선 경선 기간 *USA Today*에 기고한 칼럼에서 자신의 환태평양경제동반자협정(TPP) 반대 입장을 밝히며 다음과 같이 서술하였다.

위대한 미국의 중산계층이 사라지고 있다. 이러한 경제적 재앙을 불러온 요소 중의 하나는 미국의 재앙적인 무역정책이다······ 미국의 정치인들은 오프쇼어링으로 이득을 얻고 있는 지구기업 집단에 신세를 지고 있으면서 모든 상상할 수 있는 방식으로 일자리들이 도둑질당하도록 만들었다. 그들은 대외무역상의 사기를 용인하면서 기업들이 생산을 해외로 이전하도록 장려하는 무역협정들을 체결해 왔다(Trump 2016b).

트럼프주의자들의 중상주의적 경제관에 따르면 세계는 무정부적 구조하에 국가 간의 치열한 권력과 부(富)에 대한 경쟁으로 규정되며, 이 무한경쟁에서 우위를 누려 생존하고 번영하는 것이 국가경제정책의 궁극적 목표로 정의된다. 이러한 약육강식, 혹은 정글에 비유될 현실정치적 상상계에서는 자유주의적 국제주의가 꿈꾸던 새로운 세계질서의 구성이라던지, 보편적 가치의 실현 같은 진보주의적 비전은 완전히 폐기되며, 어떻게 하면 "산업" 성장을 통해 부국강병을 실현할 것인가라는 보수적–근대적 문제설정이 지배적인 경제 담론을 구성하게 된다. 즉, 초국적 자본의 수호자이자 대영역의 관리자로서 미국식 자본주의의 전파를 통해 전 지구적 평화와 번영을 성취하려는 "단극시대의 논리"(이혜정 2017, 47-88)는 완전히 포기되며, 일국적 국익정의가 대외경제정책을 규정한다.

구체적으로, 트럼프 행정부의 국가안보전략서(National Security Strategy, NSS)는 "경제안보가 곧 국가안보"라고 정의하면서 "미국 번영의 증진"을 국가안보의 네 가지 기둥 중의 하나로 지목하였다(The White House 2017, 17-23). 동 전략서는 전후 미국 주도 자유경제질서가 "국제경제를 안정화하고 양차 세계대전 발발에 기여한 마찰지점들을 제거"하는 데 도움을 준 사실은 인정했지만, 보다 큰 전략적 맥락에서 경제적 경쟁이 심화하는 현시대 국면에서는 무역에서의 "공정하고 상호적인" 관계가 추구되어야 함을 역설하였다. 특히 권위주의 열강들이 미국의 개방된 시장과 주요 경제기구들을 단순히 이용하기만 하고 중요한 정치경제적 개혁을 수행하지 않았다는 점을 고려할 때, 자유무역의 자유화 효과에 대한 자유국제주의의 기본 가정들은 오류로 판명되었다는 점이 강조된다(The White House 2017, 17). 같은 배경에서 무역대표부의 2018년 무역정책 어젠다 보고서는 기성 무역협정과 다자레짐의 국제 관료들이 미국의 국익과 자율성을 침해하였다고 주장하였다. 따라서 새로운 무역정책은 국가안보정책을 지원하고 "미국의 국가주권을 공세적으로 보호하는" 형태로 재조정되어야 한다(USTR 2018, 3). 이런 맥락에서 트럼프는 2018년부터 중국을 위시한 미국의 전략적 경쟁자들뿐만 아니라 오랜 동맹국들과도 전면적인 무역전쟁을 벌이기 시작했다. 특히 냉전기의 낡은 유물로 치부되던 무역확장법 232조를 활용, "국가안보"를 근거로 철강과 알루미늄과 같은 전략상품들에 고관세를 부과함으로써, 지구정치경제에 대한 중상주의적·제로섬적 시각에서의 무역 안보화라는 미국의 신경향이 뚜렷해졌으며, 초국적 자유경제질서로부터 이탈하고자 하는 욕망 또한 명확해졌다(Cha 2020, 69-70).

IV. 결론

이상에서 본 연구는 미국 주도의 초국적-탈베스트팔렌 체제의 기획이 비자유주의적-대륙적 근대주권국가 기획으로 회귀하고 있는 듯한 최근의 조짐을 포퓰리스트적 반동국제정치의 부상이라는 문제인식 속에서 관찰하고, 이것이 주권과 세계질서의 구조적 변동의 궤적에 미치는 영향을 평가하고자 시도하였다. 구체적으로 본문에서 우선 아메리카 합중국의 필라델피안 체제가 유럽의 베스트팔렌 체제에 대한 대안적인 국가 간 질서로 탄생했으며, 이것이 200여 년 동안 미국의 소위 "세계혁명" 프로젝트 혹은 초국적 네트워크 주권건설 시도의 이념적·제도적 토대를 이루어왔음을 설명하였다. 다음으로 최근 반지구화적 포퓰리즘에 근거해 등장한 트럼프 독트린을 비자유주의적–완전주권적 근대국가로의 회귀를 꿈꾸는 노스텔지어 프로젝트로서 분석하였으며, 이러한 트럼프의 반동적 이니셔티브("MAGA")를 비상사태선언을 통한 경제와 정체성의 안보화라는 관점에서 탐구하였다.

그렇다면 탈냉전 이후 지구화 시대 혹은 후기 근대에 들어 정합성을 상실한 것으로 여겨졌던 근대주권 원칙과 지정학적 경쟁이 과연 현시대에 복귀하고 있는 것일까? 마치 팍스 브리태니커의 붕괴 이후 등장한 전간기의 대혼란이 오늘날 재림한 것과 같이 우리가 아는 보편성과 초국적 주권의 시대가 미국 우위 단극체제의 쇠락과 함께 종식되고 마는 것인지 질문할 수밖에 없는 상황에 직면해 있다(차태서·류석진 2020). 나아가 한동안 탈근대 비판이론들은 물론 주류 자유주의 이론들에 의해서도 "낡은" 것으로 치부되었던 안과 밖의 철저한 구분에 기반한 근대적 이항대립을 복구하고, 배제에 기초한 동일성의 정치(identity politics)를 현재 자유세계질서 위기의 국면에 재가동시키려는 포퓰리스트들의 반동적 시도가 마치 새로운 시대정신인 양 전 세계를 휩쓸고 있는 형국이다. 트럼프의 당선, 나아가 "트럼프 현상"은 단순히 독특한 개인의 돌출적 등장이 아니라, 미국패권의 하락과 신자유주의 세계화가 낳은 구조적 병폐의 징후로 파악해야 한다(Layne 2018; Sargent 2018). 따라서 트럼프의 퇴행적 외교정책 또한 이런 구조적 맥락변동에 대한 포퓰리스트적 사회세력의 대응을 체현한 것으로 이해해야 하며, 앞으로 미국 정치에서 장기적으로 나타날 경향성으로서 간주할 필요가 있다(Cha 2016).

여기서 우리가 향후 계속해서 지켜봐야 할 연구과제는 트럼프와 그 지지자들이 대안적인 세계비전으로 추구하는 근대주권 판타지가 존재안보와 경제안보 양쪽 측면 모두에서 과연 그들이 약속한 "레트로피아"의 안정과 위안을 제공할 수 있을지의 여부이다. 지금까지 진행된 실제 정책의 결과를 놓고 볼 때 탈근대 네트워크 주권에서 근대 완전 주권으로의 퇴행은 미국패권의 하강을 더욱 가속화하고 더 큰 국내외적 혼란을 가져올 가능성이 높아 보인다. 가령, 민족국가공동체와 정체성 안보를 강화하기 위한 장벽 건설 사업은 일종의 파르마콘(pharmakon)으로서, 백인 민중이 처한 고난의 진짜 원인인 신자유주의의 문제를 은폐시킴으로써 도리어 상황을 악화시키고, 트럼프 같은 데마고그에게 권력을 집중시켜주는 결과만을 낳았다. 결국, 장벽 건설은 백인 노동계급의 고통을 덜어주는 대신, 난민들과 민주주의를 부수적 피해자(collateral damage)로 양산할 뿐이라는 경고의 목소리가 높다(Brown 2017).

아울러 매우 복잡한 세계경제 문제를 인민들의 "상식적" 해법으로 해결하려는 무역의 안보화 행위는 기성 자유세계경제질서를 크게 교란하고 다자주의 규범체계를 해체한다는 점에서 향후 지구경제에도 중대한 후유증을 남길 것이다. 특히 무역전쟁으로 촉발된 양 강대국 간 관계 악화가 지속될 경우, 위험한 지정학적 갈등으로 확전될 가능성마저 있다. 안 그래도 중국의 부상이라는 구조적 조건의 변동으로 미중 간 패권경쟁이 치열해지는 상황에서, 미국의 근대주권적 문제설정으로의 이행은 1930년대와 같은 세계적 혼돈과 불확실성 시대로의 진입을 야기할 개연성이 존재한다. 결론적으로 오늘날 자유세계질서와 초국가주권적 세계공동체 건설이라는 아메리칸 드림[19]을 스스로 파괴하고 있는 미국의 선택이 낳을 후과가 그만큼 거대할 수 있다는 점에서, 우리는 어떤 의미에서건 세계사적 국면을 경유하고 있는 셈이다.

19 물론 전후 미국 주도의 자유세계질서가 트럼프 시대에 와서 지나치게 신화화되고 낭만화되고 있다는 비판도 타당하다. 특히 자유주의자들의 이론적 구성물(Ikenberry 2011)이 아닌, 실제 현실에 존재한 팍스 아메리카나가 지니고 있던 제국주의적·인종주의적 측면에 대한 고찰은 별도의 과제로 계속 연구될 필요가 있다(이혜정·전혜주 2018).

참고문헌

김준석. 2013. "지구화, 주권, 민주주의: 미국에서 국제법의 수용을 둘러싼 논쟁에 관한 고찰."
『국제·지역연구』 22(4): 99-128.
남빛나라. 2019. "멕시코 관세 연기됐지만…트럼프, 불법이민·무역갈등 해결하나."
『뉴시스』(6월 9일). http://www.newsis.com/view/?id=NISX20190604_0000672102&
cID=10101&pID=10100(검색일: 2020. 03. 25).
류강훈. 2019. "트럼프, '능력 우선' 이민정책 발표…숙련된 직업인 우대."『뉴시스』(5월 17일).
http://www.newsis.com/view/?id=NISX20190517_0000653589(검색일: 2020. 03.
25).
손병권·김인혁. 2017. "트럼프 시대 미국 민족주의 등장의 이해: 국가정체성, 민중주의,
권위주의를 중심으로."『미국학논집』 49(3): 149-173.
이윤영. 2019. "트럼프, DMZ 가리켜 '저런 것이 진짜 국경…아무도 통과 못해'."
『연합뉴스』(6월 29일). https://www.yna.co.kr/view/AKR20190629027800009?inpu
t=1215m&fbclid=IwAR0y_FAokX7xk-dAEv_s0dXrh6XsRYxtgLCqhRt0Irhu2JnZbzPlt
XX9qBo(검색일: 2020. 03. 25).
이혜정. 2017.『냉전이후 미국패권: 자본주의와 민주주의, 전쟁의 변주』. 서울: 한울.
이혜정·전혜주. 2018. "미국 패권은 예외적인가?: 아이켄베리의 자유주의 국제질서 이론
비판."『한국과 국제정치』 34(4): 1-31.
전재성. 2006. "21세기 미국의 변환외교." 하영선·김상배 편.『네트워크 지식국가: 21세기
세계정치의 변환』. 서울: 을유문화사. 207-243.
_____. 2017. "동북아의 불완전한 주권국가들과 복합적 무정부상태." 서울대학교
국제문제연구소 편.『세계정치 26』. 서울: 사회평론아카데미. 83-126.
_____. 2019.『주권과 국제정치: 근대 주권국가체제의 제국적 성격 』. 서울:
서울대학교출판문화원.
차태서. 2006. "아메리카 혁명의 특이성: 공화주의와 연방헌법의 탈근대적 의미." 서울대학교
국제문제연구소 편.『세계정치 5』. 249-284.
차태서·류석진. 2020. "탈냉전 '30년의 위기': 다시, 에드워드 할렛 카를 읽는 시간."『한국과
국제정치』 36(1): 1-36.

Abramowitz, Alan. 2018. *The Great Alignment: Race, Party Transformation, and the Rise
of Donald Trump*. New Haven: Yale University Press.
Armstrong, J. D. 1993. *Revolution and World Order: The Revolutionary State in
International Society*. Oxford: Clarendon Press.
Bauman, Zygmunt. 2017. *Retrotopia*. Oxford: Polity Press.
Bailyn, Bernard. 배영수 역. 1999.『미국혁명의 이데올로기적 기원』. 서울: 새물결.
Bradizza, Luigi. 2011. "Madison and Republican cosmopolitanism." In *Cosmopolitanism*

in the Age of Globalization. edited by Lee Trepanier and Khalil M. Habib. Lexington, K. Y.: The University Press of Kentucky.

Brown, Wendy. 2010. *Walled States, Waning Sovereignty*. New York: Zone Books.

_____. 2017. "Preface to the New Edition." *Walled States, Waning Sovereignty*. New Edn. New York: Zone Books.

Browning, Christopher S. 2019. "Brexit Populism and Fantasies of Fulfilment." *Cambridge Review of International Affairs* 32(3): 222-244.

Bull, Hedley. 1977. *The Anarchical Society: A Study of Order in World Politics*. New York: Columbia University Press.

Callahan, William A. 2018. "The Politics of Walls: Barriers, Flows, and the Sublime." *Review of International Studies* 44(3): 456-481.

Cha, Taesuh. 2015. "The Formation of American Exceptional Identities: A Three-Tier Model of the 'Standard of Civilization' in US Foreign Policy." *European Journal of International Relations* 21(4): 743-767.

_____. 2016. "The Return of Jacksonianism: The International Implications of the Trump Phenomenon." *The Washington Quarterly* 39(4): 83-97.

_____. 2018. "Competing Visions of a Postmodern World Order: The Philadelphian System vs. The Tianxia System." *Cambridge Review of International Affairs* 31(5): 392-414.

_____. 2020. "Is Anybody Still a Globalist? Rereading the Trajectory of US Grand Strategy and the End of the Transnational Moment." *Globalizations* 17(1): 60-76.

Chryssogelos, Angelos. 2020. "State Transformation and Populism: From the Internationalized to the Neo-sovereign State?" *Politics* 40(1): 22-37.

Chua, Amy. 2018. *Political Tribes: Group Instinct and the Fate of Nations*. New York: Penguin Press.

Cutterham, Tom. 2014. "The International Dimension of the Federal Constitution." *Journal of American Studies* 48(2): 501-515.

Desch, Michael C. 2007. "America's Liberal Illiberalism: The Ideological Origins of Overreaction in U.S. Foreign Policy." *International Security* 32(3): 7-43.

Deudney, Daniel. 1995. "The Philadelphian System: Sovereignty, Arms Control, and the Balance of Power in the American States-Union Circa 1787-1861." *International Organization* 49(2): 191-228.

_____. 1996. "Binding Sovereigns: Authorities, Structures, and Geopolitics in Philadelphian Systems." In *State Sovereignty as Social Construct*. edited by Thomas J. Biersteker and Cynthia Weber, 190-239. Cambridge: Cambridge University Press.

_____. 2004. "Publius before Kant: Federal-Republican Security and Democratic Peace." *European Journal of International Relations* 10(3): 315-356.

_____. 2007. *Bounding Power: Republican Security Theory from the Polis to the Global Village*. Princeton: Princeton University Press.

Deudney, Daniel and Jeffrey Meiser. 2008. "American Exceptionalism." In *US Foreign Policy*. edited by Michael Cox and Doug Stokes. 1st ed., 24-42. Oxford: Oxford University Press.

Eichengreen, Barry J. 2018. *The Populist Temptation: Economic Grievance and Political Reaction in the Modern Era*. New York, NY: Oxford University Press.

Friedman, Thomas L. 2005. *The World is Flat: A Brief History of the Twenty-First Century*. New York: Farrar, Straus and Giroux.

Fukuyama, Francis. 1992. *The End of History and the Last Man*. New York: Free Press.

_____. 2018. *Identity: The Demand for Dignity and the Politics of Resentment*. New York: Farrar, Straus and Giroux.

Gest, Justin. 2016. *The New Minority: White Working Class Politics in an Age of Immigration and Inequality*. New York, NY: Oxford University Press.

Gibson, Alan Ray. 2009. *Interpreting the Founding: Guide to the Enduring Debates Over the Origins and Foundations of the American Republic*. rev. ed. Lawrence, Kan.: University Press of Kansas.

Glynos, Jason. 2001. "The Grip of Ideology: A Lacanian Approach to the Theory of Ideology." *Journal of Political Ideologies* 6(2): 191-214.

_____. 2011. "Fantasy and Identity in Critical Political Theory." *Filozofski Vestnik* 32(2): 65-88.

Goodhart, Michael and Stacy Bondanella Taninchev. 2011. "The New Sovereigntist Challenge for Global Governance: Democracy without Sovereignty." *International Studies Quarterly* 55(4): 1047-1068.

Hardt, Michael and Antonio Negri. 2000. *Empire*. Cambridge, Mass.: Harvard University Press.

Hendrickson, David C. 2003. *Peace Pact: The Lost World of the American Founding*. Lawrence: University Press of Kansas.

_____. 2009. *Union, Nation, or Empire: The American Debate over International Relations, 1789-1941*. Lawrence: University Press of Kansas.

Hochschild, Arlie Russell. 2016. *Strangers in Their Own Land: Anger and Mourning on the American Right*. New York: New Press.

Homolar, Alexandra and Ronny Scholz. 2019. "The Power of Trump-Speak: Populist Crisis Narratives and Ontological Security." *Cambridge Review of International Affairs* 32(3): 344-364.

Huntington, Samuel P. 2004. *Who are We? The Challenges to America's National Identity*. New York: Simon & Schuster.

Ikenberry, G. John. 2001. *After Victory: Institutions, Strategic Restraint, and the Rebuilding of Order after Major Wars*. Princeton, N.J.: Princeton University Press.

_____. 2011. *Liberal Leviathan: The Origins, Crisis, and Transformation of the American World Order*. Princeton, N.J.: Princeton University Press.

Judis, John B. 2016. *The Populist Explosion: How the Great Recession Transformed American and European Politics*. New York: Columbia Global Reports.

_____. 2018. *Nationalist Revival: Trade, Immigration, and the Revolt Against Globalization*. New York: Columbia Global Reports.

Kallis, Aristotle. 2018. "Populism, Sovereigntism, and the Unlikely Re-Emergence of the Territorial Nation-State." *Fudan Journal of the Humanities and Social Sciences* 11(3): 285-302.

Krasner, Stephen D. 1999. *Sovereignty: Organized Hypocrisy*. Princeton: Princeton University Press.

Kuttner, Robert. 2018. *Can Democracy Survive Global Capitalism?* New York: W. W. Norton & Company.

Layne, Christopher. 2018. "The US-Chinese Power Shift and the End of the Pax Americana." *International Affairs* 94(1): 89-111.

Lerner, Adam B. 2020. "The Uses and Abuses of Victimhood Nationalism in International Politics." *European Journal of International Relations* 26(1): 62-87.

MacKay, Joseph and Christopher David LaRoche. 2018. "Why is There No Reactionary International Theory?" *International Studies Quarterly* 62(2): 234-244.

Magcamit, Michael. 2017. "Explaining the Three-Way Linkage between Populism, Securitization, and Realist Foreign Policies: President Donald Trump and the Pursuit of 'America First' Doctrine." *World Affairs* 180(3): 6-35.

Mohamed, Feisal G. 2018. "'I Alone Can Solve': Carl Schmitt on Sovereignty and Nationhood Under Trump." In *Trump and Political Philosophy: Leadership, Statesmanship, and Tyranny*. edited by Angel Jaramillo Torres and Marc Benjamin Sable, 293-309. Palgrave Macmillan.

Nash, George H. 2013. "Ronald Reagan's Vision of America." In *American Exceptionalism: The Origins, History, and Future of the Nation's Greatest Strength*. edited by Charles W. Dunn, 103-126. Lanham: Rowman & Littlefield.

Norris, Pippa and Ronald Inglehart. 2018. *Cultural Backlash: Trump, Brexit, and the Rise of Authoritarian-Populism*. New York, NY: Cambridge University Press.

Polanyi, Karl. 2001. *The Great Transformation: The Political and Economic Origins of Our Time*. Boston, MA: Beacon Press.

Ruggie, John Gerard. 1998. *Constructing the World Polity: Essays on International Institutionalization*. New York: Routledge.

Sargent, Daniel J. 2018. "Pax Americana: Sketches for an Undiplomatic History." *Diplomatic History* 42(3): 357-376.

Shaw, Adam. 2018. "Trump Says US is like a 'Piggy Bank that Everybody is Robbing' on Trade." *Fox News*(June 10). http://www.foxnews.com/politics/2018/06/09/trump-says-us-is-like-piggy-bank-that-everybody-is-robbing-on-trade.html(검색일: 2020. 03. 25).

Sides, John, Michael Tesler, and Lynn Vavreck. 2018. *Identity Crisis: The 2016 Presidential Campaign and the Battle for the Meaning of America.* Princeton: Princeton University Press.

Skonieczny, Amy. 2018. "Emotions and Political Narratives: Populism, Trump and Trade." *Politics and Governance* 6(4): 62-72.

Smith, Tony. 2012. *America's Mission: The United States and the Worldwide Struggle for Democracy.* Princeton, N.J.: Princeton University Press.

Snyder, Jack. 2019. "The Broken Bargain: How Nationalism Came Back." *Foreign Affairs* 98(2): 54-60.

Steele, Brent J. and Alexandra Homolar. 2019. "Ontological Insecurities and the Politics of Contemporary Populism." *Cambridge Review of International Affairs* 32(3): 214-221.

Stiglitz, Joseph E. 2019. *People, Power, and Profits: Progressive Capitalism for an Age of Discontent.* New York: W. W. Norton & Company.

Tannenbaum, Frank. 1952. "Balance of Power Versus the Coördinate State." *Political Science Quarterly* 67(2): 173-197.

The White House. 2017. "National Security Stratagy of the United States of America." http://nssarchive.us/wp-content/uploads/2017/12/2017.pdf(검색일: 2020. 03. 25).

Tomasi, John. 2002. "Governance Beyond the Nation State: James Madison on Foreign Policy and 'Universal Peace'." In *James Madison and the Future of Limited Government.* edited by John Samples, 213-228. Washington, D.C.: Cato Institute.

_____. 2003. "Sovereignty, Commerce, and Cosmopolitanism: Lessons from Early America for the Future of the World." *Social Philosophy and Policy* 20(1): 223-246.

Totten, Robbie J. 2012. "Security, Two Diplomacies, and the Formation of the U.S. Constitution: Review, Interpretation, and New Directions for the Study of the Early American Period." *Diplomatic History* 36(1): 77-117.

Trump, Donald J. 2015. *Crippled America: How to Make America Great Again.* New York, NY: Threshold.

_____. 2016a. "Transcript: Donald Trump's Foreign Policy Speech." *The New York Times* (April 27), https://www.nytimes.com/2016/04/28/us/politics/transcript-trump-foreign-policy.html(검색일: 2020. 03. 25).

_____. 2016b. "Disappearing Middle Class Needs Better Deal on Trade." *USA Today* (March 14). https://www.usatoday.com/story/opinion/2016/03/14/donald-trump-tpp-trade-american-manufacturing-jobs-workers-column/81728584(검색일: 2020. 03. 25).

_____. 2017. "Remarks by President Trump at the Conservative Political Action Conference." (February 24). https://www.whitehouse.gov/briefings-statements/remarks-president-trump-conservative-political-action-conference/(검색일: 2020. 03. 25).

_____. 2018. "Remarks by President Trump to the 73rd Session of the United Nations General Assembly." (September 25). https://www.whitehouse.gov/briefings-statements/remarks-president-trump-73rd-session-united-nations-general-assembly-new-york-ny/(검색일: 2020. 03. 25).

_____. 2019a. "Remarks by President Trump in State of the Union Address." (February 6). https://www.whitehouse.gov/briefings-statements/remarks-president-trump-state-union-address-2/(검색일: 2020. 03. 25).

_____. 2019b. "Presidential Proclamation on Declaring a National Emergency Concerning the Southern Border of the United States." (February 15). https://www.whitehouse.gov/presidential-actions/presidential-proclamation-declaring-national-emergency-concerning-southern-border-united-states/(검색일: 2020. 03. 25).

USTR. 2018. "The President's 2018 Trade Policy Agenda." https://ustr.gov/sites/default/files/files/Press/Reports/2018/AR/2018%20Annual%20Report%20I.pdf(검색일: 2020. 03. 25).

Van Doren, Carl. 1948. *The Great Rehearsal: The Story of the Making and Ratifying of the Constitution of the United States.* New York: Viking Press.

Walker, R. B. J. 1993. *Inside/Outside: International Relations as Political Theory.* Cambridge: Cambridge University Press.

Weber, Cynthia. 2017. "The Trump Presidency, Episode 1: Simulating Sovereignty." *Theory & Event* 20(S-1): 132-142.

Zielonka, Jan. 2018. *Counter-Revolution: Liberal Europe in Retreat.* Oxford: Oxford University Press.

제4장   중동 불완전 주권국가와 정치 불안정[*]

김강석(단국대학교)

* 이 글은 2020년 "불완전 주권과 중동의 정치 불안정"이라는 제목으로 『한국이슬람학회논총』 제30-1집에 게재된 논문을 수정 및 보완한 것이다.

I. 서론

크라스너(Krasner 1999)는 주권의 차원을 국내적 주권, 상호의존적 주권, 국제법적 주권, 베스트팔렌 주권의 네 가지로 구분했다. 이 가운데 국제법적 주권이 주로 의미하는 국가 간 상호인정의 규범이나 베스트팔렌 주권이 상정하는 외부 행위자에 의한 비개입의 원칙은 보다 쉽게 지켜지지 않을 수 있다고 설명한다(신욱희 2008, 74-75). 특히 베스트팔렌 주권의 내정불간섭과 비개입 원칙은 중동 지역 정치에서 오랫동안 부정되어 왔다.

구체적으로 중동 역내 국가들이 다른 국가의 온전한 주권을 인정하지 않은 채 정치적·군사적 개입을 단행하거나 역외 글로벌 강대국들이 일방주의에 토대해 내정불간섭 원칙을 무시해 왔다. 할러데이(Fred Halliday)는 "주권의 현저히 낮은 현상"(the low salience of sovereignty)에 주목하면서 중동 국가의 개입과 간섭이 다른 어느 지역보다 빈번하게 발생했다고 지적한다(Halliday 2009, 15-17). 일례로 1961년 6월 쿠웨이트가 독립을 하자 당시 이라크의 지도자인 압둘 카림 까심(Abd al-Karim Qasim)은 쿠웨이트가 역사적으로 이라크의 일부분이었다고 주장하고 합병을 모색하였다(Onley 2009, 20). 레바논의 주권을 전혀 인정하려 하지 않았던 시리아는 1976년부터 라피끄 하리리(Rafic Hariri) 총리가 암살된 2005년까지 29년 동안 레바논에 군대를 파병하기도 했다.

이와 관련해 2019년 12월 29일, 트럼프 행정부는 이라크와 시리아 내 이란과 연계된 무장단체인 카타입 헤즈볼라(Kataib Hezbollah)에 대한 군사 공습을 단행하였다. 워싱턴은 민중동원군(Popular Mobilization Forces, PMF) 휘하의 단체로 알려진 카타입 헤즈볼라가 미군의 안전을 위협하고 있다는 이유를 들어 공습을 실행한 것이다. 공습 직전에 에스퍼 미국 국방장관으로부터 통보를 받은 이라크의 압둘 마흐디 임시총리는 공습 행위를 "이라크의 주권을 침해하는 것"으로 규정하고, 즉각적 중단을 요구했으나 미군의 공습을 막을 수는 없었다(Starr, Bohn and Levitt 2019). 이란이 후원하는 무장 조직의 이라크와 시리아 내 정치적 개입 그리고 미국의 무장 조직에 대한 일방주의적 군사 행동은 중동 지역에 만연한 주권 규범 적용의 한계를 드러내고 있다고 볼 수 있다. 무엇보다 트럼프 행정부가 2020년 1월 2일 이라크 바그다드 공항에서 이라크 혁명수비대 쿠드스군 사령관인 까셈 솔레이마니(Qasem Soleimani)를 살해한 것은 역외 강대국들이 중동 지역에서 주권의 원칙을 중시하지 않음을 상징적으로 보여주고 있다. 따라서 중동 지역은 유럽, 아시아, 남미 등 여타 지역과 견주어 보았을 때 역내 및 역외 국가들에 의한 주권 규범의 불인정이 아주 빈번하게 발생하고 있다고 평가된다.

　이러한 맥락에서 본 연구는 중동 지역에서 나타나는 불완전 주권국가의 특성은 무엇이며, 이는 어떻게 중동 정치의 불안정을 심화시키는 요인이 되고 있는지를 고찰하고자 한다. 국제관계를 설명하는 서구 중심적인 주류 이론과 개념들이 비서구 사회에서 온전히 적용되기 어렵다는 사실을 상기해 보면(Hobson 2012), 서구의 역사 속에서 발전되어 온 주권국가 개념은 중동 지역 적용에 한계를 갖기 마련이다. 특히 상당수의 중동 국가들은 유럽의 국가들과는 달리 제국주의 세력의 본격적인 침투와 제1차 세계대전 이후 오스만 제국의 본격적인 해체 과정에서 인위적으로 형성되었으므로 불완전 주권국가의 특성을 드러낼 개연성이 크다. 무엇보다 중동 국가 간 국경선은 현지인들의 바람과 의도와 달리 서구 식민주의의 산물로 형성되었고, 그 과정에서 베스트팔렌 주권의 내정불간섭 원칙은 확립되기 어려웠다. 다시 말해서, 중동 불완전 주권국가들은 상호 주권을 용납하지 않고 타국의 국내정치에 빈번히 개입해 왔으며, 그 결과 중동 정치지형은 상시적 불안정 상태를 벗어나기 어려웠다.

따라서 본 연구는 서구적 주권 개념의 중동 지역 적용에서의 한계를 인식하면서 중동 불완전 주권국가의 특성을 파악하고, 정치 불안정의 요인을 제시하고자 한다. 특히 중동 국가의 역사적 형성 과정에 기초하여 중동 국가의 인공성 발현이 어떻게 주권 개념의 적용을 제한 혹은 탈각시키는 변수로 나타나는지 함께 살펴보고자 한다. 이는 세계의 화약고로 불리며 분쟁과 갈등으로 점철된 중동 지역정치의 불안정성을 국제정치의 주요 개념 중 하나인 주권의 관점에서 이해하려 한다는 측면에서 연구 의의가 있다. 또한 아랍의 봄 이후 사이크스-피코 협정(Sykes-Picot agreement)을 둘러싼 논쟁이 가열되고, 내전과 분리주의 운동 하에서 중동 근대 국제체제의 변화 가능성마저 제기되는 현재 중동 정치 역학관계 양상에 대한 이해를 도모한다는 관점에서도 중요한 연구주제로 평가된다.

II. 중동 국가의 인위적 형성과 주권 규범 적용의 한계

서양에서 발전된 역사적 제도로서 근대국가 체제는 우연히 형성된 것이 아니라 잇따른 전쟁 발발로 점철된 15~16세기까지 유럽 사회의 독특한 역사적 전통 속에서 형성되었다(박상섭 2004, 21). 하지만 중동 지역의 근대국가 체제로의 편입은 1798년 나폴레옹의 이집트 침공 이후 유럽 제국주의 세력의 침투가 본격화되고, 오스만 제국이 해체되는 과정에서 나타난 것으로 볼 수 있다. 특히 1916년 사이크스-피코 협정은 영국과 프랑스를 중심으로 하는 유럽 열강에 의해 중동 근대국가가 인위적으로 형성된 사건을 상징하는 계기로 간주된다. 오늘날 레반트 지역에 위치한 이라크, 시리아, 레바논, 요르단과 같은 국가들은 사이크스-피코 협정의 내용에 따라 국경선을 획정하여 현대국가의 모습을 갖추게 되었다(Fawcett 2017, 798; 박찬기 2016).

현대 중동 국가의 형성 과정을 연구한 프롬킨(David Fromkin)은 제1차 세계대전 이후 팔레스타인 및 메소포타미아 지역을 위임통치하게 된 영국의 로이드 조지(Lloyd George) 수상이 바스라, 바그다드, 모술을 포함한 통합 이라크 국가를 건설한다는 구상이 갖는 비현실성을 인지했음에도 불구하고, 유전 지대를 관할하려는 전략적 이해관계 때문에 오늘날 이라크 국가의 국경선을 획정하게 되었다고 지적한다(Fromkin 2015, 680). 비슷한 맥락에서 시리아를 위임통치한 프랑스도 자국의 국익을 고려해 위임통치 지역의 국가 형성 과정에 개입하였다. 예를 들면, 프랑스는 현지 주민들의 바람을 저버리고, 1938-1939년 위임통치 시리아의 영토로 간주되었던 알렉산드레타의 산자크(the sanjak of Alexandretta) 지역을 터키에 귀속시켰다(Sluglett 2014, 425). 특히 프랑스 정부는 시리아와 레바논의 군대 조직을 의도적으로 약화시키고 수니 무슬림 출신이 아닌 인사로 군 인력의 상당수를 충원하는 조치를 취했다. 이것은 시리아 인구의 약 11%에 불과한 알라위파 출신이 군 조직의 19.1%를 차지하게 된 배경으로 작용했다(Sluglett 2014, 425). 박찬기는 프랑스 위임통치가 레바논 국가 탄생에 미친 영향에 관하여 다음과 같이 기술하고 있다.

프랑스는 레바논 국가를 건설하는 과정에서 기존의 대(大)시리아 지역에서 레바논 국토를 인위적으로 분리시켰으며, 시리아 지역에 살던 사람을 강제로 레바논으로 이주시켰다. 그 결과 국가 구성원이 자연스럽게 형성되지 못하여 건국과정에서부터 지역 간 종파 간의 유혈투쟁이 끝나지 않았다. 한 국가로 형성되기에는 너무나 이질적인 수많은 종파(현재 18개의 공식적인 종파가 있다)를 하나로 묶어 국가를 건설하였기 때문에 레바논은 항상 구심력보다는 원심력이 강하게 작용하는 사회구조를 가지고 있다(박찬기 2012, 11).

따라서 현대 중동 국가는 유럽 제국주의 열강의 팽창과 그에 따른 오스만 제국 해체 과정에서 형성된 인공성(artificiality)을 갖고 있는 것으로 평가되어 왔다(Fawcett 2017, 794-797). 그리고 인공 국가의 성격은 알 카에다, ISIS와 같은 급진 이슬람주의자들로부터 지속적인 비판과 공격의 대상이 되어 왔다. 이라크 알 카에다의 지도자인 아부 무삽 알 자르까위(Abu Musab al-Zarqawi)는 사이크스-피코 협정에 의해 그어진 "상상 속의 국경"(imaginary borders)을 부정하고, 알라의 다스림을 받는 주권국가를 만들어야 된다고 역설한다(Nielsen 2015). 또한 이슬람 국가(ISIS)를 주도한 아부 바크르 알 바그다디(Abu Bakr al-Baghdadi)는 베스트팔렌의 국민국가 체제를 타파하고, 이슬람 지도자에 의한 종교적인 칼리파 체제를 수립해야 한다고 주장한다(Bielat 2015). 특히 일부 급진 이슬람주의자들은 현재 중동 국가에 적용된 주권 규범은 인간에 의해 만들어진 국경선으로 무슬림 세계를 분리시키는 것이므로 주권 규범을 인정하는 태도는 유일신 알라가 금지한 행위로 간주하기도 한다. 이에 9·11 테러를 주도한 오사마 빈 라덴에게 영감을 준 쿠틉(Qutb)은 이슬람 도래 이전 무지의 시대인 자힐리야(Jahiliyyah)를 일소하고 알라의 주권을 이 땅에 세워야 한다는 사실을 다음과 같이 강조한다.

> 이슬람은 다른 인간에게의 예속 및 자신의 욕망에 대한 예속으로부터
> 인간의 자유를 보장하는 범우주적 선언이다. 이슬람은 또 주권이 알
> 라에게만 속해 있으며 알라가 온 세계의 주님이라는 점을 명확히 밝
> 힌 선언이다. 이는 주권이 인간에게 있다는 개념을 기초로 세워진 모
> 든 형태의 체계를 거부한다는 뜻이다. 다시 말해 인간이 알라의 신성
> 한 속성, 즉 알라의 주권을 찬탈해왔던 자힐리야의 잔재를 제거해야
> 한다는 것이다. … 요약하자면, 알라의 권위와 주권을 선언하는 것은
> 모든 인간의 통치권을 제거하고 우주의 부양자 알라의 온 세상에 대
> 한 통치권을 선포하는 것이다(Qutb 2011, 139-140).

한편 중동 국가의 인공성에 대해 지나친 의미 부여를 경계해야 한
다는 주장도 존재한다. 포세(Louise Fawcett)는 위임통치를 결정하고
세부 국경선을 최종 확정한 것은 실질적으로 사이크스-피코 협정이
아니라 1920년 산레모 협정이므로 사이크스-피코 협정의 의미를 너
무 확대 해석해서는 안 되며, 요르단·이스라엘·레바논 등 대부분 중
동 국가가 현재까지 생존하고 있다는 측면에서 인공국가 신화에 대한
맹종을 떨쳐버릴 필요가 있다고 주장한다(Fawcett 2017, 797-199). 단
포스(Nick Danforth)도 "중동 문제의 원인을 식민지 국경 탓으로 돌려
서는 안 된다"는 제목의 기고문(Danforth 2013)에서 비슷한 주장을 한
다. 구체적으로 사이크스-피코 협정으로 생성된 국경이 오스만 제국
하에서 인정된 지방 국경을 따르고자 했기에 전적으로 인위적이지 않
을 뿐만 아니라 경제적·군사적 통합성을 고려해 볼 때 모술, 바그다드,
바스라 지역을 아우르는 현재 이라크 국경선 획정은 옳았다고 지적한

다(Danforth 2013). 특히 지리적 범주로서 사이크스-피코 협정은 주로 레반트 지역의 국가 형성에 관계되는 것으로 걸프 혹은 북아프리카 지역에서는 국가 형성 과정이 상이하게 나타났다는 점을 유념해야 한다.[1] 하지만, 이러한 중동 국가의 인공성이 갖는 의미를 둘러싼 다소간의 논쟁에도 불구하고, 탈식민화 과정에서 근대국가체제를 수용할 수밖에 없었던 중동 지역에서 서구적 주권 개념이 온전히 수용되기 어려웠다는 것은 분명한 사실로 평가된다.

중동 국가 형성 과정에서 드러나는 인공성과 주권 규범 적용의 한계를 감안해서 중동 국가를 개념화해야 할 필요성이 있다. 준주권(quasi-sovereign)의 관점에서 분석이 가능하지만 준주권적 해석은 중동 국가가 베스트팔렌의 온전한 주권국가로 향해 나아가고 있다는 목적론적 암시를 내포하고 있다는 측면에서 중동 국가에 온전히 적용될 수 있는지에 대해 의문이 생긴다(Jackson 1996). 다시 말해서, 준주권적 논의의 이면에는 "단위의 차원에서 비서구의 불완전한 주권적 단위들이 아직 충분한 근대 이행을 하지 못했기 때문에 향후 시간이 지나면 성공적인 주권국가로 정착"될 것이라는 단선적 주권 완성을 전제하고 있다고 볼 수 있다(전재성 2017, 88).

이러한 관점에서 중동 국가 형성 과정의 인위성은 국가 생성 이전의 고유한 특성을 고착화하며, 따라서 근대국가 형성 이후에도 부족주의와 종파주의 같은 중동 국가 내부의 문제가 지속적으로 발현될 수밖에 없다는 주장이 제기된다. 혼종 주권(Hybrid Sovereignty) 논의는 중

---

1   걸프 국가에서는 영국이 1820년 해적 행위를 금하며 토후국을 보호하는 일반 협정(General Treaty)을 체결한 이후 1971년 철수할 때까지 패권 국가로 자리매김했다. 영국은 강압적 수단을 동원한 포함외교(Gunboat diplomacy)를 통해 패권을 유지한 것이 아니라 토후국의 요청에 토대한 공생적 관계 하에서 걸프지역에 개입했다. 이에 대한 논의는 온리(Onley 2009)를 참조할 것.

동 국가에서는 근대국가의 형식을 갖고 있지만 사실상의 행동 방식은 내재된 고유한 속성에 의해 좌우되는 주권적 요소와 전통적 변수가 공존하는 혼종성에 주목한다(Bacik 2008). 혼종 주권의 발현은 유럽 식민주의에 의해 창조된 중동 국가에서 불가피한 현상으로 간주되며, 이러한 국가에서는 임의로 획정된 국경 하에서 원초적 정체성을 추종하는 사람들과 근대 주권의 국민의식을 소유한 사람들이 함께 공존하게 되며, 국가 정체성 함양을 통한 대내적 주권 강화가 중요한 국가적 과제로 부상한다.

따라서 중동 국가 상당수는 여전히 부족주의가 국민국가(nation-state)보다 앞서 국내정치와 국제관계에 영향력을 발휘하는 요소가 되고 있다(서정민 2011, 13). 전통적으로 부족주의가 주요한 문제로 대두되었던 예멘에서 "부족의 구성원들은 국가라는 와따니야(wataniyya) 정체성보다 자신들이 속한 부족의 일부"라는 의식이 강하므로 부족 지도자들은 "사나의 중앙정부보다 사우디아라비아와 같은 주변 강국의 지령"에 더 순응하는 경우가 있다(황병하 외 2011, 119). 특히 부족주의는 부족 단위를 중심으로 하는 유목민이 중심이 되어 온 아라비아 반도의 국가들 사이에서 더욱 강하게 발현되는 경향이 있다. 자신들의 자치적 공간 개념인 디라(dirah)를 확보하고 있던 부족은 서구적 영토 주권 개념을 수용하기 어려웠다고 평가된다(Peterson 2011, 23; 김강석 2017, 7). 결과적으로 근대 주권국가 개념을 인위적으로 수용했던 중동 국가의 상당수는 고유한 정체성이 현재까지 지속적으로 발현되면서 서구적 주권 규범의 한계를 드러내고 있다고 평가된다.

III. 중동 불완전 주권국가 간 갈등을 야기하는 요인

1. 부정되는 내정불간섭 원칙

20세기 이후 중동 현대사에서 베스트팔렌 주권의 비개입 원칙은 정도의 차이를 달리 하며 변모되어 왔다고 볼 수 있다. 우선, 1960년대까지는 기존 국가의 국경선을 부정하고, 타국 국내정치에 개입하는 행위가 만연하였다. 1940~1950년대 예언자 무함마드 가문인 하심 왕가의 혈통을 잇는 이라크와 요르단은 주변 국가들을 통합한 단일국가 건설을 표방하였다. 후세인-맥마흔 서한에서 약속되던 탈식민화 이후 아랍국가 건설이라는 아랍인들의 열망이 비록 실현되지 못했지만 현대 요르단 건국과 독립의 아버지인 압둘라 1세는 대시리아 하심 왕국 건설을 강구하였다(김정명 2015). 1948년 5월 제1차 중동전쟁에서 아랍 연합국이 패배하였으나 요르단은 요르단강 서안과 동예루살렘을 점령하면서 영토를 확대하였고, 1949년 4월 요르단은 국명을 요르단 하심 왕국으로 변경하게 된다(김정명 2015). 점령지인 요르단강 서안과 동예루살렘의 공식적인 합병, 그리고 그곳에 거주하던 100만 명 이상의 팔레스타인인에 대한 요르단 시민권 부여는 압둘라 1세의 대시리아 하심 왕국 건설이라는 정치적 의도가 있었기에 가능하였다(김정명 2015). 이라크 하심 왕국도 시리아, 레바논, 트랜스요르단, 팔레스타인 지역 등 비옥한 초승달 지역을 아우르는 통합국가 건설을 주도한 것으로 평가된다.

무엇보다 1952년 이집트에서 가말 압둘 나세르의 군사혁명이 성공하고, 이후 나세르가 1967년 6일 전쟁에서 패배할 때까지 아랍 민족주의가 중동 지역의 지배 담론으로 자리매김하면서 중동 지역 강국의 타국에 대한 내정 개입은 더욱 심화되었다. 고스(F. Gregory Gause III)는 이 시기에 국가 간 영토 합병, 국경선 재설정 등 근대 주권 규범을 부정하는 급진적 목표 달성을 위해서 중동 지역의 주요 국가들이 비합법적 수단을 동원하여 비개입 원칙을 파기했다고 설명한다(Gause III 1992, 446-449). 일례로 이집트와 사우디아라비아는 예멘 내전에 적극적으로 개입했으며, 1958년부터 1961년까지 이집트와 시리아의 국가연합체인 통일아랍공화국(United Arab Republic, UAR)이 출범하게 되었다. 이와 관련하여 고스는 역내 갈등의 타협이 어렵고, 정치수단(statecraft)으로서 타국 국내정치에 대한 개입이 지속되는 원인으로서 패권 지향적 정치 지도자들이 아랍 민족주의와 같은 초국가적 이념을 활용하여 주권에 대한 도전을 정당화했기 때문이라고 지적한다(Gause III 1992, 441-444).

중동 현대사에서 상호 인정과 내정불간섭 원칙에 대한 부정은 1970년대 이후 점차 완화되었고, 중동 국가 간 주권 규범의 공유가 확산되는 양상을 보였다. 또한 인도주의라는 명분을 내세워 타국에 대한 개입 시도가 현격히 줄어들었고, 팔레스타인 문제와 같은 아랍의 대의에 대한 관심도 감소하게 되었다. 예를 들면, 1982년 시리아의 하피즈 아사드 대통령이 반정부 세력을 무자비하게 진압하여 다수 민간인이 희생된 하마 학살 사건 혹은 이라크 사담 후세인의 쿠르드인과 시아 국민들에 대한 학살 사건 당시 중동의 정치 지도자들은 적극적으로 개입하려는 시도를 하지 않았다(Ibrahim 2014, 184). 특히 1970년 검은 9월(Black September) 사건은 이전에 팔레스타인 문제에 커다란 관심을 표명했던 요르단 하심 왕가가 요르단 국가를 팔레스타인 대의보다 중시하고자 했음을 드러내는 대표적 사례로 간주된다.

1970년대 이후 중동 지역 내 주권 규범의 강화 현상은 국가의 사회 통제력 강화, 국가 간 경제적 유대감 증가, 그리고 현상 유지(status-quo)를 선호하는 외부 행위자들의 개입이 복합적으로 작용한 결과로 볼 수 있다(Gause III 1992). 이와 관련해 바넷(Michael N. Barnett)은 구성주의적 관점에서 아랍 지역의 주권, 규범, 지역 질서를 논하면서 주권의 공고화와 중도적 아랍 민족주의의 출현이 아랍 국가 간 주권 규범과 지역질서 창출에 미친 영향을 설명한다(Barnett 1995, 481-482). 하지만 탈냉전과 9·11 테러 이후 이라크 전쟁의 발발, 그리고 2011년 이후 아랍의 봄의 촉발과 같은 최근 중동 정치 변동의 과정에서 내정불간섭 원칙의 주권 규범은 과거와 같이 부정되는 경향이 강화되고 있으며, 이는 중동 정치 불안정의 주요 원인이 되고 있다.

2. 안보 복합화와 분리주의 운동

베버(Weber)는 근대국가의 가장 중요한 속성으로서 물리적 폭력수단의 합법적인 독점을 제시하였다. 오늘날 많은 중동 국가에는 이와 같은 정부 차원의 군사·안보기관과는 별도로 다양한 형태의 준군사 조직이 복수로 존재하는 안보 복합화 현상(hybridization of security)이 나타나고 있다(Sayigh 2018). 특히 다른 지역에 비해 중동 지역에서 크게 부정되어 온 베스트팔렌 주권 질서는 세력균형을 통한 안정화를 어렵게 만들고, 안보 복합화를 초래함으로써 중동 정치의 불안정을 고조시키는 원인이 되고 있다(Sayigh 2018). 따라서 중동 지역에서 안보 복합화 현상이 만연하게 나타나는 원인을 설명할 필요가 있다.

　우선, 정당성의 한계를 갖고 있는 중동의 정치엘리트들이 정규군과 같은 기존 군사조직으로부터 발발할 수 있는 쿠데타 방지의 차원에서 독립된 안보 기구를 창설하는 경향이 있었다(Sayigh 2018). 중동 국가 형성에서의 인공성의 문제는 중동 정치의 핵심 테제로 정당성 변수의 중요성을 부각시키는 원인이 되었다.[2] 특히 탈식민화 이후 정당성을 확보하지 못한 중동 정치 지도자들은 정권 안보 유지와 생존을 위한 자구적 노력을 강구해 왔고, 이는 군사적 강압 기구의 확대로 귀결되었다(Geng 2019). 이로 인해 아유비(Nazih N. Ayubi)가 지적한 바와 같이 중동 지역 다수 국가는 강력한 무카바라트(Mukhabarat)를 동원하여 반대 세력을 짓누르는 공세 국가(fierce state)의 성격을 갖게 되었으며(Ayubi 1995, 449), 강압 기제는 중동 권위주의 국가 생존의 주요한 수단으로 기능할 수 있었다(Bellin 2004). 따라서 강압 기제의 발전과 쿠데타 방지를 위한 새로운 무장 조직의 육성은 안보 복합화의 원인이 되고 있다.

무엇보다 안보 복합화 현상은 불안전 주권국가에 대한 외부 정치 행위자들의 지속된 개입으로 인해 고착화되고 있다고 볼 수 있다. 다시 말해서, 베스트팔렌 주권 규범이 부정되는 현실 속에서 주변 국가로부터 정치 지도자들이 원하지 않은 무장단체가 유입되거나 혹은 반대하는 무장단체를 견제하기 위해 정치 지도자들이 의도적으로 다른 무장단체의 발전을 지원하는 경향이 나타났다(Sayigh 2018). 특히 아랍의 봄의 정치변동에서 목도할 수 있듯이 외부 무장단체를 활용해 정권의 생존 가능성을 극대화하려는 정치 지도자들은 안보 복합화를 고착화시키고 있다(Sayigh 2018).

한편, 다양한 종교, 인종 등을 아우르는 중동 국가에서는 분리주의 운동이 촉발되면서 주권국가의 한계를 드러내기도 한다. 일례로 쿠르드와 같은 소수 민족들은 2011년 아랍의 봄 발발 이후 국경선 재설정

2 중동 정치에 있어서 정당성의 중요성을 논하는 대표적인 연구는 허드슨(Hudson 1977)을 참조할 것.

을 도모하며 국가 건설의 비전을 달성하기 위한 노력을 강구하였다. 이라크 쿠르드는 독립적 행보를 가속화했으며, 시리아 쿠르드도 자치지구를 건설하며 독립국가 창설을 위해 노력하고 있다. 또한 리비아 동부의 부족과 정치 지도자들은 국제적으로 인정된 트리폴리 정부를 거부하고 시레네이카(Cyrenaica)의 자치를 위한 통치기구를 세웠다. 예멘 남부에서도 남부 분리주의자들이 독립국가 건설을 위한 행보를 보이기도 했다.[3] 때때로 분리주의 운동에 대한 국가의 무자비한 탄압은 과연 분리주의를 통한 국가건설이 가치가 있는지 의문을 낳지만, 공세국가의 탄압 속에서 독립국가 건설은 국가 내부의 정치 단위체들이 인간안보의 기본적 욕구를 충족해 주는 대안이 되고 있다(Ahram 2019a, 206). 따라서 아랍의 봄 이후 중동 여러 국가에서 분리주의 운동이 심화되는 양상을 보이고 있으며, 이는 안보 복합화와 함께 정치 불안정을 야기하는 또 다른 변수가 되고 있다.

IV. 시리아 내전에 나타난 중동 주권의 불완전성

아랍의 봄 이후 현재까지 지속되고 있는 중동의 정치변동은 역내 주요 정치 행위자들이 타국의 국내정치에 지속적으로 개입하는 양상을 보이고 있다. 일례로 바레인에서 반정부 시위가 발발하자 사우디아라비아의 군대가 킹 파흐드 대교를 건너 알 칼리파 왕정의 정권안보 유지를 도와주었고, 시리아·이라크·예멘·리비아 등의 정치 변동 과정에서는 다양한 주변 정치 행위자들이 개입하였다. 이는 마치 내정불

---

3   아랍의 봄의 정치 변동 과정에서 분리주의의 문제에 관해서는 아흐람(Ahram 2019a, Ahram 2019b)을 참조할 것.

간섭 원칙이 쉽게 깨져버렸던 1950~1960년대와 유사한 것으로 외부 정치 행위자들이 약한 국가(weak state)들의 국내정치에 지속적으로 개입하고 있다는 측면에서 신중동 냉전으로 비유되기도 한다(Gause III 2014b). 특히 아랍의 봄 이후 국가 간 상호인정과 내정불간섭 원칙이 부정되는 경향이 심화되면서 중동 국가의 취약성을 강조하며 근대 주권체제의 변동 가능성을 전망하는 소위 "사이크스–피코 협정의 종언"(The End of Sykes-Picot)을 둘러싼 논쟁마저 촉발되었다(Gause III 2014a).

　무엇보다 국가 주권의 약화 속에서 일부 국가에서는 정치 갈등 요인으로 간주되는 내정불간섭 원칙의 부정, 안보 복합화 및 분리주의 운동 강화 현상이 목도되고 있다. 대표적으로 서구 베스트팔렌 주권 규범이 인위적으로 적용된 시리아의 정치 변동 과정에서 나타난다. 시리아 국가 권위의 붕괴는 주변 국가들의 끊임없는 개입을 불러왔고, 내전 양상을 심화시켰다. 구체적으로 시리아 내전에 바샤르 알 아사드 정권을 도우려는 의도로 이란의 무장 조직과 이란의 동맹으로 분류되는 헤즈볼라가 참전했으며, 사우디아라비아는 반정부 세력 내 살라피스트 그룹을, 카타르는 무슬림형제단을 각각 지원하며 경쟁 관계를 형성한 바 있다(정상률 2014, 267). 이와 같이 다양한 정치 행위자들이 상이한 정치적 의도를 가지고 시리아 내전에 개입하면서 내정불간섭 원칙은 무너지게 되었고, 안보 복합화 현상은 심화되었다.

　특히 2019년 10월 바샤르 알 아사드 정권의 생존 하에 트럼프 행정부가 미군 철수를 선언하자 터키군은 시리아 내 쿠르드를 공격하였다. 터키 에르도안 대통령이 쿠르드를 공격한 이유는 안보와 국내 정치 두 가지 측면을 모두 포함한다. 다시 말해서, 터키는 최대의 안보 위협으로 간주되는 쿠르드 독립을 모색해 온 쿠르드노동자당(PKK)에 대한 대응과 에르도안 대통령의 정치적 기반을 다지려는 의도 하에서 공격을 단행했다고 볼 수 있다. 특히 터키군의 침공은 2011년 이후 시리아 내전 양상에서 발현되어 온 내정불간섭 원칙 부정의 연장선으로 이해된다. 또한 미국은 ISIS와의 전쟁을 명분으로 시리아 민주군(Syrian Democratic Force, SDF)의 주력인 쿠르드 인민수비대(YPG)의 무장화를 독려함으로써 시리아 내 안보 복합화를 고착화하는 데 기여했다고 볼 수 있다.

더욱이, 이스라엘도 시리아 내 무장 헤즈볼라 조직에 대한 공습을 단행했으며, 이는 시리아의 주권을 침해하는 것으로 국제법적 정당성의 근거는 빈약한 것으로 간주된다(Abbas 2019). 터키와 이스라엘은 쿠르드와 헤즈볼라를 각각 테러리스트로 인식하고 있지만, 시리아의 입장에서는 타국의 군사적 행동을 주권 침해의 시각에서 다루고 있다. 일례로, 터키가 아프린 지역에서 PKK와 연계되었다며 YPG를 쫓아내기 위한 공세를 단행했을 당시, 시리아의 파이잘 메크다드(Faisal Mekdad) 외무부 차관은 주권을 침해하는 침략 행위(an act of aggression)로 규정하였다(BBC News 2018). 특히 바샤르 알 아사드는 미국과 터키의 합의를 거쳐 북동부 국경 지대에 설치하게 된 안전지대 설정을 주권 원칙의 위반이라고 주장하였다(Al-Khalidi 2019).

한편, 아랍의 봄 이후 정치 변동 속에서 시리아 내 쿠르드 분리 독립운동은 강화된 것으로 평가된다. 제1차 세계대전의 패전국인 오스만 제국은 승전국과 1920년 세브르조약(Treaty of Sèvres) 그리고 1923년 로잔 조약(Treaty of Lausanne)을 체결하며 최종적으로 쿠르드족 독립 국가 건설을 불허하였다. 국가 없는 민족으로서 시리아 내 쿠르드족은 1946년 시리아의 독립 이후 아사드 정권 하에서 지속적인 차별과 억압에 시달려야 했다. 일례로 1962년 시리아 쿠르드족은 시민권을 박탈

당했고, 1970년대에는 거주지역이 몰수당하고 대신 아랍 부족이 재정
착하는 상황에 직면하기도 했다(남옥정 2017, 93). 2011년 시리아 내전
발발 이후 ISIS와의 전쟁에 미국의 동맹으로 YPG가 참전하면서 시리
아 내 쿠르드족 주권국가 건설 희망은 되살아나게 되었다. 하지만 쿠르
드족은 트럼프의 시리아 철군 선언 이후 터키와 러시아 군대의 강화된
정치적 개입 속에서 정치적 위기를 겪고 있다고 평가된다.

시리아는 정치적 혼란과 인도주의적 위기를 겪으며, 국제사회
는 시리아의 안정을 위한 정치적 노력을 가속화하고 있다. 2019년 9
월 UN 안전보장이사회는 UN사무총장 안토니오 구테레스(Antonio
Guterres)가 주창한 시리아 헌법위원회(Constitutional Committee)의
구성에 동의하였다. 시리아 정부는 시리아 헌법위원회의 활동에 있어
서 시리아의 주권 수호를 강조하고 있다. 이에 시리아의 왈리드 알 무
알렘(Walid Al-Moualem) 외무장관은 시리아 헌법위원회는 어떠한 외
부의 개입에도 자유로워야 한다는 점을 강조했다(Middle East Monitor
2019). 하지만 이러한 노력에도 불구하고, 불완전 주권의 속성 하에서
시리아는 다양한 정치적 불안정 요인이 표출되고 있다.

특히 시리아 북서부의 이들립 사태는 인도주의적 위기 발생 우려
와 맞물려 국제사회의 최대 관심 사항 가운데 하나로 분류된다. 2018
년 9월 러시아와 터키는 소치 협정을 통해 군사적 긴장 완화를 위한 비
무장지대 창설에 합의했지만 이들립 지역의 정정 불안은 지속되고 있
다. 2019년 4월부터 러시아와 시리아 정부는 이들립의 상당 부분을 장
악한 하야트 타흐리르 알 샴(Hayat Tahrir al Sham, HTS)[4]의 격퇴 등을

4 하야트 타흐리르 알 샴(Hayat Tahrir al Sham, HTS)은 샴(레반트) 해방기구로 번역될
수 있다. "HTS의 전신은 알 카에다를 따르는 누스라 전선(Jabhat al-Nusra)"으로 9·11
테러를 일으킨 "알 카에다에서 떨어져 나와 다른 노선을 추종해 왔지만 유엔과 미국 정

명분으로 반군에 대한 공세를 강화했다. 이후 시리아와 터키 양측 군인 사상자 발생 등 군사적 긴장이 고조되자 2020년 3월 5일 러시아와 터키는 모스크바에서 휴전에 합의하고 이들립 문제 해결에 나서고 있다. 하지만 시리아의 이들립 문제를 둘러싼 러시아, 터키, 미국 등 관련 당사국들의 이해관계 충돌 속에서 갈등적 요소는 여전히 잠재되어 있다고 평가된다(김강석 2020).

이러한 사실을 종합해 볼 때, 불완전 주권 국가인 시리아에서는 내전 기간 내정불간섭 원칙의 부정 그리고 국가에 의한 폭력수단 독점의 실패 속에서 안보 복합화 현상이 가중되고 분리주의 운동이 심화되는 다양한 정치적 문제들이 발생한 것으로 볼 수 있다. 그리고 이러한 정치적 불안정 요인은 시리아 문제 해결을 위한 국제사회의 노력에도 불구하고 인도주의적 위기 발발에 대한 우려를 낳으며 현재까지 지속되고 있다. 따라서 향후 시리아 정치 변동의 전개는 이러한 불완전 주권 하에서의 정치적 불안정 요인들이 어떻게 발현되는지 여부에 따라 지속적인 영향을 받게 될 가능성이 크다.

V. 결론

본 연구는 서구 사회에서 역사적으로 발전되어 온 주권국가 개념이 중동 지역에서는 온전히 적용되기 어렵다는 사실을 고려하여 중동 지역에서 나타나는 불완전 주권국가의 특성을 규명하고, 중동 정치의 불안정 요인을 살펴보고자 하였다.

부에 의해 각각 테러단체"로 지정되었다(김강석 2020).

이를 위해 본 연구는 우선 중동 국가의 역사적 형성 과정에 주목하고, 중동 불완전 주권국가의 특성을 도출하고자 했다. 사이크스-피코 협정에서 상징되는 것처럼 중동의 다수 국가들은 서구 제국주의의 침투 과정에서 인위적으로 형성된 것으로 간주된다. 그리고 이러한 유럽 식민주의의 영향력 아래에서 창조된 중동 지역의 인공성은 현상타파를 선호하는 다양한 정치집단들로부터 비판의 대상이 되어 왔다. 특히 ISIS와 같은 과격 이슬람주의자들은 사이크스-피코 협정에 의해 책정된 상상 속의 국경선을 배격하고, 알라의 통치가 가능한 칼리파 체제 건설의 필요성을 주창한다.

더욱이 중동 국가의 인공적 속성은 근대국가가 형성되기 이전부터 계승되어 온 고유한 행동방식이 그대로 유지될 수 있는 근원적 토대로 작용했다고 평가된다. 따라서 중동 불완전 국가들 내부에는 부족주의, 종파주의와 같이 본래 잠재된 정치적 조직원리가 발현되기 쉬운 구조를 갖게 되었다. 이러한 관점에서 중동 국가의 불완전성은 현대적 요소와 전통적 모습이 동시에 발현되는 혼종 주권의 관점에서 개념화될 수 있었고, 이는 중동 국가들이 서구적 주권국가 모델을 향해 단선적으로 변화되기 어렵다는 사실을 드러내고 있다.

한편, 중동 불완전 주권국가들의 주요 속성인 내정불간섭 원칙의 부정은 정치 불안정을 고조시키는 주요 변수로 볼 수 있다. 서구적 주권 개념의 중동 지역 도입 이후 내정불간섭 원칙은 시대적 상황에 따라 수용의 정도가 변화되어 왔다. 탈식민화 초기 그리고 아랍 민족주의의 시대에는 비개입의 규범이 적용되지 않는 경향이 강하게 나타났다. 하지만, 1970년대 이후 국가의 사회 통제력 강화, 경제적 유대감 증가, 현상 유지를 선호하는 외부 행위자들의 영향력 등이 복합적으로 작용하면서 중동 국가들 간 주권 규범 공유의식이 이전보다 강화되었다. 그러나 이러한 현상은 중동 정치 변동 과정에서 지속될 수 없었고, 오늘날 중동 정치 역학관계는 내정불간섭 원칙이 부정되고 있는 것으로 평가된다.

무엇보다 중동 불완전 주권국가 내에는 국가 차원의 군사 조직과는 별도로 다수의 준군사적 무장단체가 함께 병존하는 안보 복합화 현상이 목도된다. 그리고 이것은 국가의 폭력수단에 대한 합법적 독점화를 불가능하게 함으로써 중동 국가 내부의 정치적 갈등을 심화시키고 있다. 특히 안보 복합화는 다른 국가들의 내정불간섭 원칙 부정과 결합하면서 강화되고 있으며, 일부 소수 종족과 종파 단체들의 무장화로 인한 분리주의 운동을 심화시키는 변수가 될 수 있다. 이러한 맥락에서 이라크와 시리아의 쿠르드인들은 자치지구 건설을 표방하고 있으며, 리비아와 예맨 남부에서도 분리주의 운동이 나타나고 있다. 따라서 중동 불완전 주권국가들의 특성으로 간주되는 내정불간섭 원칙의 부정, 안보 복합화와 분리주의 운동은 정치적 불안정의 요인으로 볼 수 있으며, 이는 시리아 내전의 사례 연구에서도 확인될 수 있었다.

참고문헌

김강석. 2017. "걸프 지역 영토주권의 한계와 갈등 양상 연구: 사우디아라비아, 아랍에미리트, 이란을 중심으로."『중동문제연구』16(2): 1-26.

_____. 2020. "시리아의 마지막 뇌관 '이들립'의 미래는?"『한국일보』(4월 5일). https://www.hankookilbo.com/News/Read/202004031194096848?did=NA&dtype=&dtypecode=&prnewsid= (검색일: 2020. 4. 5.)

김정명. 2015. "요르단 하쉼 왕가."『세계의 왕가』(10월 29일). http://navercast.naver.com/contents.nhn?rid=134&contents_id=102183&leafId=134 (검색일: 2019. 12. 1.)

남옥정. 2017. "시리아 쿠르드 운동단체의 파편화와 성장한계요인."『한국이슬람학회논총』27(3): 91-110.

박상섭. 2004.『근대국가와 전쟁』. 서울: 나남.

박찬기. 2012. "레바논의 내적 갈등 요인에 관한 연구."『한국중동학회논총』32(3): 1-46.

_____. 2016. "사이크스-피코 비밀협정과 레바논, 시리아 건국 과정."『한국중동학회논총』37(1): 1-47.

서정민. 2011. "아랍의 정치변동과 이슬람주의 그리고 부족주의."『중동 민주화와 대내외 정치역학』. KIEP 경제·인문사회연구회 세계지역 종합연구 협동연구총서 11-04-40.

신욱희. 2008. "동아시아 국제이론의 모색: 국제사회론과 변형된 주권 논의를 중심으로."『세계정치 10』29(2): 63-89.

정상률. 2014. "아랍의 봄과 시리아 내전을 둘러싼 중동 국제관계 구조."『한국이슬람학회논총』24(2): 237-275.

전재성. 2017. "동북아의 불완전한 주권국가들과 복합적 무정부상태."『세계정치』26: 83-126.

황병하 외. 2011.『주요 중동국가들의 정치권력구조 연구』. KIEP 경제·인문사회연구회 세계지역 종합연구 협동연구총서 11-04-37, 2011.

Fromkin, David. 이순호 역. 2015.『현대 중동의 탄생』. 서울: 갈라파고스.

Qutb, Sayyid. 서정민 역. 2011.『진리를 향한 이정표』. 서울: 평사리.

Abbas, Bashir Ali. 2019. "A Case For Syrian Sovereignty." *International Policy Digest* (January 05). https://intpolicydigest.org/2019/01/05/a-case-for-syrian-sovereignty/ (검색일: 2019. 12. 5.)

Ahram, Ariel I. 2019a. *Break all the Borders: Separatism and the Reshaping of the Middle East.* Oxford: Oxford University Press.

_____. 2019b. "Breaking and Mending." *The Wilson Quarterly* (Fall). https://www.wilsonquarterly.com/quarterly/borders-and-beyond/breaking-and-mending/ (검색일: 2019. 12. 7.)

Al-Khalidi, Suleiman. 2019. "Syria says joint U.S.-Turkish patrols violate country's sovereignty." *Reuters* (September 8). https://www.reuters.com/article/us-syriasecurity-patrols/syria-says-joint-u-s-turkish-patrols-violate-countrys-sovereignty-idUSKCN1VT0C8 (검색일: 2019. 12. 10.)

Ayubi, Nazih N. 1995. *Over-Stating the Arab State: Politics and Society in the Middle East.* New York: I.B. Tauris.

Bacik, Gökhan. 2008. *Hybrid Sovereignty in the Arab Middle East: The Cases of Kuwait, Jordan, and Iraq.* New York: Palgrave Macmillan.

Barnett, Michael N. 1995. "Sovereignty, nationalism, and regional order in the Arab states system." *International Organization* 49(3): 479-510.

BBC News. 2018. "Syria ready to down Turkish jets attacking Kurds Afrin." (January 18). https://www.bbc.com/news/world-middle-east-42731227 (검색일: 2019. 11. 20.)

Bellin, Eva. 2004. "The Robustness of Authoritarianism in the Middle East: Exceptionalism in Comparative Perspective." *Comparative Politics* 36(2): 139-157.

Bielat, Hope Lozano. 2015. "Islamic State and the Hypocrasy of Sovereignty." *E-International Relations* (March 20). https://www.e-ir.info/2015/03/20/islamic-state-and-the-hypocrisy-of-sovereignty/ (검색일: 2019. 11. 28.)

Danforth, Nick. 2013. "Stop blaming colonial borders for the Middle East's problems." *The Atlantic* (September 11). https://www.theatlantic.com/international/archive/2013/09/stop-blaming-colonial-borders-for-the-middle-easts-problems/279561/ (검색일: 2019. 12. 20.)

Fawcett, Louise. 2017. "States and sovereignty in the Middle East: myths and realities." *International Affairs* 93(4): 789-807.

Gause III, F. Gregory. 1992. "Sovereignty, statecraft and stability in the Middle East." *Journal of International Affairs* 45(2): 441-469.

_____. 2014a. "Is this the end of Sykes Picot?" *The Washington Post* (May 20). https://www.washingtonpost.com/news/monkey-cage/wp/2014/05/20/is-this-the-end-of-sykes-picot/ (검색일: 2019. 11. 25.)

_____. 2014b. "Beyond Sectarianism: The New Middle East Cold War." *Brookings Doha Center Analysis Paper* No. 11.

Geng, Julie. 2019. "The Relevance of Nation-States to the Study of the Middle East." *The Yale Review of International Studies* (March). http://yris.yira.org/comments/3061 (검색일: 2019. 12. 15.)

Halliday, Fred. 2009. "The Middle East and Conceptions of 'International Society'." in *International Society and the Middle East.* edited by Barry Buzan and Gonzalez-Pelaez, 1-23. New York: Palgrave Macmillan.

Hobson, John M. 2012. *The Eurocentric Conception of World Politics: Western International Theory, 1760-2010.* Cambridge: Cambridge University Press.

Hudson, Michael C. 1977. *Arab Politics: The Search for Legitimacy.* New Haven: Yale University Press.

Ibrahim, Raslan. 2014. "Sovereignty and Intervention in the Middle East: From the Fall of the Ottoman Empire to the Arab Spring." Ph. D. Diss., University of Denver. https://digitalcommons.du.edu/etd/980 (검색일: 2019. 10. 8.)

Jackson, Robert. 1996. *Quasi-states: Sovereignty, International Relations and The Third World*. Cambridge: Cambridge University Press.

Krasner, Stephen D. 1999. *Sovereignty: Organized Hypocrisy*. Princeton: Princeton University Press.

Middle East Monitor. 2019. "UN Security Council renews commitment to Syria's sovereignty." https://www.middleeastmonitor.com/20191009-un-security-council-renews-commitment-to-syrias-sovereignty/

Nielsen, Richard A. 2015. "Does the Islamic State believe in sovereignty?" *The Washington Post* (June 6). https://www.washingtonpost.com/news/monkey-cage/wp/2015/02/06/does-the-islamic-state-believe-in-sovereignty/ (검색일: 2019. 11. 30.)

Onley, James. 2009. "Britain and the Gulf Shaikhdoms. 1820-1971: The Politics of Protection." *CIRS Occasional Paper*. School of Foreign Service, Georgetown University.

Peterson, J.E. 2011. "Sovereignty and Boundaries in the Gulf States." in *International Politics of the Persian Gulf*. edited by Mehran Kamrava, 21-49. New York: Syracuse University Press.

Sayigh, Yezid. 2018. "Hybridizing Security: Armies, Militias and Constrained Sovereignty." *Italian Institute for International Political Studies* (October 30). https://carnegie-mec.org/2018/10/30/hybridizing-security-armies-militias-and-constrained-sovereignty-pub-77597 (검색일: 2019. 12. 5.)

Sluglett, Peter. 2014. "An improvement on colonialism? The 'A' mandate and the legacy in the Middle East." *International Affairs* 90(2): 413-427.

Starr, Barbara., Bohn, Kevin., and Levitt, Ross. 2019. "US strikes 5 facilities in Iraq and Syria linked to Iranian-backed militia." *CNN News* (December 30). https://edition.cnn.com/2019/12/29/politics/us-strikes-iran-backed-militia-facilities-in-iraq-syria/index.html (검색일: 2020. 1. 25.)

제2부 　　동아시아 지역질서의 변동과 주권

제5장 　　 '한국조항'의 문제: 한미일 관계
속의 한일관계

신욱희(서울대학교)

* 이 글은 『한국과 국제정치』 35(3), 2019에 게재된 논문을 부분적으로 수정한 것이다.

I. 서론

1969년 미국 닉슨 대통령과 일본 사토 수상 사이의 미일 정상회담에서 발표되었던, "한국의 안보는 일본의 안보에 필수적이다"라는 내용의 '한국조항'은 한국 안보에 대한 양국의 인식을 보여주는 것이었다고 할 수 있다.[1] 이 조항은 이후 다나카 내각 시기의 두 차례의 정상회담에서는 표명되지 않았고, 이후 미국 포드 대통령과 일본 미키 수상 사이의 정상회담에서 '신한국조항'으로 다시 등장하였다. 이 연구는 이와 같은 조항의 등장과 부재, 그리고 수정의 원인을 분석하려 하며, 기존의 미국 정책과 냉전체제 변화 요인을 중심으로 하는 설명을 보완하기 위해 상대적으로 다른 국가들의 주체성을 포괄할 수 있는 논의를 제시하고자 한다.

냉전기 한일관계는 미국의 아시아 정책에 의해 영향을 받았던 것이 사실이며, 1965년의 한일국교정상화가 그 전형적인 예였다고 할 수 있을 것이다. 하지만 한미일 삼국과 한일 양국의 관계는 1960년대 후반 미국의 데탕트 정책과 그에 이은 오키나와 반환에 의해 중요한 변화의 시점을 맞았다. 이는 한편으로 냉전기 삼국의 안보협력의 쇠퇴로 인식되기도 하며, 다른 한편으로는 미국의 주도로 삼국 사이의 안보 분업관계가 제도화된 계기로 파악되기도 한다(Cha 1999, ch. 3).[2] 차(Cha)는 이른바 '의사동맹'(pseudo-alignment) 모델을 제시하면서 미

---

1   여기에서의 '한국조항'은 국제회의나 정상회담에서 한국에 관해 표명된 조항 전체가 아니라 '미일 정상회담에서 언급된 한국의 안보에 관한 조항'을 의미한다.
2   최희식(2011)을 볼 것. 즉 한미일 삼국은 1965년 한일국교정상화로 본격적인 삼각관계의 구도를 형성하였으나 1968년 이후 한국과 일본 사이에 안보대화가 전개되고 미국과 일본 사이에 오키나와 반환 협상을 둘러싸고 한반도에서 일본의 역할이 규정되면서 비로소 실질적인 삼각안보협력의 형태가 구체화되었다는 것이다.

국의 아시아 공약의 상대적 철회가 한일 사이의 협력을 증대시킨 측면
을 강조하였다.[3] 차의 논의는 미국의 정책으로 대표되는 동아시아 국제
관계의 체제 요인의 전환이 한일관계의 변화를 가져온다는 구조적 현
실주의 주장의 일단을 보여준다.[4] 하지만 위에서 언급된 한국조항의 등
장, 부재, 그리고 수정의 측면이 적절하게 설명되려면 미국 변수 이외
에 동아시아 국제관계의 다른 양자관계의 역할과 일본의 정책 변수가
함께 고려될 필요가 있다.

　　이 연구는 이와 같이 체제와 행위자, 그리고 한미일 관계의 특성을
함께 고찰하는 '주체-구조 문제'와 '복합성'의 관점에서 한국조항의 사
례를 검토하고자 한다.[5] 즉 미국이라는 상위 주체의 영향에 따른 구조
적 영향 아래서의 다른 하위 주체들의 대응의 양상을 함께 검토하고,
한미일 삼각관계를 형성하는 횡적 연계의 상호작용이 초래하는 복잡
성에 더하여 적응적 주체의 상대적 자율성이 작동하는 복합성을 고려
하는 것이다.[6] 경험적 논의를 위해서는 다른 2차 자료와 함께 미국 국

3　한미일 관계의 형성에 대한 차의 권력정치적 해석을 위해서는 Cha(2016)를 참조할 것.

4　월츠(Waltz)류의 구조적 현실주의는 물질적 능력의 상대적 분포가 만들어내는 위계성이
　　해당 국가의 행위를 규정한다고 본다(Waltz 1979, ch. 5). 이에 따르면 한미일 관계에서
　　는 미국의 정책이 일본과 한국의 행위를, 그리고 일본의 정책이 한국의 행위를 규정하는
　　것으로 생각될 수 있다. 하지만 아래에서 서술되는 데탕트 시기 한미일 관계는 이보다
　　훨씬 더 복합적인 역동성을 보여준다. 미국과 일본, 그리고 미국과 한국 사이에서는 분명
　　한 정책적 위계성이 존재하나, 한일관계에서 일본과 한국 두 나라의 정책은 '미국의 비
　　준' 요인과 함께 양국의 전략적 고려나 국내정치적 변수의 영향을 함께 받게 되는 것이
　　다.

5　주체-구조 문제의 내용을 위해서는 Wendt(1987)를, 복잡성과 복합성 개념을 위해서는
　　신욱희(2017)를 볼 것. 이와 유사한 논의는 저비스(Jervis)의 체제 논의에도 등장한다.
　　그는 국가 사이의 잠재적이고 실질적인 제휴에 있어서 구조의 비결정성과 '상호작용 효
　　과'(interaction effects)의 영향을 지적하였다(Jervis 1997, 204-209).

6　복잡계 이론가인 홀랜드(Holland)는 복잡계의 유형을 복잡물질체계와 복잡적응체계
　　로 구분했는데, 이 연구가 다루는 한미일 관계는 후자에 속한다고 할 수 있다(Holland
　　2014, chs. 2, 3).

립문서보관소(NARA)와 일본 외교사료관의 문서들이 사용될 것이다.

II. 데탕트의 도래와 한국조항

상대적으로 독자적인 측면을 갖고 있었던 유럽의 데탕트에 비해 아시아에서의 데탕트는 주로 미국의 주도에 의해서 전개되었다. 미국은 중소분쟁을 활용하여 대중·대소 화해정책을 추진하면서, 아시아에서 자신의 핵심적 이익이 걸려 있지 않은 국가에 대한 개입을 자제하고 방위비 부담을 줄이고자 하였다(전재성 2005). 이러한 미국의 전략적 전환은 '닉슨 독트린'의 이름으로 표명되었다. 잘 알려진 이 독트린의 내용은 아래와 같다

첫째, 미국은 자신의 조약에 따른 모든 공약을 준수한다.
둘째, 우리는 만약 핵보유 국가가 우리 혹은 우리가 고려하기에 미국의 안보에 핵심적이라고 생각하는 국가의 자유를 위협할 경우 그 방어를 제공할 것이다.
셋째, 다른 공격 유형에 연관되었을 때, 우리의 조약 공약에 따라 요구되는 경우 군사적, 경제적 지원을 제공한다. 그러나 우리는 직접적으로 위협이 되는 국가가 자신의 방어를 위해서 인력을 제공할 첫 번째 의무를 가질 것으로 예상한다.[7]

'아시아의 안보는 아시아인의 손으로'라고 표현된 이 독트린은 베트남

---

7   https://en.wikipedia.org/wiki/Nixon_Doctrine

전쟁과 같은 또 다른 '연루의 우려'를 피하려는 미국이 이후 아시아의 갈등 상황에 지상군을 파병하지 않을 것이라는 점에서 지역 국가들에게는 '방기의 우려'를 야기하였다.[8]

차(Cha)는 독트린의 내용에도 불구하고 이러한 정책 변화가 아시아에서 미국의 방어 공약의 신뢰성에 대한 의문을 제기하게 되었고, 이는 한국과 일본 모두에게 미국에 의한 방기의 우려를 가져왔으며 이 결과 두 나라 정부는 안보적인 면에서 양자관계의 개선을 도모하게 되었다고 지적하였다(Cha 1999, 60). 그는 일본이 한국에서의 7사단 철수 문제를 자신의 안보문제와 연결해서 생각하였고, 한국과 일본이 비록 양자적 안보조약의 대상국은 아니지만 지리적인 인접국인 두 나라가 공유하는 동맹국인 미국의 공약 후퇴에 의해 '실질적인 안보 연계'를 모색하였다고 주장했던 것이다. 차에 따르면 이와 같은 한일 안보협력은 1. 오키나와 반환; 2. 한국조항; 3. 군사 문제에 대한 정부 간 상호협력이라는 세 의제와 연결되어 있었다(Cha 1999, 71-73).

샌프란시스코 강화조약에 따라 미국의 신탁통치 하에 들어갔던 오키나와는 존슨 대통령까지는 고려되지 않다가 베트남 전쟁의 명예로운 종결을 바랐던 닉슨 대통령에 의해 미일안보조약의 연장의 대가로 반환이 약속되었다. 일본 외무성의 북미국장 카즈오 시바는 한 보고서에서 오키나와 문제의 중요성에 대해 다음과 같이 언급한 바 있었다.

미 정책의 명백한 즉각적 목표는 1970년이 가져 올 시련의 성공적인 극복이어야 한다. 차기 대통령과 곧 수립될 정부는 이 사실을 되도록 빨리 충분히 이해하여야 한다. 이 정책의 핵심은 오키나와에 있다. 왜

---

8   이러한 동맹게임의 개념을 위해서는 Snyder(1984)를 볼 것.

냐하면 양 정부가 안보조약 개정을 할 의사가 없는 동안에 반대파는 상이한 수정주의 세력의 공통적인 슬로건인, 그들이 '미국의 점령 정서에 대한 일본인들의 굴종'이라고 부르는, 이 상징적 문제에 집중할 것이기 때문이다. 오키나와 문제는 시간과 세대 변화가 이를 해결하기 더욱 어렵게 만들 것이기 때문에 긴급성을 가지며, 유일한 선택은 어떻게 하면 빠른 시간에 이를 일본에 반환할 것인가에 대한 것이어야 한다. 왜냐하면 1969년 민선 지사가 자신의 임기를 시작하면서 미 행정부의 도덕적 권위의 근본적인 토대를 잠식하고, 대중적인 태도 변화를 가속화시킬 불가피한 경향이 자리 잡았기 때문이다.[9]

당시 미국의 한 관료도 국무장관 로저스(Rogers)에 보낸 보고서에서 "오키나와 문제의 긴급성은 아무리 과장되어도 지나치지 않으며, 이는 안보조약 전반, 그리고 미일 간의 장기적 관계에 영향을 미치고 있다"고 이야기하였다.[10]

오키나와의 반환은 또한 베트남 전쟁의 처리와 함께 일본의 안보적 역할 재검토와 대중관계 개선이라는 두 중요한 전략적 고려와 연결되어 있었으며, 이는 그 처리에 따라 민감한 영향을 가질 수 있는 문제였다. 일본과 미국 양국은 일단 오키나와의 전략적 중요성과 일본의 역할 확대에 대해 다음과 같이 합의하였다.

---

9   Research and Analysis Division, Ministry of Foreign Affairs, Japan, "Japan-US Relations —Present Patterns and the Next Decade," Nov. 1, 1968, Pol 1 Japan-US, Subject-Numeric Files, RG 59, National Archives.

10 From Olds to Rogers, "Reports on Kyoto Conference on Japan-United States Relations," Feb. 7, 1969, Pol Japan-US, Subject Numeric Files, RG 59, National Archives.

사토는 오키나와의 미 기지가 일본과 극동의 평화와 안보 유지에 중
요하며, 미국이 오키나와인들의 복지를 증진시켜왔다는 점을 인정하
였다. 사토는 이러한 두 요인이 어려운 오키나와 문제의 존재에도 불
구하고 미일관계의 훼손을 방지하여 왔다고 지적하였다.[11]

우리는 이 지역[극동]에서 유일한 산업국가인 일본이 단순히 경제적
으로서만 아니라 통상적인 군사력에 기반해서 외교적으로 더 큰 역할
을 수행하는 새로운 정책을 필요로 했고 환영하였다.[12]

오키나와 문제가 갖는 대중관계의 영향에 관해 윤덕민은 아래와
같이 이야기하였다.

당시 아시아에서의 냉전구조라는 것은 미중 대립, 베트남 전쟁, 그리
고 한반도의 분단구조가 그 전형이었다. 닉슨 정권이 추진했던 극동
정책은 한국전쟁 이래 동아시아에 형성되어 있던 냉전 구조의 일대
전환을 여지없이 하는 것이었다. 닉슨 정권은 베트남 전쟁의 종결을
외교정책상의 최우선 과제로 하여 적극적으로 조기 타결을 모색하였
다. 따라서 베트남 전쟁의 수행을 위해서 오키나와 기지의 자유 사용
을 집착해야 할 이유가 없어진 것이었다….

한편 당시 오키나와 반환 문제는 「새로운 평화의 구조」를 지향하는

---

11 From American Embassy Tokyo to Secretary of State, Apr. 1969, Pol Japan-US,
    Subject-Numeric Fiels, RG 59, National Archives.
12 "Aichi Call on the President," Jun. 2, 1969, Pol Japan-US, Subject-Numeric Files, RG
    59, National Archives.

닉슨-키신저 정책 구상에 있어서 아킬레스건과 같은 존재이기도 하였다. 그러나 오키나와 반환 문제는 대응 여하에 따라서는 대일관계뿐만 아니라 대중관계에도 악영향을 미칠 것이 우려되었다….

닉슨 대통령은 취임 직후 키신저 주도하의 NSC에 대중정책을 재검토하고 대중관계개선을 시도할 것을 지시하고 있었다. 따라서 일본의 요구대로 오키나와를 비핵화한 형태로 일본에 반환한 것은 중국에 대해서도 상당히 배려했다고 볼 수 있는 것이다. 그리고 이러한 형태의 반환은 중국과의 관계개선을 위한 환경조성에 적지 않게 기여했던 것이다. 결국 오키나와의 핵무기 철수에 의한 반환의 실현은 일본으로서는 커다란 외교적 승리였지만 미국으로서는 대일 배려뿐만 아니라 오키나와의 핵무기가 대중관계에 미치는 영향을 충분히 고려한 조치였다고 생각되어진다.[13]

실제로 닉슨-사토 정상회담 이후 중국의 반응에 대해 일본과 미국은 아래에서 보는 것처럼 그것이 어느 정도 절제된(moderate) 것이었다고 해석하였다.

인민일보의 사설과 주은래의 연설은 모두 "미국에 의해서 부추김을 받은 일본이 다시 한 번 아시아에서 주도적 역할을 모색하고, 대동아공영권을 또 다시 만들려는 꿈을 꾸고 있다"라고 비판하였다. 하지만 이러한 비판도 같은 해 6월 25일 마츠에 시에서 열린 일일 내각회의에서의 사토의 연설(중국 공산당은 닉슨의 소위 '괌 독트린'과 연결되어

---

13 윤덕민(1991, 126-128). 미중관계 개선 과정에서 미일동맹 문제 처리와 이른바 '병마개론'의 논의를 위해서는 김남수·신욱희(2015)를 볼 것.

이 연설에 중요성을 부여한 바 있었다)에 대한 비판의 연장선에서 쓰여진 것이다. 이는 특별히 새로운 내용을 담고 있지 않다….

따라서 지금까지의 공산 중국에 의한 반응으로 판단해 볼 때 공산 중국이 비록 그것이 일본의 대아시아 정책의 견지에서 문제를 제기하고 있지만, 금번의 미일회의와 공동선언이 미래의 중일관계를 악화시킬 것이라는 차원에서 일본 정부를 비난하는 것은 피하고 있다.
다시 말해서 공산 중국은 "사토 내각이 지속되는 한 중일관계 개선은 불가능하다"라거나 "미일안보조약이 있는 한 일본과 중국 사이의 관계 정상화의 희망은 없다"라는 단정적 표현을 쓰는 것은 피하고 있다는 것이다.[14]

이처럼 미중일 관계에 있어서 중요한 문제였던 오키나와 반환은 한국의 안보와도 밀접한 관련을 갖고 있었으며, 미일 사이의 이러한 고려가 바로 한국조항으로 나타났다고 볼 수 있다.[15] 이에 대해 최희식은 다음과 같이 서술하였다(최희식 2011, 303-305).

67년 11월 미일 정상회담에서 오키나와 반환이 합의된 이후, 한국은 처음에는 오키나와 반환에 대해 발언을 피하고 있었다. 하지만 미일 간에 본격적으로 반환교섭이 전개됨과 동시에, 69년 3월 사토 수상이 '핵 제외, 본토와 같은 조건 반환' 정책을 공식적으로 발표하자, 한국

---

14 From Ambassy Tokyo to Department of State, Dec. 5, 1969, Pol Japan-US, Subject-Numeric Files, RG 59, National Archives.
15 박선원은 한국조항의 내용과 그 변화가 단순한 일본의 한국에 대한 안보공약의 측면보다는 한미일 관계의 전체적인 협력 정도와 일본 대외정책의 방향을 알려주는 지표로서의 의미를 갖는다고 지적하였다. 박선원(2001, 327)를 볼 것.

은 본격적으로 오키나와 반환문제에 대응하기 시작했다. '본토와 같은 조건의 반환' 정책 하에서 오키나와가 반환되면서 핵의 반입이 불가능해지면 핵우산의 제공에 차질을 빚게 된다. 이렇게 미국의 핵우산이 충분히 확보되지 못하면, 한국, 대만, 필리핀 등의 안보에 중대한 영향을 미칠 것으로 보았던 것이다. 따라서 일본이 오키나와 반환 이후 어떤 형태로 극동의 안보에 역할을 할 것인가 등, 지역안보문제에 대한 일본의 역할을 협의하지 않으면 안 되었던 것이다….

… 일본은 자유 아시아에 대한 전략적 경제원조, 오키나와 역할의 수용이라는 군사적 역할에 소극적이었다. 하지만 68년 한반도 위기 이후 국가전략의 전환을 통해 북한과의 체계경쟁을 본격화시킨 한국, 아시아에의 관여축소를 모색하던 미국은 일본의 적극적 역할을 요구하였으며 일본은 이를 간과할 수 없었다. 그렇다면 일본은 어떤 형태로 한국과 미국의 요구에 배려했을까? 이를 찾기 위한 실마리는 69년 미일 정상회담 공동성명에서 발표된 한국조항과 한일 각료회담 공동성명에서 발표된 한국조항을 분석하지 않으면 안 된다. 전자를 '미일관계에 있어서의 한국조항'이라고 한다면, 후자는 '한일관계에 있어 한국조항'이라 부를 수 있다.

'미일관계에 있어 한국조항'은 한반도의 유사사태를 상정하여, "한국의 안보가 일본의 안보에 긴밀히 연계되어 있다"는 논리 하에, 주일미군의 한반도 전개를 사전협의제도 예외조항으로 인정하는 것에 의해 오키나와가 수행해왔던 한국안보에의 역할을 일본이 수용하는 것을 약속한 것이었다. 따라서 이는 '전시' 시, 한국을 포함한 극동에 대한 일본의 군사적 역할을 규정한 것이었다….

… 한일관계에서의 한국조항은 '자주국방과 고도경제성장의 병행'이라는 박정희 정권의 정책에 협조하는 정치적 의미를 가지고 있었다. 한국은 당시 자주국방을 주장하며, '군수산업의 개발과 고도경제성장의 병행'을 추진하고 있었다. 한국은 일본이 자주국방과 고도경제성장을 동시에 추진하는 한국의 정책을 이해하고, 한층 적극적인 경제원조를 할 것을 기대하였던 것이다. 이른바 '정치적 경제원조'를 요구하였던 것이다.

이러한 '한일관계에 있어 한국조항'은 69년 제3차 한일각료회담에서도 재확인되었으며, 한층 구체적인 형태로 전개되었다. 공동성명에서는 "양국의 안전과 번영이 매우 긴밀한 관계에 있다"는 것을 재확인하였다….

미 국무부의 한 비망록은 이와 같은 '한일관계 속의 한국조항'에 관련된 내용을 다음과 같이 보여주고 있다.

다나카 대사는 일본이 한국을 만족시키기 위해서 노력해 왔고, 한국을 위한 제철소에 대해 원칙적인 합의에 도달하였다고 말했다. 아이치[외무성 장관]와 일본 재무성 장관은 그 결정을 위한 정상적인 절차를 가속화하고 있다. 다나카 대사는 일본이 공식적인 약속은 하지 않았지만 한국 정부는 그런 것으로 받아들이고 있고, 일본 정부도 다소간 그 방향의 결정으로 가고 있다고 언급하였다.[16]

하지만 사토 수상에게 닉슨 독트린보다 더 중요한 영향을 미친 것

---

16 "Okinawa, GOJ-ROK Relations, Viet-nam, China Policy," Sep. 8, 1969, Pol Japan-US, Subject-Numeric Files, RG 59, National Archives.

은 1970년대 초반에 이루어진 미국의 대중국관계 개선이었다. 1950년
대 말 친대만 반중국 정책을 분명하게 하여 동아시아의 냉전을 심화
시켰던 기시 수상의 동생인 사토는 이러한 미국의 정책 변화를 '쇼크'
로 받아들였다. 한상일은 이에 대해 아래와 같이 이야기하였다(한상일
1997, 148-151).

> … 미국의 대중국 정책의 전환은 사토 정부에게 커다란 혼란과 충격
> 이 아닐 수 없었다….
> … 일본정부가 받은 충격은 미중관계의 급진적인 진전이라는 점에도
> 있었지만, 그보다는 미국 정부가 취한 방법과 태도에 더욱 자극을 받
> 았다….
> … 미국과의 무역마찰이 점차 심화되기 시작한 시기에 미국이 취한
> 일련의 조치는 미국의 대동아시아 정책이 변화함을 의미하고 있었
> 다…. 일본도 특히 대외정책에 있어서 이제까지와는 달리 미국에 의
> 존하는 일변도에서부터 벗어나 독자적 진로를 모색하지 않으면 안 된
> 다는 것을 인식하게 된 계기가 되었다….

어떻게 해서든지 중국과 관계 개선의 길을 찾아야 한다고 판단한 사
토는 여러 형태로 중국과 대화의 방법을 모색하였다…. 중국은 퇴진
이 임박한 사토 정권을 대화의 상대로 판단하지 않았다. '닉슨 충격'
으로부터 퇴진까지의 1년 동안 사토의 대중국정책은 실패였고 그 유
산은 다음 정권으로 넘어갔다.

이와 같은 사토의 섣부른 대응은 1972년 미일공동성명에서의 '대
만조항'의 소멸 문제를 야기하였다. 『중앙일보』는 당시 이 논쟁에 대해

아래와 같이 보도하였다.

> 미국 정부는 금년[1972년] 1월 7일 세크라멘티에서의 미일 수뇌회담
> 이 끝난 뒤 사또 일 수상이 기자 회담에서 밝힌 바, 69년 미일 공동성
> 명 중 한국 및 대만 조항에 관한 견해를 문제로 삼고, 주일 미 대사를
> 통해 그 정의를 타진 중에 있다고 한다.
> 외신에 의하면 미국 정부는 1. 69년 미일 공동성명 가운데 한국 및 대
> 만조항은 미일 수뇌가 신중히 검토한 끝에 만든 것이며, 오끼나와 반
> 환의 전제가 된다는 점 2. 극동 정세가 그 후 완화되고 있으나 일이 생
> 각하는 정도가 아니며, 한국 및 대만조항이 미국 정부의 양해 없이 없
> 어졌다고 발언한 것은 화이트하우스가 미 국방성이나 의회에 설명할
> 수 없다는 점 등을 강조, 일본 정부의 진의를 물은 것이라 한다.
> 문제의 사또 발언의 핵심은 72년 닉슨-사또 성명에서 세계 정세의 긴
> 장 완화에 언급하고 이 추세를 더 한층 촉진하겠다고 강조한 부분이
> 그에 앞선 69년 닉슨-사또 성명 중 대만조항의 소멸을 나타내는 것
> 으로 해석해도 무방하다고 한 부분이다. 이 발언이 큰 파문을 일으키
> 게 되자 사태를 중시한 일의 후꾸다 외상은 지난 1월 9일 사또를 만나
> 의견을 조정한 후 사또 발언은 대만조항을 대만정세에 관한 질문으로
> 잘못 듣고 대답한 것이라고 정정했다.[17]

이 과정에서 대만조항의 문제와 한국조항의 문제의 연동성이 또
한 문제가 되었고 이에 대해 『중앙일보』는 다음과 같이 우려를 표명하
였다.

---

17 "한국조항과 대만조항." 『중앙일보』, 1972. 02. 01, https://news.joins.com/
   article/1312749

… 1월 31일의 의회 답변에서 사또 수상은 금년 초 미일 정상회담에서 "양국 수뇌는 과거 10여 년간 유지되어 온 미일 안보체제가 변하지 않고 지속된다는 것과 미일안보조약의 적용에도 변화가 없다는 것을 인식했다"고 밝혔다.

이 답변이 '한국 및 대만조항 소멸 운운' 발언의 취소를 의미하는 것으로 간주할 수 있느냐에 관해서는 의문이 적지 않다. 그러나 사또는 의회 답변에서 "한반도 문제에 관한 한 유엔 결정을 존중하는 일의 태도는 불변한 것"이라고 말함으로써 '두 개의 한국 정책'을 추구할 의사가 전혀 없음을 명백히 하였다.

이 점, 일 정부가 대한 정책의 기본을 변경할 의사가 없음을 명확히 표시한 것을 우리는 환영한다. 그러나 일본 정부가 한국 문제와 대만 문제를 되도록 같은 시야, 같은 차원에서 다루어 보겠다는 사고방식을 갖고 있음을 우리는 유감으로 생각한다. 세크라멘티에서 행한 기자 회견에서 사또 씨는 "69년 미일 성명 중의 한국조항과 대만조항의 차이가 72년 미일성명이 표시하는 동북아 정세에 대한 인식의 차이는 어떤 것이냐"는 질문에 대해 "대만과 한반도에 대한 인식은 이번에는 변함이 없다. 그러나 대만조항의 형해화는 한국조항의 형해화와 같은 것"이라고 시사했었다.[18]

이와 같은 점에서 1970년 10월 한국 외무부의 최광수가 1960년 아이젠하워-기시 정상회담 공동성명의 한 조항을 문제 삼고 이에 대해 미국 정부에 질의를 했었다는 사실은 매우 흥미롭다고 할 수 있다.

---

18 『중앙일보』, 1972. 02. 01.

오늘 아침 면담에서 최광수는 '외교 공약'에 관한 자신의 문안을 준비하는 과정에서 한국정부에 의해 검토된 아이젠하워-기시 공동성명에 대해 언급하였다. 나는 그 문안의 카피를 부탁했고 그는 아래의 문서를 제공하였다.

동봉한 서류 3페이지의 한 문단은 실제로 "미 정부는 조약 하의 사전 협의를 포함하는 문제들에 대해 일본 정부의 요청에 반하는 방식의 어떠한 행동도 할 의도가 없다"라는 표현이 들어 있다.[19]

이러한 부분은 당시 한국 정부가 미국에 의한 '방기의 우려'와 함께 일본 정부의 입장에 따른 미 정책의 변화에 대한 우려를 갖고 있었다는 점을 시사해 준다.

III. 다나카 수상 시기 한국조항의 부재

오키나와 반환의 의제가 사토 수상 시기의 가장 중요한 현안이었다면 다나카 수상 시기의 가장 중요한 외교적 안건은 중일국교정상화였다고 할 수 있다. 한국 정부는 이 문제가 일본의 대북정책에 영향을 줄 것으로 우려하였고, 다음의 미국 문서는 이러한 측면을 잘 보여주고 있다.

닉슨 대통령의 북경 방문, 아시아에서 데탕트의 전반적이고 점증하는

---

19   "From Peters to Ranard," Lot Files, 73D 360, RG 59, National Archives.

분위기, 김일성의 평화공세 전략 등은 동맹국인 미국과 일본이 곧 북한과의 관계를 개선할 것이라는 한국 측의 우려를 낳았다. 가장 최근으로 한국의 지도자들은 자신들의 북한과의 대화가 이러한 정책 변화를 촉진시킬 것으로 걱정하였다. 일본 정책에 대한 한국의 우려는 다나카의 당선과 북경과의 관계를 정상화하려는 그의 신속한 행동에 의해 더욱 증대되었고, 이러한 전개가 1969년 닉슨-사토 공동성명에서 인정된 일본의 한국 안보에 대한 관심의 약화로 이어질 것으로 걱정하였다. 게다가 최근에는 북한에 대한 좀 더 탄력적인 태도를 부여하려는 일본 정부의 일련의 조치가 있어 왔다….

우리는 일본과 북한 사이의 장기적인 경제적, 그리고 심지어 정치적인 관계에도 원칙적으로 반대하지 않는다. 북한과 공산 중국으로부터의 심각한 반대의 증대와 북 아시아에서 긴장의 확대를 불러일으킬 수 있는 일본의 한국에 대한 집중적이고 배타적인 관여보다 남한과 북한에 대한 균형 있는 일본의 관여가 좀 더 이로울 수도 있다. 하지만 남북한 사이의 대화가 취약하고 초보적인 단계에 있는 상황에서, 우리는 한국이 북한에 비해 자신의 위치가 불안정해진다고 믿게 만드는 일본의 대북정책의 변화를 보게 되기를 원하지 않는다.[20]

다나카 수상 시기 중국과 일본 사이의 관계 개선은 양측 모두의 적극성에 의해서 진행되었다.[21] 사토의 중국관에 대해 불만을 갖고 있

---

20 "From Ranard to Green," Pol 5-2 Japan, Subject-Numeric Files, RG 59, National Archives.
21 일본의 대중 교섭에 있어서는 당시 외상이었던 이케다가 중요한 역할을 담당하였다. 이 과정의 이해를 위해서는 핫토리 류지(2017)를 볼 것.

었던 중국은 사토가 물러나고 다나카가 등장하자 국교정상화를 일거에 성취하고자 하였다. 중국은 다나카 내각 취임 이틀 뒤인 1972년 7월 5일 방일단을 파견하여 주은래가 설정한 '복교 3원칙'이 교섭의 전제가 아니라는 뜻을 전달하였다.[22] 국교정상화에 대해 초기에 신중한 입장을 견지했던 다나카 수상은 소위 '다케이리 메모'에 의해 적극적인 태도로 전환하였다.[23] 1972년 9월 25일 다나카 수상이 이끄는 교섭단은 북경에 도착해서 단 4일 간의 협상을 통해 국교정상화에 합의하였다. 이러한 신속한 타결은 주은래의 소련의 대일 접근에 대한 우려와 함께, 미중일 관계에서의 일본의 역할 확대에 관한 다나카의 전략적 고려에 따른 것이었다. 국교정상화 10년 후 다나카는 자신의 판단을 아래와 같이 이야기하였다.

> 일본으로서는 국가안보를 위해 미일안보조약뿐만 아니라 중국과의 우호관계를 결부시킬 필요가 있었다. 일미중 3국이 이등변삼각형 형태의 관계를 형성하면 극동에 평화가 온다. 일본이 중국과 국교를 정상화하는 것은 아시아에 나토를 만드는 것보다 강력한 안전보장이 된다.[24]

---

22 이는 첫째 중화인민공화국이 중국을 대표하는 유일한 합법정부이고, 둘째 대만은 중화인민공화국의 불가분한 일부이며, 셋째 일-중화민국 평화조약은 불법, 무효이므로 폐기되어야 한다는 내용이었다(손열 2014, 4).

23 주은래는 일본 공명당 다케이리 위원장에게 중국이 미일안보조약과 1969년의 닉슨-사토 공동성명의 대만조항을 거론치 않겠다고 이야기했으며, 센카쿠 영유권 문제에 대해서도 유연한 입장을 보이고 일본에게 배상청구권을 제기하지 않겠다는 모택동의 결정을 전달하였다(손열 2014, 5-6).

24 손열(2014, 9)에서 재인용. 이와 같은 미중일 관계에서의 일본의 위치는 소위 '낭만적 삼각관계'에서의 '중추'(pivot) 역할에 해당한다. Dittmer(1981)을 볼 것.

따라서 동아시아의 데탕트가 미국의 주체성에 의해서 시작된 것은 사실이나, 실제적인 해빙의 제도화는 중국, 그리고 일본의 정책적 주체성에 따른 것이었다고 할 수 있다.[25] 잘 알려진 것처럼 데탕트의 설계자 키신저는 이러한 중일관계의 급속한 진전에 대해 유보적인 자세를 취하고 있었다. 그는 중일교섭 자체에 반대하지는 않았지만 중일수교가 미중수교보다 빨리 전개되는 것을 원하지 않았고, 아울러 일본의 독자적 노선의 등장으로 인해 동아시아에서 자신의 전략적 이익이 훼손되는 것을 우려하였다(손열 2014, 6-7). 이와 같은 부분이 바로 닉슨-사토 공동성명에서 표명되었던 대만조항과 한국조항에 대한 미중 간 논의로 이어졌다. 1972년 6월 19일 키신저의 북경 방문 시, 중국은 닉슨 대통령의 중국 방문 이후 대만조항은 더 이상 타당치 않다는 입장을 개진하면서, 그가 일본과 한국의 안보가 연결되어 있다는 한국조항이 여전히 유효하다고 생각한다는 일본 언론의 보도에 대해서 질문하였다. 미국 문서에 나타난 키신저의 답변은 다음과 같았다.

일본인들이 내게 말했지 내가 그들에게 말한 것이 아니다. 내가 대화를 나눈 대부분의 사람들이 대만에 대해서 그들이 혼란을 느끼고 있고, 한국은 매우 특별한 사례라서 일본의 안보가 그들의 안보와 밀접하게 연결되어 있다고 이야기했다. 나는 특별한 의견을 표시하지 않았다. 내가 수상에게 말씀드렸듯이 우리는 일본이 한국에서 군사적 역할을 행사하도록 촉구하지 않는다. 실제로 그에 반대하고 있다. 그러한 이유로 우리가 한국으로부터 궁극적인 철군의 원칙을 세우고 있지만, 수상이 설명하셨듯이, 일본이 개입할 가능성이 많기 때문에 시

25　이러한 맥락에서 1956년 하토야마 이치로 수상에 의해 행해진 일소국교정상화의 사례도 흥미롭다고 할 수 있다.

간을 두고 진행하려 하고 있다.

우리는 이러한 이해를 바탕으로 일본이 자신의 영토 밖에서 군사적 역할을 수행하는 것을 허용치 않으려 한다.[26]

이와 같은 미국의 고려와 함께 다나카 역시 중국과 국교정상화를 한 이후 미일 정상회담에서 다시 한국조항을 언급할 필요성을 느끼지 않았을 것으로 생각된다. 일본의 문서는 1973년의 닉슨-다나카 정상회담의 내용을 정리하면서 아래와 같이 서술하고 있다.

이번 일미 정상회담에서는 한마디로 말해서 '세계 속의 일미관계'라는 거시적인 입장에서 토의를 진행하면서 그 중에서 일본외교의 새로운 방향을 발견한다는 관점에서 양국 간의 문제보다는 양국 간 틀을 넘어선 국제정치문제(일미 양국의 대중, 대소, 대아시아 외교 등) 및 국제경제문제(다자 라운드, 국제통화, 에너지 문제 등)에 대한 의견 교환이 큰 비중을 차지하였다. 그리고 공동성명에 있어서도 국제정치 및 국제경제상의 여러 문제에 대하여 이후에 긴밀한 협의 및 협력을 해나간다는 자세가 두드러져, 일본의 국제적 지위가 크게 향상되었다는 것을 실감할 수 있는 내용이 담겨 있었다….

양 정상은 일본과 밀접하게 관련되는 아시아 지역의 최근 평화에의 움직임, 즉 일본과 중화인민공화국의 국교정상화 및 미국과 중화인민공화국의 정상적 관계로의 발전에 만족하면서, 파리협정의 충실한 이

26 "Document 233: Memorandum of Conversation," *Foreign Relations of the United States (FRUS), 1969-1976, Vol. XVII: China, 1969-1972*, Government Printing Office. http://history.state.gov/historicaldocuments/frus1969-76v17/d233

행에 의하여 인도차이나에서 안정적이고 영속적인 평화가 확립될 수 있다는 강한 희망을 피력하였고, 한편으로 한반도에 있어서 평화의 새로운 전개에 대해서도 이야기 하였다.

이와 같이 최근의 아시아 정세는 전체적으로 평화의 방향으로 가고 있으며, 이에 가능한 범위에서 협력을 하는 것이 선진국이자 경제적 대국인 일본의 아시아에서의 책무라 할 수 있다. 이는 아시아의 안정과 평화가 일본의 평화와 밀접하게 관련되어 있는 현실에서 대아시아 외교를 강조하고 있는 일본으로서는 당연히 생각해야 할 일이다.[27]

따라서 1973년의 닉슨-다나카 회담에서 한반도 문제는 큰 비중을 차지하고 있지 않았으며, 한국에 대한 논의는 한국조항 부재의 측면과 더불어 이후 등장할 '신한국조항'으로의 이행의 조짐을 보이고 있었다고 할 수 있다.[28] 이러한 상황은 1974년 포드-다나카 회담에서도 유사하게 지속되었다. 1974년 11월 포드 대통령의 일본 방문 시 다나카 수상, 기무라 외상과의 대화는 일본 외교문서에서 다음과 같이 정리되어 있다.

한국 문제와 관련해서 1. 남북대화는 안타깝게 정체되어 있다. 한반도의 안정에는 주한미군의 억지력이 공헌하고 있다. 2. 북한에 대해 미국의 대한 지원이 약화되는 인상을 주지 않는 것이 중요하다. 이러한 점에서 포드 대통령의 방한이 갖는 의미가 있다.

---

27 일본 외무성 정보문화국, 『세계의 움직임』, No. 275, 1973.
28 1972년부터 1974년까지 다나카의 국회소신표명 연설에서 한국에 대한 언급이 거의 없었다는 점에서 그의 한국에 대한 무관심의 일단을 파악할 수 있을 것이다. http://worldjpn.grips.ac.jp/index-PC-ENG.html.

최근 인도차이나 정세가 한반도에 미치는 영향이 주목되고 있지만, 한반도는 다음의 여러 면에 있어서 인도차이나와는 그 사정이 다르다. 1. 현행 휴전협정이 유효한 역할을 하고 있다. 2. 미, 중, 소 3국의 이해관계도 사정을 변경시키는 방향에 주어져 있지 않다. 3. 미국의 명확한 대한 공약이 있는 것은 포드 대통령의 4월 10일 연설에도 명확하게 나타나 있다. 4. 한국 내에서 공산주의 체제를 받아들이는 국내적 움직임은 보이지 않는다.[29]

차의 설명에 따르면 이 시기는 중화인민공화국과 데탕트를 구축하고 미국으로부터는 안보 공약의 재확약을 받은 일본이, 지속적으로 방기의 우려를 느끼면서 국내 정치체제를 경직시켜가는 한국과는 다른 위협인식을 갖게 된 기간이었다.[30] 즉 일본은 오히려 한국조항에 대한 지나친 집착에 따른 '연루의 우려'를 갖게 되었다는 것이다(Cha 1999, 139-140). 하지만 이러한 설명은 데탕트 시기 미국의 정책전환이 한일관계를 좌우했다는 그의 기본적 주장과는 달리, 미국의 정책 변화에 따른 냉전체제의 이완과 함께 중국의 전략, 그리고 그에 연관된 일본의 인식 전환 요인이 한국조항의 부재로 상징되어지는 한일관계의 변화에 함께 영향을 미쳤다고 보는 것이 오히려 적절하다는 것을 나타내준다. 이는 1972년 공표된 다나카 수상의 10대 기본정책 중 아홉 번째로 언급된 일본의 남북한 등거리 외교 모색과 맞물려 있었다(하야사카 시게조우 2016, 189-190).

---

29   "본국외교정책/대아시아," 분류번호 2012-1484, 일본 외무성 외교사료관.
30   이러한 사실은 한미일 관계 내 미일관계와 한미관계 사이의 위계성의 존재를 보여준다고 할 수 있다.

9. 조선반도의 긴장 완화와 남북의 평화적 통일에 관하여 우방국들과 함께 협력한다.[31]

IV. 신한국조항

이른바 '금권정치'의 후유증에 의해 다나카 수상이 사임하게 되자, 상대적으로 청렴한 이미지를 갖고 있었고 자민당의 근대화를 주장해 왔던 미키가 수상으로 취임하게 되었다. 미키 수상은 1975년 8월 미국 포드 대통령과 정상회담을 갖고 11월에는 제1차 선진국정상회담에 참석하는 등 대외관계에 의욕을 보였다. 하지만 그의 대외정책은 "국제평화와 아시아/태평양 지역의 안전을 위하여 국제협력 정책을 택한다"는 기존의 정책 틀에서 벗어나지 않았다(한상일 1997, 240). 1975년 미일 정상회담의 공동성명에는 소위 '신한국조항'이 포함되었는데, 그 내용은 "한국의 안보가 한반도 평화에 필수적이며, 한반도의 평화는 일본의 안보에 필요하다"는 내용이었다. 이는 한국과 일본의 안보를 직접적으로 연결시켰던 본래의 한국조항과는 크게 다른 의미를 가진 것으로 해석될 수 있다.[32]

두 조항의 차이는 기본적으로 당시의 관련국들의 위협인식의 차이에 의해서 설명될 수 있다. 예를 들어 1970년에도 미국은 주은래의 평양 방문에 주목하면서 자신의 문서에서 아래와 같은 그의 언급을 인

---

31   다나카는 아울러 남북한 유엔 동시가입 결의안에 대해 반대하지 않겠다는 입장을 표명하였다.

32   여기에서 '한국의 안보'가 명시된 것은 당시 사이공 함락 이후 한국의 위협인식을 고려한 것으로 보인다. 하지만 이후 미일정상회담의 한반도 논의에서 '한국의 안보'라는 표현은 더 이상 사용되지 않았다(박선원 2001, 326).

용하고 있었다.

> 한국에서 미국의 제국주의자들은 아직도 남반부에 머무르면서 한
> 국 인민들을 착취, 억압하고 통일을 방해하고 있다. 미국은 한일관계
> 를 조정하고, 나아가 일본의 군사력을 제휴세력으로 사용하려고 한
> 다. 미 통제 하의 '동북아 군사동맹'과 반동세력으로서 일본은 실질적
> 으로 자리를 잡았고, 이는 북한의 안보에 대한 심각한 위협을 제기한
> 다…. 미국의 목적은 중국을 주적으로 상정하고, 중국에 대한 군사적
> 포위를 가속화하는 것이다. 따라서 베트남인, 한국인, 중국인, 그리고
> 모든 아시아 인민들은 미국의 군사적 위협과 함께 그 제국주의적 공
> 격을 맞서 싸워야 하는 공동의 임무를 갖는다.[33]

현상유지를 지향하는 '두 개의 한국정책'의 기원은 1968년의 미국
문서에서 처음 발견되나,[34] 1969년과 1970년 한미일 삼국은 북한의 위
협을 다루는 삼자협의체를 지속적으로 가동하고 있었다. 또한 1971년
주미 일본대사는 미국의 대중국정책 전환에 따른 미국에 대한 신뢰 문
제를 방중을 앞둔 키신저에게 아래와 같이 제기하였다.

> … 일미관계는 신뢰의 위기에 처하고 있다…. 양국 간 상호관계는 일
> 미 또한 미중관계만큼 중요하다고 생각한다. 이러한 점을 닉슨 대통
> 령도 알고 있지만 요즈음은 이를 효과적으로 명시하지 않는다. 일본
> 에는 미국이 중국에 기울면서 일본을 경시하는 태도를 보인다고 염려

---

33 "From Kreisberg to Brown," NK Int. Relations, Lot Fiels, RG 59, National Archives.
34 Department of State, US Policy toward Korea, 1968. 이는 기본적으로 북한을 단순한
    적국이 아닌 '구체적인 정책이나 계획의 대상'으로 간주할 것을 권고하고 있었다.

하는 경향이 있다. 본인은 그렇게 생각하지 않으나, 이러한 심리적 경향이 존재한다는 사실을 고려하여 귀하의 이번 방중에 즈음해서는 일미관계의 안정에 도움이 되도록 배려해서 행동하시길 바란다.[35]

하지만 이와 같은 일본의 냉전적 안보 인식과 방기의 우려는 중일관계 정상화에 따라 오래지 않아 크게 감소, 소멸하였고, 이는 위에서 언급된 북일관계 개선 모색으로 이어졌다. 따라서 오히려 대중관계와 한반도에 대한 일본의 적극적인 주체성 행사를 미국의 제어하려는 방식으로 동아시아의 국제정치가 이루어졌던 것이다. 1972년 8월 한반도 문제에 대해 미국은 일본에게 아래와 같이 권고한 바 있었다.

우리는 현재의 남북한 접촉의 전개를 한반도에서 긴장을 완화하는 가장 중요한 수단으로 간주한다. 이 과정은 느리고, 매우 초보적이며, 또한 취약하다. 우리는 일본이 대북관계에 있어 너무 앞서 나가서 한국이 자신의 입장이 경시되고 있다고 느끼게 되기를 원치 않는다.
우리는 일본이 북한과의 관계의 확대에 대해 한국이 놀라움이나 충격을 느끼지 않도록 미리 설명해주기를 바란다.
우리는 일본이 한국에 대한 경제적, 기술적인 지원을 지속함으로써 일본이 너무 빨리 북한에 접근하고 있다는 한국의 우려를 상쇄시켜주기를 바란다.
우리는 우리 자신의 대북 정책에 있어서 빠른 전환을 예상하고 있지 않다. 우리는 이 문제에 대해 일본과 한국 정부와 밀접하게 협의할 것이며, 일본도 자신의 계획에 대해 우리에게 알려주기를 바란다.[36]

35 "나카가와 대사가 외무대신에게 보낸 서한," 미국외교(대일관계), 분류번호 2015-1122, 일본 외무성 외교사료관.

　　이러한 미국의 태도를 고려한다면, 오히려 미국이 미일관계와 한일관계에 있어서의 한국조항을 강조하고 있었으며, 일본은 위협인식의 전환에 따른 자기 나름의 두 개의 한국정책을 추진하고 있었다고 볼 수 있다. 그러므로 한국조항의 부재나 신한국조항의 내용은 미국의 정책적 의도라기보다는 일본의 의도가 반영된 것으로 해석되는 것이 보다 적합하며, 이후 한미일 관계 속의 한일관계는 미국 요인과 더불어 김대중 납치 사건이나 문세광 사건과 같은 우발성(exigency)과 한국의 국내정치에 관련된 한일 양자관계 자체의 문제에 따라서 움직이게 되었다.

V. 결론

미 정부는 닉슨 독트린이 한반도에 미친 영향에 대하여 다음과 같이 긍정적인 평가를 내리고 있었다.

　　닉슨 독트린 적용 이후 3년 동안 한반도의 상황에서 의미 있고 긍정적인 영향이 나타나게 되었다. 1971년 7월 2만 명의 병력 철수를 통해 미국이 주한미군을 재조정하자, 한국은 자주국방을 위한 자신의 새로운 책임을 받아들이고 자신감과 열정을 갖고 분단문제를 해결하기 위한 조치를 취하기 시작하였다.[37]

36　"From Ranard to Green," Pol 5-2 Japan, Subject-Numeric Files, RG 59, National Archives.

37　President's Review of Foreign Policy, 1972, 10. 13, Pol 5-2 US, Subject-Numeric Files, National Archives.

그러나 남북한 간의 해빙의 분위기는 오래 지속되지 못했고, 사실상 두 개의 한국정책을 택한 미국과 일본에 대하여 박정희는 전략무기 개발과 국내 정치체제의 권위주의화로 대응하였다. 이는 한국조항의 명문화에도 불구하고 세 나라의 위협인식의 차이로 인해 데탕트 시기 한미일 3국 사이의 안보관계가 상대적으로 협력적이지 못했다는 것을 의미한다.[38]

한미일 관계는 일본의 전수방위 조항과 한국의 전작권 부재로 인해 특수한 주권적 관계를 그 특징으로 하고 있다. 따라서 미국의 정책변화가 다른 양자관계와 일본과 한국의 대외정책전환에 중요한 역할을 수행하는 것은 분명한 사실이다. 하지만 이 연구의 한국조항의 등장, 부재, 수정 과정에 대한 역사적 검토가 보여주는 것처럼, 한일 간의 양자관계가 미국이라는 구조적 요인에 의해 일방적으로 영향을 받는 것은 아니며 일본, 그리고 한국의 주체성 역시 의미 있는 변수로 작용한다는 것을 알 수 있다.[39] 즉 한미일 관계에서 미일, 한미의 양자관계가 비교적 위계적인 성격을 갖는 것에 비해, 한일관계는 상대적으로 자율적인 역동성을 갖고 있었던 것으로 보이며, 이는 냉전의 종언과 한국의 민주화 이후 좀 더 분명하게 나타나고 있다고 할 것이다.[40]

38　차 역시 1972년에서 1974년 사이의 기간 동안 한일 양국 안보협력 관계가 북한 문제로 인해 갈등을 빚었다는 점을 지적하고 있다(Cha 1999, 119).

39　이러한 면에서 한미일 관계 속의 한일관계는 삼자관계의 체제가 갖는 거시적 요인과 한국과 일본 두 행위자 사이의 미시적 상호작용이 함께 작용하는 영역이라고 할 수 있다. 이는 루만의 체제이론에서 언급되는 '경계조건'(boundary conditions)이나 '이중의 우발성'(double contingency) 개념을 통해서 이해될 수 있을 것으로 보인다. 민병원(2017)을 참조할 것.

40　이와 같은 점에서 서론에서 언급된 것처럼 한미일 관계 속의 한일관계의 설명에 있어 구조적 현실주의가 갖는 한계가 드러나는 것이다. 전재성은 신현실주의, 즉 구조적 현실주의가 비서구의 현실이 하나의 조직원리로 설명되지 않는다는 사실에 무관심하다고 지적하면서, 서로 다른 지역에 대한 차별적 조직원리에 대한 고찰이 필요하다고 주장한다(전

차는 미 공약의 변동이 일본과 한국의 위협인식이라는 성향적 변수를 거쳐 양국 사이의 관계를 좌우했다고 주장하였다(Cha 1999, 202). 그러나 미국에 의한 방기의 우려가 한국조항을 통해 한일 간의 협력관계를 도출했던 시기는 극히 짧았고, 이는 닉슨 독트린의 영향이라기보다는 오키나와 반환이라는 사건의 처리를 통해 도출되었다고 볼 수 있다. 미국의 정책적 주도로 시작된 동아시아의 데탕트는 그 전개 과정에 있어서 미국의 정책뿐만 아니라 중국과 일본, 그리고 남북한이라는 지역적 행위자의 각기 다른 대응에 따라서 복잡하게 전개되었다. 그러므로 이 시기의 고찰 역시 구조적 현실주의의 간결한 논리보다는 주체-구조 문제와, 적응적 주체로서의 일본의 역할을 포괄하는 복합성의 고려를 통해 이루어지는 것이 더 적절하다고 생각되며, 이러한 측면은 탈냉전기에 더욱 두드러지게 되었다고 할 수 있을 것이다.

재성 2011, 46).

참고문헌

1차문헌

미국 국립문서보관소(National Archives and Records Administration) 문서
일본 외무성 외교사료관(日本 外務省 外交史料館) 문서
일본 외무성 정보문화국, 『세계의 움직임』, No. 275, 1973.

2차문헌

1. 국문
김남수·신욱희. 2015. "1972년 미중 데탕트에서 '미일동맹 문제' 처리의 의미와 한계."
    『한국정치외교사논총』 37권 1호.
박선원. 2001. "냉전기 한미일관계에 대한 체계이론적 분석." 『한국정치외교사논총』 23권 1호.
민병원. 2017. "국제정치와 시스템이론: 동아시아 국제정치이론에 대한 메타이론적 고찰."
    전재성 편. 『세계정치 26: 복잡성과 복합성의 세계정치』. 서울: 사회평론아카데미.
손열. 2014. "미중데탕트와 일본: 1972년 중일국교정상화 교섭의 국제정치." EAI
    국가안보패널보고서. 서울: EAI.
신욱희. 2017. "체제, 관계, 복잡성/복합성, 삼각관계." 전재성 편. 『세계정치 26: 복잡성과
    복합성의 세계정치』. 서울: 사회평론아카데미.
윤덕민. 1991. "미일 오키나와 반환협상과 한국외교: 오키나와 반환에서 보는 한국의 안보를
    둘러 싼 한미일의 정책연구." 『국제정치논총』 31권 1호.
전재성. 2005. "1960년대와 1970년대 세계적 데땅뜨의 내부 구조: 지역적 주도권의 변화과정
    분석." 『국제정치논총』 45권 3호.
_____. 2011. 『동아시아 국제정치: 역사에서 이론으로』. 서울: EAI.
최희식. 2011. "한미일 협력체제 제도화 과정 연구: 1969년 한미일 역할분담의 명확화를
    중심으로." 『한국정치학회보』 45권 1호.
한상일. 1997. 『일본전후정치의 변동: 점령통치에서 새 체제의 모색까지』. 서울: 법문사.

2. 번역서
하야사카 시게조우. 2016. 『다나카 가쿠에이 회상록』. 서울: 광제당.
핫토리 류지 저. 서승원·황수영 역. 2017. 『중국과 일본의 악수: 1972년 국교정상화의 진실』.
    서울: 역락..

3. 영문
Cha, V. 1999. *Alignment despite Antagonism: The US-Korea-Japan Security Triangle*.

Stanford, CA: Stanford University Press.

_____. 2016. *Powerplay: The Origins of the American Alliance System in Asia*. Princetn, NJ: Princeton University Press.

Dittmer, L. 1981. "The Strategic Triangle: An Elmentary Game-Theoretic Analysis." *World Politics* Vol. 33, No. 4.

Holland, J. 2014. *Complexity: A Very Short Introduction*. Oxford: Oxford University Press.

Jervis, R. 1997. *System Effects: Complexity in Political and Social Life*. Princeton, NJ: Princeton University Press.

Snyder, G. 1984. "The Security Dilemma in Alliance Politics." *World Politics* Vol 36, No. 4.

Waltz, K. 1979. *Theory of International Politics*. Addison-Wesley.

Wendt, A. 1987. "The Agent-Structure Problem in International Relations Theory." *International Organization* Vol. 41, No. 3.

제6장   미일 안보동맹의 강화와 일본
         국내정치: 미일신가이드라인과
         주변사태법 재고(再考)

이정환(서울대학교)

* 이 글은 『일본공간』 제27호에 게재된 논문을 저서 형식에 맞추어 수정·보완한 것이다.

I. 서론

2012년 12월 26일에 출범한 제2기 아베 신조(安倍晋三) 정권은 전후 일본 안보정책 기조의 대폭적 변화를 가져왔다. 일본 헌법 9조의 전쟁 방기와 전력 불보유를 자위권의 제한적 행사로 해석하고 이에 기반해서 전수방위 원칙을 유지했던 '요시다 노선'의 전후 일본 안보정책 기조에서 이탈해서, 소위 '아베 독트린'을 수립한 것으로 평가된다(Hughes 2015). 2014년의 '집단적 자위권에 대한 해석변경의 각의 결정'과 그에 수반된 2015년 안보법제 개편은 아베 정권기 안보정책상의 변화를 상징한다. 아베 정권기 일본 안보정책의 변화 요인에 대한 분석에는 중국의 부상이라는 국제구조 변동의 시스템적 요인에 대한 대응으로 설명하는 시각(윤덕민 2013; 박병광 2014)과 아베와 핵심 정책결정자들의 정책선호를 강조하는 시각(박영준 2013; 조양현 2019)이 공존하고 있다. 한편, 아베 정권기 안보정책의 변화에서 국제구조 변동의 체제적 요인과 정책결정자의 정책선호라는 행위자 요인 사이를 매개하는 변수로 논의되는 국내 정치과정 요인으로는 일본 정치권 내 안보담론의 획일화와 이에 부합하는 정치세력의 전반적 보수화가 논해진다(나가노 고이치 2016; 塚田穂高 2017).

　하지만, 아베 정권기 안보정책 변화는 일본의 전후 안보정책 역사의 중요 국면과 비교해서 국내정치 변수가 정책 내용을 제약하는 성격이 덜하다. 1950년대 요시다 노선과 이에 반하는 자주노선과 비무장중립 노선의 정치적 삼각 대립 구도, 1960년 미일안보조약 개정 정국의 보혁 대결, 1960년대 후반 오키나와 반환을 둘러싼 미일 교섭 국면에서 심화된 국내적 보혁대립과 그와 연결된 비군사규범의 제도적 강화 등에서 발견되듯이 냉전기 일본의 안보정책 변화 사례에는 국내정치

변수가 안보정책 변화를 제약하는 성격이 발견된다(파일 2008, 7-8장; 오구마 에이지 2019, 11-12장; Chai 1997). 물론 냉전기와 달리 탈냉전기에는 일본의 안보정책에 대한 국내 정치집단 사이의 정책선호에서 실질적 합의가 도출되었고, 국내정치가 안보정책 변화에 대한 실질적 제약 요인으로 작동하지 못하였다는 주장이 가능하다(Soeya 2011, 74-77; 助川康 2007). 1990년대 중반 사회당의 정책 전환을 기점으로 일본 정치권 내에서 안보정책에 대한 보혁대립의 약화된 것이 사실이다. 하지만, 혁신 세력의 약화라는 요인으로 탈냉전기의 안보정책 변화에 대한 국내정치 변수의 약화를 모두 설명할 수 있는지는 의문이다. 혁신 세력의 약화는 1990년대 중반부터 지난 20여 년간 상수라 할 수 있다.

본 장은 아베 정권기 안보정책 변화에서 발견되는 국내 정치과정의 비가시성에 대한 의문에서 출발하여, 1990년대 후반 일본 안보정책 변화 사례에서 국내 정치과정을 재검토하려는 시도이다. 이를 통해서 혁신 세력의 약화라는 공통의 조건 속에 진행된 1990년대 후반과 2010년대 중반의 안보정책 변화 시도에서 발견되는 국내정치 변수의 유사성과 차이점을 찾아보고자 한다. 1990년대 일본의 안보정책 변화는 1997년 미일방위협력을위한지침(미일안보가이드라인)의 개정(미일 신가이드라인)과 1999년 주변사태법의 제정으로 대표된다. 미일 양국 간 안보협력 기본틀의 변화와 이에 수반하는 일본 국내 법적 체제 개편의 모양새는 2015년 미일안보가이드라인의 재개정과 안보법제 개편의 진행 방식과 유사하다. 아베 정권기 안보정책 변화는 탈냉전기 이후 일본이 꾸준히 진행하여 온 미일동맹 강화 속에서 일본의 군사적 역할을 강화하는 미일 안보협력의 발전으로 해석할 수 있다(Liff 2017; Hosoya 2019). 즉 아베 정권의 안보정책은 냉전기와 비교하였을 때는 성격 유형이 완연하게 다른 형태로 대변동되었지만, 탈냉전기만 놓고 보면 미일동맹 강화라는 틀 속에서의 점진적 강화라는 연속적 측면으로 이해될 수 있다. 이 차원에서 1990년대 후반 하시모토 류타로(橋本龍太郎) 정권과 오부치 게이조(小渕恵三) 정권에서 이루어진 안보정책 변화는 2010년대 중반 아베 정권의 안보정책 변화를 이해하는 비교대상이 될 수 있다.

본 장은 아베 정권기와 1990년대 후반의 일본 안보정책 변화를 직접적으로 비교분석하는 대신에, 1990년대 후반 미일신가이드라인의 도출과 주변사태법의 제정 과정에서 일본 국내 정치과정을 집중적으로 분석하고자 한다. 그 분석을 통해서 제2기 아베 정권의 안보정책 변화 사례에 대한 함의를 도출하고자 한다. 1990년대 미일신가이드라인과 주변사태법에 대한 기존 연구에서는 북한의 핵위협과 중국의 부상이라는 국제구조 변동 요인을 강조하는 관점이 주류적이다(Samuels 2007, 6장; Soeya 2011, 80-82). 한편, 제2기 아베 정권기 안보정책 변화 사례에서 아베의 개인적 신념에 대한 많은 관심과는 달리, 미일신가이드라인과 주변사태법에 대해서는 당시 최고지도자의 정책선호가 핵심 변수로서 논해지지 않는다. 대신, 일본 내 보혁대립 구도의 소멸이나 일본 사회 여론의 미일동맹 강화에 대한 지지라는 국내정치 변수를 그 배경으로 설명하고 있다(소에야 요시히데 2006, 5장). 본 장은 기존 연구가 강조하는 국내정치 변수상의 보혁대립 구도의 완화, 미일동맹 강화에 대한 사회 여론의 지지에 더해서, 집권 자민당 내의 정국 운영 구상을 둘러싼 차별화된 입장 사이에 있었던 대립 구도의 의미를 강조하고자 한다.

이 글의 구성은 다음과 같다. 우선 탈냉전기 일본의 변화된 안보환경과 이에 대한 대응 결과로 미일신가이드라인과 주변사태법을 설명한 후, 이러한 안보정책 변화에 대한 국내정치 변수로서 정당의 정책선호, 사회 여론의 정책선호, 그리고 집권 자민당 내의 논의 과정에 대해서 다루고자 한다. 그 후에 1990년대 후반의 사례가 아베 정권기 안보정책 변화를 이해하는 데 주는 함의를 논하고자 한다.

II. 탈냉전기 미일동맹의 강화

1. 탈냉전기 일본 안보환경의 변화

냉전기 일본의 핵심적 안보위협 대상은 소련이었다. 물론 미일안보조약 속에서 소련의 일본 공격이 실질적인 미국과의 전면전을 의미하는 상황에서, 소련의 일본에 대한 직접적 무력 침공의 현실성에 대해서는 꾸준히 의문이 제기되어 왔다. 대표적으로 냉전기 비무장중립 노선을 대표하던 국제정치학자 사카모토 요시카즈(坂本義和)는 소련의 군사위협이 보수주의자들에 의해서 의도적으로 강조되고 있음을 주장하며 이를 비판하였다(坂本義和 1982). 하지만, 지리적으로 일본을 직접 공격할 수 있는 근린 국가는 소련밖에 없었고, 냉전기 일본의 방위구상이 소련을 상대로 수립되는 것은 당연하다. 1980년대 안보논쟁에서 군사적 현실주의를 대표하던 오카자키 히사히코(岡崎久彦)가 일본의 군사력 강화를 주장하면서 내세운 논리도 극동지역에서 소련의 군사력이 미군 제7함대의 전력을 넘어선 것이었다(Okazaki 1982, 189-190). 개별적 자위권 행사 대상이 되는 일본에 대한 직접 공격의 잠재적 출처가 소련뿐인 상황은 냉전기 일본 안보환경의 기본적 조건이었다.

　탈냉전기에 들어 일본의 안보환경은 크게 변화하였다. 소련 대신에 북한과 중국이 일본의 새로운 안보위협 요인으로서 위상이 차츰 커져갔다. 하지만 1990년대 초에 북한과 중국으로부터의 안보위협이 구체화되기 이전에, 일본은 유엔 평화유지활동(PKO) 참여를 둘러싼 새로운 국제 여건을 맞이하였다. 일본은 1991년 걸프전에서의 국제 공조에 참여하지 못했다. 자금 지원에 입각한 국제 공헌이 국제사회에서 수용되지 않는다는 점에 대한 반성 속에서 일본은 1992년 PKO협력법을 통과시킨 후 유엔캄보디아잠정통치기구(UNTAC)에 자위대를 파견시켰고, 1993년에는 모잠비크에서의 PKO 활동에 참여하였다. 유엔평화유지군의 자격이며 비전투 활동에만 참여하는 제한성이 있었지만, 일본 자위대의 국제안전보장 참여는 일본의 안보정책 변화의 중요한 변곡점이었다(Hosoya 2019, 106-108).

국제안전보장 참여는 미일동맹의 강화 또는 미일동맹을 넘는 일본의 자주적 방위역량 강화의 대립에 입각한 일본 국내의 오래된 보수세력 내 안보정책 논쟁 구도에서 논쟁의 요소가 아니었다. 탈냉전기 일본의 국가정체성 논쟁에서 보수세력의 분화된 세 관점인 보통국가론, 신자주국가론, 미들파워 국제주의론 모두 정도 차이가 있으나 평화유지활동 참여에 대한 반대가 존재하지 않았다(Sameuls 2007, 124-131). 또한 후술하듯 냉전기 비무장중립론을 정치권 내에서 대변해 온 사회당은 연립정권에 참여해서 평화유지활동을 위한 자위대의 해외파병을 추진하였다. 국제안전보장 참여는 냉전기 비군사문화에서 수용되지 않던 자위대의 해외파병일 수밖에 없는데, 탈냉전기에 '국제공헌'의 가치가 '자위대 해외파병'의 터부를 넘어서게 된 것이다.

한편, 미일동맹 강화 속에서 일본의 군사적 관여 증진이라는 1990년대 정책 변화는 북한의 안보위협 증가를 배경으로 한다. 1990년대 들어 북한의 핵미사일 개발은 일본이 북한의 직접적인 공격에 대해서 걱정하는 상황을 초래하였다. 1993년 북한의 NPT 탈퇴와 탄도미사일

노동 1호 발사실험으로 고조된 북핵위기는 1994년에 정점을 달한 후 북미 간의 조율 속에 완화되었다. 1993년 북핵 위기 이후 20년 넘게 지속되고 있는 북한의 핵미사일 문제에 대한 일본의 위협인식은 과장된 측면이 있다는 점에 대해서 일본 안보 연구자들 사이에 폭넓은 공감대가 존재한다(Samuels 2007, 148-151; Hughes 2007; 203). 하지만, 탈냉전기 들어 북한이 일본의 당면한 첫 번째 안보위협이 된 것은 틀림없다.

　1990년대 중국은 일본에게 직면한 안보위협이었다고 보기 어렵다. 하지만, 타이완의 타이완화 과정과 이를 둘러싼 미중 갈등은 1995년 리덩후이 타이완 총통의 방미와 1996년 대만해협 위기로 증폭되었다. 하지만, 소에야 요시히데(添谷芳秀)가 주장하듯 1990년대 후반 미일 안보관계의 적극화가 일본의 중국에 대한 위협인식에 직접적으로 연결되어 있다고 보기 어렵다. 대신에 일본 내부 중국위협론의 인식 강화는 미일 안보관계 강화의 정책 선택이 일본의 대중정책과 연결되어 이해될 수밖에 없는 조건이 되었다(소에야 요시히데 2006, 128-129).

2. 미일신가이드라인과 주변사태법

1993~1994년의 북핵위기 국면에서 동북아 유사사태 때 일본 정부가 미국의 작전전개를 효과적으로 보조해 줄 수 있는지에 대한 의구심이 미국 내에서 강해졌고, 이러한 인식이 미일 안보관계의 진전에 대한 미국 요구의 토대가 되었음은 주지의 사실이다. 1960년 미일안보조약의 개정에서 미일안보조약이 일본을 넘어서 극동지역의 안보에 역할을 해야 한다는 것이 재확인되고 1969년 닉슨-사토 공동성명에서 다시 한 번 약속되었다. 하지만 극동유사시에 일본의 자위대가 어떻게 미군

을 보조할 것인지에 대한 구체적인 내용이 부족했다. 1978년 미일가이드라인은 주로 일본유사에 대해 다루고 있고 극동유사에 대한 내용이 부실하다. 극동유사에 대해서는 미일 양국이 정세의 변화에 따라 수시 협의한다 정도로만 기술되어 있다.[1] 북핵위기 국면에 한반도에서 군사작전을 계획하던 미국에게 일본은 이를 뒷받침해 줄 준비가 되어 있지 않는 것으로 여겨졌고, 미일동맹이 갖고 있는 취약성을 극복하려는 노력이 필요하다는 인식이 커져갔다. 미국이 추구한 미일 안보관계의 재정의 요구는 일본 내에서도 폭넓은 동의가 있었다. 비자민연립 정권의 호소카와 모리히로(細川護熙) 총리의 자문기구로 출범한 '방위문제간담회'가 1995년 8월에 제출한 보고서를 기반으로 하는 1995년 방위계획대강은 주변 지역의 유사사태에 대한 미일 안보관계의 효과적 운용을 도모할 필요가 있음을 적시하고 있다(김진기 2006, 38-42).

　　극동유사에 효과적 대응을 하기 위한 미일 양국 안보협력의 강화 필요성에 대해 양국 정부가 동의한 가운데 미일 안보협력 강화 논의 결과가 미일신가이드라인의 제정이었다. 그 출발점은 1996년 4월 클린턴 대통령과 하시모토 류타로 총리의 공동선언(미일안보공동선언)이다. 미일안보공동선언 내용에는 1978년의 미일안보가이드라인의 재검토가 포함되었다.[2] 그 결과물로 1997년 9월에 도출된 미일신가이드라인에는 기존 가이드라인이 담고 있던 내용인 평상시의 협력, 일본유사시의 협력에 더해서 '일본 주변 지역의 사태로 일본의 평화와 안전에 중요한 영향이 있을 경우의 협력'이 추가되었다.[3] 신가이드라인에서

1　日米防衛協力のための指針(旧). https://worldjpn.grips.ac.jp/documents/texts/docs/19781127.O1J.html (검색일: 2020. 4. 30.)

2　橋本龍太郎総理とクリントン大統領による日米安全保障共同宣言(21世紀に向けての同盟). https://worldjpn.grips.ac.jp/documents/texts/docs/x0417.D1J.html (검색일: 2020. 4. 30.)

언급된 '주변'은 당시 동북아 정세상 한반도 유사를 전제로 하고 있었다(쿠라다 히데야 2016, 15).

1997년 미일신가이드라인은 미일안보관계의 역사에서 1960년 개정된 미일안보조약의 6조 극동유사[4]에 대한 대응 방법의 구체화라는 의미를 지닌다. 미일신가이드라인에서 주변사태가 발생할 경우 일본의 역할은 '후방지역 지원'으로 설명된다. '후방지역 지원'은 전투상태와 격리된 행동으로, 미군에 대한 자위대의 보급 역할을 의미한다(쿠라다 히데야 2016, 12-13). 개념적으로 '후방지역 지원'은 병참을 의미하는 '후방 지원'과는 차별화되는 것으로 간주된다. 하지만, 전투가 벌어지는 전방과 지리적으로 분리되지 않는 '후방 지원'과 전투상태가 벌어지는 곳과 지리적으로 분리되어 전투행위와 격리된 '후방지역 지원'이 유사시에 실제 분명하게 분리된다고 보기 어렵다. 이 때문에 미일신가이드라인은 집단적 자위권 행사를 실질적으로 가능케 하는 것으로 일본 내 반대론자들에 의해 비판되었다(山內敏弘 2002, 99-101).

미일신가이드라인에서 미일 양국이 합의한 사항이 일본 국내 법체계에서 1999년 성립된 '주변사태 시의 일본의 평화 및 안전을 확보하기 위한 조치에 관한 법률(주변사태법)'에 담기게 된다. '일본 주변지역에서 일본의 평화 및 안전에 중요한 영향을 미치는 사태'의 경우, 미군에 대한 자위대의 후방지역 지원으로 물품, 역무 제공, 수송 등을 제공하는 것을 내용으로 하고 있다.[5] 주변사태가 발생할 경우 전투행위

3　日米防衛協力のための指針(新). https://worldjpn.grips.ac.jp/documents/texts/docs/19970923.O1J.html (검색일: 2020. 4. 30.)

4　日米安全保障条約(新). https://worldjpn.grips.ac.jp/documents/texts/docs/19600119.T1J.html (검색일: 2020. 4. 30.)

5　周辺事態に際して我が国の平和及び安全を確保するための措置に関する法律. https://worldjpn.grips.ac.jp/documents/texts/JPSC/19990528.O1J.html (검색일: 2020. 4.

와 격리된 후방지역에서 미군에 대한 지원을 한다는 점에서 미일신가이드라인과 주변사태법은 동일한 내용을 담고 있다. 하지만 주변사태법의 6조 5항에는 후방지역 지원 중에 전투행위와의 격리가 이루어지지 않게 되거나 그럴 가능성이 있을 때에 자위대의 해당 부대장 등이 수송 등의 지원활동을 일시 정지한다는 내용이 담겨져 있으며 이는 미일신가이드라인에는 없는 부분이다. 이는 미국과의 군사일체화 속에서 집단적 자위권 행사로 연결될 가능성에 대한 일본 내부 우려가 반영된 결과로 볼 수 있다(쿠라다 히데야 2016, 16). 하지만, 주변사태법의 논의 과정에서 냉전기에 발견되던 미일 안보동맹에 반대하던 야당과 사회 여론의 강력한 영향력을 찾아보기 어렵다.

III. 정당의 안보정책 태도 변화

1990년대 미일 안보동맹이 진전되는 과정에서 냉전기에 헌법개정과 미일 안보관계의 발전을 제약하였던 사회당으로 대표되는 혁신 정치 세력은 과거와 같은 거부권 행사자(veto player)로서의 역할을 하지 못했다. 일본 정당경쟁체제에서 자위대와 미일안보조약의 정당성을 부정해온 혁신 정치 세력의 입장 변화는 사회당이 자민당과 함께 연립정권을 수립한 1994년을 그 기점으로 삼는다. 그 해 사회당은 비자민연립정권을 이탈하여 자민당, 신당 사키가케(新党さきがけ)와 함께 연립정권(자사사 연립정권)을 이루었다. 자사사 연립정권의 총리가 된 무라야마 도미이치(村山富市)는 자위대와 미일안보조약에 대한 기존의 사

30.)

회당과 반대되는 정책 입장을 명확하게 표명하였다. 무라야마 총리는 1994년 7월 18일 소신표명 연설에서 미일안보체제를 견지할 것을 언명하였고, 이틀 후 7월 20일 국회 답변에서 '자위대는 헌법상 인정된 것'이라는 표현으로 자위대를 긍정하였다. 7월 21일에는 기존에 사회당이 주장해오던 비무장중립론이 '정책적 역할이 끝났다'는 인식을 표명하였다(水野均 2000, 184-185).

하지만 사회당의 정책 전환은 1994년 이전에 당내 논의 과정에서 꾸준히 진전되어온 것이다. 사회당 내의 안보정책에 대한 논의의 계기는 제15회 참의원 선거에서의 승리였다(水野均 2000, 64-65). 1989년 참의원 선거는 냉전체제가 붕괴되는 상황에서 처음 있었던 일본의 국정선거이자, 일본 내 리쿠르트 사건과 우노 소스케(宇野宗佑) 총리의 여성문제가 배경이 되었던 선거였다. 사회당은 도이 다카코(土井たか子)를 당수로 하여 개선 의석에서 자민당보다 10석 이상의 당선자를 내었으며, 비개선 의석까지 합쳐서 자민당은 과반수에 못 미치는 109석(당시 참의원 총 인원 252명)에 머무르게 되었다. 이 선거를 계기로 야당 사이에 향후 연립정권 수립에 대한 현실적인 정책 논의가 진전되었다. 물론 1990년 제39회 중의원 선거에서 자민당이 과반수를 유지하였기 때문에 비자민계 정당의 연립정권 수립은 당시에 실현되지 못했다. 하지만 연립정권 수립에 대한 정당 간의 정책 논의는 사회당의 안보정책에 변화를 가져왔다. 민사당, 공명당, 연합의회(連合の会, 일본노동조합총연합회(렌고)를 지지 기반으로 결성) 등은 사회당의 자위대 위헌론과 미일안보조약 폐기론이 연립 구성에 장애가 되며, 이에 대한 사회당의 재고를 촉구하였다. 이 과정에서 사회당의 자위대 정책은 개편 축소 정책에서 확장억제 정책으로 변화하였고, 미일안보조약의 용인론도 당내 우파를 중심으로 적극 제기되었다(水野均 2000, 66-67, 116-

117).

사회당의 안보정책에 대한 전환이 당론으로 확정된 것은 1993
년이다. 1993년 9월 사회당 중앙집행위원회에서 결정된 '93년 선언'
은 '장래 자위대를 국토경비대, 국제평화협력대 등으로 재편, 해소하
여 비무장 일본을 목표로 하고, 미일안보조약을 아시아태평양 안전보
장공동체제로 포섭한다'는 원칙 하에 '보편적 안전보장이 확립될 때까
지 고유의 자위권에 입각한 최소한의 자위력과 미일안보조약을 허용
한다'는 내용이 포함되어 있다(水野均 2000, 176-177). 자위대의 개편
축소와 미일안보조약의 폐기라는 기존의 당론을 원칙론으로 남겨두고
있지만, 언제 수립될지 알 수 없는 '보편적 안전보장이 확립'되기 이전
에 자위대와 미일안보조약은 유효한 것으로 수용한 것이다.

사회당의 정책 전환은 비자민 연립정권의 수립과 연동되어 있다.
1993년 7월 18일에 치러진 제40회 중의원 선거에서 자민당 탈당 세력
의 영향으로 자민당의 중의원 과반수는 무너지게 되었고, 장기 지속되
었던 자민당 정권은 중단된다. 비자민 연립정권 수립을 위한 정책 조정
에서 사회당의 냉전기 안보정책은 걸림돌이었다. 이미 오자와 이치로
(小沢一郎)의 신생당 등은 적극적 PKO 활동 참여와 미일 안보관계 강
화의 정책 입장을 선명히 하고 있었다. 1993년 7월 28일 비자민 7당의
합의 사항에서 방위정책은 종래 정부의 방침을 계승하고 미일관계의
기축인 미일안보조약을 계승한다고 명시되었다(水野均 2000, 178).

사회당의 안보정책 전환은 1994년 자민당과의 연립 이전에 1993
년 비자민 연립정권 수립 과정에서 이미 이루어진 것이다. 이러한 흐름
속에서 1994년 자사사 연립정권 하 무라야마 총리의 자위대와 미일안
보조약에 대한 발언을 이해할 수 있다. 또한, 사회당의 정책 전환은 사
회당의 유권자와 지지단체의 정책선호 변화에 대한 반응이기도 하다.

특히 렌고는 사회당에게 자위대와 미일 안보관계에 대한 정책 변화를
강하게 요구하였다(水野均 2000, 66).

　　1993~1994년 사회당의 안보정책 전환 이후, 일본의 방위 관련 입
법에 대한 일본 정당들의 찬성도가 증가하였다. 스케가와 야스시(助川
康)가 정리한 각 정당의 방위 관련 입법에 대한 지지율을 보면 자사사
연립정권이 이루어진 1994년 7월 130회 국회 이후 과거에 비해 사회
당(1996년 1월 이후 사민당)의 방위관계 법안에 대한 찬성 비율이 크게
증가하였음을 알 수 있다(표 1 참조).

표 1 일본 각 정당의 방위 관련 법안 지지율 추이 (1977~2004)

법률의 종류	국회 회차	공산	사회/사민	공명	민사	자민	민주
방위청 소관법	80-129	19%	44%	68%	85%	100%	
	130-161	10%	46%	100%		100%	88%
방위관계법	80-129	9%	9%	36%	82%	100%	
	130-161	18%	34%	100%		100%	90%

주: 80~129회 국회(1977년 1월~1994년 6월), 130~161회 국회(1994년 7월~2004년 12월)
출처: 助川康(2007)

　　한편 〈표 1〉은 1990년대 후반과 2000년대 초 제1야당의 위치를
차지하게 되는 민주당이 안보 관련 현안에 있어서 보수적 정책 성향을
지니고 있음을 보여준다. 그리고 냉전기에 평화주의를 대표하던 세력
중 하나였던 공명당이 안보 관련 분야에서 자민당과 정책 지향을 일
치해 가고 있음도 보여준다. 이는 1999년 이후 자민당과 공명당 사이
에 체결된 연립의 영향이기도 하지만, 그 이전에도 1990년대 중반부터
공명당은 안보 관련 현안에서 자민당과 정책 지향이 차별화되지 않고
있다. 1990년대 중반 이후 공명당은 안보 관련 현안에서 보수적 성향

을 지속하고 있었다. 한편, 1994년부터 1997년까지 방위 관련 법안에 100% 찬성을 보였던 신진당을 실질적으로 계승하는 민주당은 1990년대 후반 안보 관련 현안에서 자민당과 정책 지향을 일치하고 있었다 (助川康 2007, 15).

사회당은 1995년 제17회 참의원 선거와 1996년 제41회 중의원 선거에서 실패하면서 정치적 영향력이 갈수록 약화되었다. 사민당으로 당명을 바꾼 후 1996년 1월 출범한 하시모토 제1차 내각에 계속 참여하였고 1996년 10월 제41회 중의원 선거 이후 각외협력 형태로 연립 상태를 유지하였지만, 1998년 5월에 자민당과 연립을 공식적으로 해소하게 된다(中北浩爾 2014, kindle location 2587). 소수정당이 되고 자민당과의 연립이 해소되면서 사민당의 안보 관련 현안에 대한 정책 태도는 과거회귀적 성향을 보이게 된다. 공산당에 비해서도 존재감이 약해진 사민당이 안보 현안에 대한 선명성을 강화한 것이며, 또한 미일 신가이드라인의 미일 안보동맹 강화는 사회당/사민당이 정권에 참여하면서 용인했던 미일 안보관계의 현상 유지를 넘어서는 것이어서, 이에 대한 수용까지는 어려웠기 때문이기도 하다. 이러한 맥락 속에 사민당은 주변사태법에 대한 원천 반대의 입장에 서 있었다. 이러한 자세는 2000년대 초반 유사사태법의 사례에서도 유지된다(助川康 2007, 16-17).

1998년 4월 주변사태법안이 국회에 상정되면서 논의될 때, 국회 내 정당 세력 구도는 미일 안보동맹 강화에 대해 지지하는 정당이 자민당·민주당·공명당·자유당 등 다수를 차지하는 상황이었고, 반대 측에는 사민당과 공산당이 서 있었다. 1999년 1월에 시작한 정기국회에서 주변사태법안이 심의되고 통과되는 과정에서 자민당은 자유당과 공명당의 협력을 얻고 있었다. 사민당과 공산당은 이를 저지할 거부권

능력이 부재했다. 한편, 민주당은 기본적으로 미일 안보동맹 강화에 대해 지지하는 입장이었지만, 당내에는 과거 사회당계 출신 의원들의 반대 목소리가 있었다. 이 상황에서 민주당은 주변사태의 정의를 '일본에 대한 무력공격으로 발전할 수도 있는 우려가 있는 경우'에 한정하는 것을 전제로 법안에 찬성하려고 하였으나, 당내외 의견 조정을 하지 못하고 주변사태법에 대해 최종적으로 반대 입장을 정리하였다. 하지만 민주당의 반대는 주변사태의 정의를 구체화하자는 차원이지 미일 안보동맹 강화라는 주변사태법의 기본 취지에 반대하는 것은 아니었다 (助川康 2007, 15).

미일신가이드라인에서 주변사태법으로 미일 안보동맹 강화의 제도화가 전개되는 과정에서 국회 내 정당 세력분포는 확연하게 미일 안보동맹 강화에 대한 찬성하는 측이 압도하는 양상을 보여준다. 더불어 과거 혁신의 대표였던 사회당/사민당은 1990년대 중반 정권 참여 이후 미일 안보관계에 대한 원천 반대에서 현상 유지로 태도가 완화되어 있었다.

IV. 미일 안보관계와 일본 사회 여론

일본 사회의 비군사문화는 일본 안보 연구에서 요시다 노선 장기 지속의 핵심 요인으로 간주되어 왔다(Berger 1993; Katzenstein and Okawara 1993). 하지만, 1990년대 후반 미일 안보동맹의 강화 과정에서 일본 사회 여론은 일본 안보정책의 전환을 가로막는 역할을 하지 못했다. 이는 미일 안보관계에 대한 일본 사회 여론이 수용도가 높아졌기 때문이다. 물론 1996년 미일안보공동선언 후에 일본 영토 밖의 극동유사에 대한 미일 안보협력 강화에 대한 구체적인 정책 변화에 대한 선호는 압도적이지 않았다. 예를 들어 1996년 4월 『日本経済新聞』의 여론조사에 의하면 극동유사시 미일 방위협력의 강화에 대해서는 미군을 지원하기 위해 개정에 찬성하는 의견이 39%로 분쟁을 상정하는 미일방위협력 개정에 반대하는 48%보다 적었다.[6] 하지만, 미일안보체제에 대한 일본 사회의 원론적인 지지는 1990년대 중반에 북한 위협 증가와 함께 매우 높은 수준을 유지하고 있었고, 이 맥락에서 일본 사회 여론은 미일 안보동맹 강화를 제어하는 역할을 하지 못했다.

일본 내각부(2001년 이전 총리부)가 통상 3년을 주기로 수행해 온 '자위대·방위문제에 관한 여론조사'에는 미일안보조약에 대한 두 가지 질문 항목이 있다. '일본의 안보를 지키기 위한 방법'에 대한 질문(1965년 조사 이후)과 '미일안보조약의 일본 안보에 대한 역할'에 대한 질문(1981년 조사 이후)이다. 일본의 안보를 지키기 위한 취해야 할 방법에 대한 선택 항목으로는 1) 미일안보조약을 폐기하고 자위력을 강화해서 스스로 일본의 안보를 지킨다, 2) 현재와 같이 미일안보체제와 자위대로 일본의 안보를 지킨다, 3) 미일안보조약을 폐기하고 자위대도 축소 또는 폐지한다가 제시되어 있다. 냉전기 일본의 안보정책에 대한 세 정책 성향인 자주 노선, 요시다 노선, 비무장중립 노선이 선택지로 제시되어 있는 것이다. 1965년 조사부터 2018년 조사까지의 흐름을 보면, 미일안보조약을 기반으로 하는 미일 안보협력에 대한 지지 성향이 점진적으로 증가하여 왔다(그림 1 참조). 일본 안보의 방법론으로 미일안보체제에 대한 지지는 1970년대 후반에 60%를 넘게 되고, 1980년대 이후에 70% 이상의 지지를 확보하고 있다. 1981년 조사 이후에

6   日経世論調査アーカイブ. https://vdata.nikkei.com/newsgraphics/cabinet-approval-rating/ (검색일: 2020. 4. 30.)

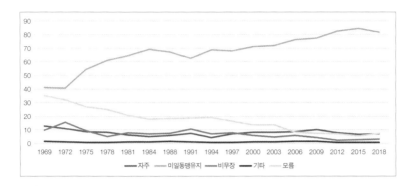

그림 1 일본 안보의 방법론에 대한 선호 추이

출처: 일본 내각부 여론조사 홈페이지(https://survey.gov-online.go.jp/index.html) 자료를 이용하여 저자 작성

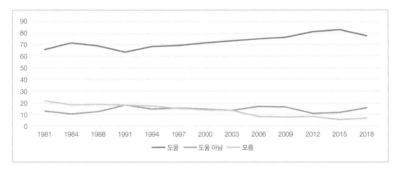

그림 2 미일안보조약에 대한 평가 추이

출처: 일본 내각부 여론조사 홈페이지(https://survey.gov-online.go.jp/index.html) 자료를 이용하여 저자 작성

포함된 미일안보조약에 대한 직접적 평가 질문에 대해서도 적극적 평가와 소극적 평가의 합은 꾸준하게 70%를 상회하였다(그림 2 참조). 탈냉전기에 들어서도 미일안보체제에 대한 지지도는 견고하게 유지되면서 안보환경의 변화 속에서도 미일안보체제가 일본 안보정책의 기축으로 높은 수용도를 가지고 유지되었다. 1980년대 신냉전과 1990년대 이후 탈냉전기를 비교해 볼 때, 탈냉전 초기인 1991년의 조사에서 나타나는 일본 사회의 미일 안보관계에 대한 일정한 유보적 태도는 북한의 위협 증가와 더불어 1990년대 중반 이후 미일안보조약에 대한 적

극적 평가로 회귀하였다. 탈냉전기 일본 사회는 미일안보체제를 수용하고 있었다(소에야 요시히데 2006, 140-141).

하지만 미일 안보협력에 대한 일본 사회의 높은 지지는 1990년대 중반에 심각하게 이슈화된 미군기지의 문제를 고려할 때 당연한 것만은 아니었다. 1995년 9월 발생한 오키나와 주둔 미해병 3명에 의해 자행된 12세 여학생 납치강간 사건은 미군기지 문제를 일본 사회에 다시 크게 부상시키는 계기가 되었다. 미일지위협정에 의해 용의자 3명의 신병이 일본 측에 전해지지 않은 것이 문제가 되면서, 미군기지가 가지고 있는 일본의 주권 침해 문제가 부상하였다(山本章子 2019, kindle location 1903).

전후 일본 안보체제의 근간이 되는 헌법과 미일안보조약은 일본의 주권 행사에 대해 각각 근본적인 불완전성을 야기하고 있다. 헌법이 주권 행사의 기초인 무력의 보유와 행사에 대한 제약을 주고 있다면, 미일안보조약에 기초한 미군의 주둔은 일본 영토 내에서 일본의 법적용이 미치지 못하는 인적·공간적 영역을 만들었다. 미군이 주둔한 한국과 독일에서도 동일한 문제가 존재한다. 1960년 미일안보조약의 개정과 더불어 미일행정협정이 미일지위협정으로 개정되었지만, 미군과 미군기지에 대한 일본 정부의 법적인 효력의 제약성은 지속되었다(山本章子 2019, kindle location 775). 미군기지 주변에서 지속되어온 미군 병사의 일탈 행위, 미군기지의 군사적 활용이 주변 지역민들의 생활에 미치는 불편 등에 대한 일본 사회의 불만은 꾸준히 지속되어 왔다. 1995년 납치강간 사건은 지속되어 오던 미군기지 문제에 대한 정치적·외교적 가시성을 증가시켰고, 일본 사회 내에서 미군기지 문제에 대한 변화를 요구하는 관점이 강화되는 계기가 되었다. 1995년 시점에서 미일지위협정에 대한 여론은 매우 부정적이었다.

『日本経済新聞』의 1995년 10월 여론조사에 의하면 미일지위협정의 전면개정에 찬성하는 의견이 60%, 용의자 신병 양도와 관련된 부분에 대한 부분개정 찬성 의견이 10%에 달했다. 반대로 미일지위협정 개정 대신에 현행 제도의 운영개선에 대한 찬성은 22%에 그쳤다(모름 5%).[7]

하지만 일본 사회는 전체적으로 미군기지의 운영 제도 문제를 미일안보체제 자체에 대한 문제로 연결시키지 않았다. 이 부분에서 미일안보체제와 미군기지에 대한 일본 전체와 오키나와의 여론 차이가 발생한다. 전후 초기 일본 곳곳에 소재하던 미군 기지는 점차 오키나와로 집중화되었다. 미군기지 문제가 오키나와화하면서 미군기지 문제와 미일안보체제 자체에 대한 반대를 연결시키는 관점은 오키나와에서 강하게 유지되는 반면에, 미일안보체제가 제공하는 공공재의 이득을 얻는 일본 사회 전체는 이를 분리시켜서 이해하는 방식이 컸다. 오키나와에서는 미군기지의 필요성에 대한 반대 여론이 꾸준하게 강했다. 내각부의 여론조사에서 통상 5년 주기로 지속되었던 '오키나와현민의식 여론조사'에서 미군기지에 대한 질문이 이루어진 것은 1985년, 1989년, 1994년, 2001년 조사였다. 미군기지가 일본의 안전을 위해 필요하다와 일본의 안전을 위해 어쩔 수 없다는 의견은 일본의 안전에 필요하지 않다와 일본의 안전에 오히려 위험이 된다는 답변보다 언제나 소수였다(표 2 참조). 〈그림 1〉과 〈그림 2〉의 일본 사회 전체의 미일안보체제에 대한 높은 지지와 대비된다.

오키나와와 일본 전체 여론의 상이성은 후텐마 기지 이전 문제에서 잘 드러난다. 1995년 이후 오키나와에서 현소재 미군기지의 이전에 대한 요구가 강해진 후, 미일 양국의 외교 교섭 속에서 가장 이슈가 되

7 日経世論調査アーカイブ. https://vdata.nikkei.com/newsgraphics/cabinet-approval-rating/ (검색일: 2020. 4. 30.)

표 2 일본 안보에 미치는 미군기지의 영향에 대한 오키나와 현민 여론조사 추이

	1985	1989	1994	2001
일본의 안전을 위해 필요	6.2	5.9	7.8	9.8
일본의 안전을 위해 어쩔 수 없다	27.8	23.6	31	35.9
일본의 안전에 불필요	21.5	25.6	24.9	20.6
일본의 안전에 오히려 위험	32.4	35.1	29.4	23.8
모름	12.2	9.8	6.9	9.9

주: 일본 내각부 여론조사 홈페이지(https://survey.gov-online.go.jp/index.html) 자료를 이용하여 저자 작성

표 3 오키나와 미군기지의 본토 이전에 대한 여론 추이

	1997	2000	2003	2006
찬성	15.7	12.2	11.2	17.8
어느 쪽이라면 찬성	26.5	24.7	23.4	33.7
어느 쪽이라면 반대	19.6	21.4	23.8	22.6
반대	15.7	18.9	17.9	11.9
일괄적으로 답할 수 없음	15.5	15.8	15.2	9.4
모름	7	7	8.5	94.6

주: 일본 내각부 여론조사 홈페이지(https://survey.gov-online.go.jp/index.html) 자료를 이용하여 저자 작성

던 후텐마 기지는 현내 헤노코 지역으로 이전이 결정되었다. 주지하다시피 이에 대한 오키나와와 일본 중앙정부 사이의 갈등은 20년이 지난 현시점에도 지속되고 있다. 1990년대 후반 오키나와 미군기지 이전 논의가 이루어질 때 그것을 상징하던 후텐마기지의 반환에 대한 일본 사회 여론의 지지는 높았다. 1996년 4월 후텐마기지 반환이 결정되었을 때, 이에 대한 일본 평가는 70%에 근접했다. 『日本経済新聞』 1996년 4월 여론조사에서 68%가 후텐마기지 반환 합의를 긍정적으로 평가하였다.[8] 하지만, 오키나와 미군기지를 일본 본토로 이전하는 것에 대해

서는 전반적으로 찬성 비율이 낮았다. 미군기지 이전 논의가 진행되던 1990년대 중반 이후 내각부 조사에서 발견되는 본토로의 이전에 대한 찬성 비율은 미군기지 이전과 축소의 원론적 필요성에 대한 높은 찬성 비율에 비해서 그다지 높지 않다(표 3 참조).

미군기지 문제에 대한 오키나와와 일본 전체의 온도 차이가 확대되어 가는 속에서 일본 정부는 미일 안보동맹 강화를 추진할 수 있었다. 1997년 『朝日新聞』의 여론조사 추이를 보면, 후텐마 기지 반환 결정 후에도 미 해병대의 철수를 요구하는 당시 오타 마사히데(大田昌秀) 지사의 주장에 대한 지지는 80%가 넘었지만, 미일안보체제에 대한 지지는 또한 76%에 달했다(吉次公介 2018, kindle location 2596). 일본 전체적으로 기지 문제와 미일안보체제를 차별화하는 여론이 주도적이었다.

하지만, 일본 사회가 미일신가이드라인과 주변사태법의 구체적 내용에 대해 적극적으로 지지를 표했던 것은 아니다. 주변사태법이 국회 심의되던 1999년 3월 『朝日新聞』 여론조사에서 주변사태법에 대한 지지는 37%, 반대는 43%이었다(모름·무응답 20%)였다. 또한, 자위대의 미군에 대한 보급지원에 대한 질문에서 무제한적인 보급지원에 대한 의견은 13%뿐이고, 49%는 무기를 제외한 보급지원을 지지하였다. 29%는 자위대의 미군에 대한 보급지원 자체에 반대하는 의견을 보였다(Midford 2011, 103). 일본 사회 여론이 미일안보체제에 대해 원론적으로 긍정하는 모습을 보여주었지만, 미군의 전투상황에 자위대가 연결될 수 있는 것을 꺼리는 것을 의미한다.

미일신가이드라인과 주변사태법은 일본 사회의 미일안보체제에

---

8   日経世論調査ア_カイブ. https://vdata.nikkei.com/newsgraphics/cabinet-approval-
     rating/ (검색일: 2020. 4. 30.)

대한 지지에 토대를 두고 있다. 하지만, 후방지역 지원 역할에 대한 제약사항이 입법 과정에서 포함되게 된 배경에는 미군 군사작전으로부터 자위대가 분리되어 유지되기 원하는 일본 사회 여론이 또한 존재한다. 미드포드(Paul Midford)가 주장하듯, 연루 위험에 대한 일본 사회 여론의 우려에 의해 제지되지 않았다면 미일신가이드라인과 주변사태법은 자위대의 미군에 대한 후방지역 지원의 범위를 더욱 넓게 만들었을 것이다. 반대로, 당시 사회 여론이 보다 평화주의적으로 강력했다면 미일신가이드라인과 주변사태법 자체의 성립이 불가능했을 것이다(Midford 2011, 104). 미일신가이드라인과 주변사태법을 용인하면서 그 운용상의 범위를 제한하고 싶은 일본의 사회 여론은 다분히 현상유지적인 성격의 양면적 태도를 보여준다.

V. '주변'의 범위 문제와 자민당

전후 일본정치사에서 대부분의 시기를 집권여당으로 보냈던 자민당은 내부적으로 외교정책에 대한 정책선호가 통일되어 있었다고 보기 어렵다. 헌법개정을 둘러싼 1950년대 요시다 노선과 자주 노선의 대립 구도와 1970년대 중일국교정상화 국면에서의 친중 노선과 친타이완 노선의 대립은 자민당 내 외교안보 정책에서의 다양한 정책선호 존재의 핵심 사례이다. 하지만, 자민당 내에서 미일안보체제의 유지에 대해서는 폭넓은 공감대가 존재해 왔다. 1972년 중일국교정상화 사례에서도 일본에게 대중관계 개선의 전제조건은 미일안보체제에 대한 중국의 용인이었다(핫도리 류지 2017, 122-123). 탈냉전기에 일본의 안보정책 논의에서 미일안보체제로부터의 이탈을 지향하는 입장은 자민당 내에서 찾기 어렵다. 탈냉전기 국가정체성 논의에서 일본의 군사적 역할을 강조하는 보통국가론과 요시다 노선의 계승 속에서 비군사적 국제공헌 역할을 강조하던 미들파워 국제주의 모두 미일안보체제는 유지해야 하는 기본 전제이다(Samuels 2007, 124-131).

1990년대 후반 미일 안보동맹 강화가 미일신가이드라인과 주변사태법으로 전개될 때, 자민당 내에서 미일안보체제의 제도적 기능 강화에 대해서는 폭넓은 공감대가 있었고, 그 배경에는 북한으로부터의 안보위협이 존재한다. 한반도를 대상 지역으로 하는 미일 안보동맹 강화에 대한 폭넓은 공감대 속에서 자민당 내의 의견 차이가 표출된 것은 '주변'에 중국이 포함되는가의 문제였다. 1997년 7월에 당시 자민당 정권 지도부에서 이에 대한 상반된 입장이 나왔다. 1997년 6월의 미일신가이드라인 중간보고서 발표와 9월의 미일 양국 정부의 미일신가이드라인 합의 발표 사이인 시점에서, 당시 자민당 간사장 가토 고이치(加藤紘一)와 관방장관 가지야마 세이로쿠(梶山静六)는 '주변'에 중국이 포함되는가에 대한 상이한 발언을 내놓았다. 중국을 방문 중이던 가토 간사장은 7월 16일 중국 측과의 면담 과정에서 '미일신가이드라인의 대상지역으로 중국을 염두에 두고 있지 않다'는 발언을 하였다. 하지만 9일 후인 7월 25일에 가지야마 관방장관이 기자회견에서 '신가이드라인은 대상지역을 특정하지 않는 방향이 억지력이 되며, 9할 이상이 한반도를 문제로 하고 있는 것은 틀림없지만 그 외 지역이 문제가 아닌 것으로 무조건적으로 말할 수는 없다'라고 하면서, 가토와 대립되는 입장을 표명하였다(黃偉修 2018 135-136).

미일신가이드라인의 '주변' 범위에 중국이 포함되는가의 문제는 중국 측에서 일본 측에 제기한 것이다. 미일신가이드라인이 중국을 대상으로 한다는 중국 측의 의심은 근거가 있다. 미일신가이드라인의 배경이 되는 1996년 4월의 미일안보공동선언은 제3차 타이완해협 위기 직후에 나왔다. 타이완의 리덩후이 총통의 1995년 미국 방문에 대한 중국의 타이완해협에서의 미사일 발사와 군사 훈련의 대응은 미국이 타이완해협에 1996년 3월에 2척의 항공모함을 파견하는 상황을 야기 했다(다카하라 아키코·마에다 히로코 2015, 111-112). 타이완 문제에 미 국이 적극적으로 개입하겠다는 정책을 보여준 상황에서 미일 안보동 맹 강화의 대상 지역에 중국이 포함되지 않는다는 것은 중국 측에 설 득력이 없었다. 당시 미국과 일본의 관계자들의 발언 등에서도 '주변' 의 범위에 대한 명료한 입장을 파악하기 어렵다. 조셉 나이는 미일신가 이드라인이 한반도만을 대상으로 하고 있다고 중국 측에 설명하였지 만, 1996년 4월 페리 국무장관은 미일 동맹은 중국에 의한 동북아 지 역의 불안정화에 대한 보증이기도 하다는 점을 언급하였다. 또한, 1997 년 6월 커트 캠벨 당시 국방부 부차관보가 일본에서 미국의 동북아 정 책을 설명할 때, 중국의 군사력 강화와 타이완 문제를 미국의 핵심적 안보 사항으로 언급하였다. 일본 측의 입장도 중국에게는 분명하지 않 았다. 1997년 3월 다나카 히토시(田中均) 당시 외무성 북미국 심의관 은 장차 타이완 위기가 재래할 때 일본의 역할에 대해 '상황에 따른다' 는 모호한 입장을 보여주었다. 1997년 4월에는 미일신가이드라인의 대상지역에 한반도와 타이완은 물론 남사군도도 포함된다는 하시모토 총리의 발언이 보도되기도 하였다(Drifte 2003, 97-98).

일본 정부의 '주변' 범위에 대한 모호성 유지는 1997년 9월 하시 모토 총리의 방중에서 확연하게 드러난다. 9월 4일 리펑 총리와의 회 담에서 하시모토 총리는 '미일신가이드라인에 중국을 포함해서 특정 지역이나 국가의 사태를 상정하는 것은 아니다'고 하면서 타이완이 미 일신가이드라인의 대상지역에 포함되는지 아닌지에 대한 명료한 입장

을 내놓지 않았다(Drifte 2003, 98). 일본 정부는 1970년대 중국과의 관
계정상화 과정에서 1960년 개정된 미일안보조약의 극동조항과 1969
년 닉슨-사토 공동성명의 타이완조항을 부정하지 않았다. 1972년 국
교정상화 협상에서 중국은 전략적으로 미일안보조약을 협의의 논외로
하여서 일본 정부는 고민할 필요가 없었다. 1978년 중일평화우호조약
체결 시에 소노다 스나오(園田直) 외무대신이 표명했던 중일평화우호
조약 체결로 타이완을 미일안보조약의 극동지역 부분으로 고려할 필
요성이 없어졌다는 언급은 며칠 만에 번복되었다(Drifte 2003, 96). 미
일안보체제의 적용 대상의 범위는 일본이 단독으로 판단할 성격의 문
제가 아니다. 이런 차원에서 가토의 1997년 4월 발언이 예외적이다.

　‘주변’ 범위에서 중국이 적용되지 않는다는 가토의 발언과 이에
대한 가지야마의 반박에는 두 가지 배경이 있다. 우선 가토와 가지야
마의 논박은 자민당 내에 연립정권의 구성에 대한 상반된 노선 사이의
갈등 속에 존재한다. 한편 가토가 자민당 내에서 미국과 중국의 대등성
에 입각한 과감한 외교구상을 가지고 있었다는 점에서 가토의 발언을
이해할 수 있다.

　1993년 정권을 잃었던 자민당은 1994년 자사사 연립정권 수립을
통해 정권에 복귀할 수 있었다. 자사사 연립정권 수립 과정에서 사회당
이 자위대 위헌, 미일안보조약 폐지의 오랜 정책 노선에서 전환하였다
면, 자민당도 자주헌법의 제정이라는 당론을 공식적으로 보류하여서
사회당에게 자민당과의 연립을 가능하게 하는 조건을 제공하였다. 자
민당의 연립 구성은 정권 복귀에 대한 강한 열망을 기초로 한다. 오자
와에 대한 강한 반감 속에 자민당 내 보수파를 대표하던 가메이 시즈
카(龜井靜香)와 이시하라 신타로(石原愼太郎)조차도 자사사 연립 수립
을 지지했다는 점은 자사사 연립이 정책 지향성보다 정권 복귀라는 현

실론에 입각해 있음을 보여준다. 정권 복귀를 위해 이시하라도 자신의 신념과는 상이하게 헌법개정에 대해 당분간 보류한다는 입장을 취하였다(中北浩爾 2014, kindle location 2447). 가토는 자민당 내에서 자자사 연립을 이끌던 리버럴파를 대표하였다. 하지만 정책 지향이 상이한 사회당과의 연립을 불편해 하던 당내 보수세력에게 1995년 제17회 참의원 선거와 1996년 제41회 중의원 선거에서 사회당/사민당의 참패는 자사사 연립에 대한 지지를 약화시키는 계기였다. 대신에 정책 지향에서 보다 가까운 신진당과의 보보연합에 대한 기대를 강화했다. 보보연합 구상은 1998년 제18회 참의원 선거에서 자민당이 과반수를 확보하지 못한 후에, 신진당에서 갈라져 나온 자유당과 공명당과의 1999년 연립 구성으로 실현된다(中北浩爾 2014, kindle location 2750). 자사사 연립과 보보연합에 대한 자민당 내 상이한 노선 차이는 1997년 가토와 가지야마가 '주변' 범위로 대립되던 시점에서 표면화되었다.

1997년 4월에 자민당은 주둔군특별조치법의 개정안을 국회에 제출하였다. 기존 주둔군특별조치법에서 미군기지 사용은 해당 지역 현의 수용위원회가 허가권을 가지는 사항이었는데 1990년대 중반 오키나와현은 이러한 지자체의 행정 권한을 십분 활용하여 미군기지 문제에 대해 저항하고자 하였다. 1997년 자민당이 추진한 주둔군특별조치법 개정안은 기지에 대한 지자체의 행정 권한을 제한하고자 하는 시도였다(吉次公介 2018, kindle location 2568). 하지만 자민당은 각외협력 상태인 사민당의 지지를 확보하지 못했다. 사민당과의 조정을 시도했던 가토는 결국 실패했고, 대신 가지야마가 중개한 야당 신진당과의 합의를 통해 주둔군특별조치법 개정안은 통과될 수 있었다(中北浩爾 2014, kindle location 2611). 주둔군특별조치법 개정안은 자민당 내에 보보연합 세력의 강화와 이들과 자사사 연립 지지 세력 사이의 갈등을 증폭시켰다. 1997년 4월 시점에서 가지야마의 가토의 '주변' 범위에 대한 반대 발언은 당내 리버럴 세력의 대표인 가토를 견제하는 정치투쟁 차원의 의미를 지닌다(黃偉修 2018, 136). 가토와 가지야마의 '주변' 범위에 대한 상이한 발언은 미일 안보동맹 강화에 대한 대립이 아니다. 미일 안보동맹 강화의 필요성에 대해서는 공유하는 가운데 이러한 정책이 가져올 대중정책의 여파에 대한 민감도의 차이였다. 그리고 1997년 4월 시점에서 가토와 가지야마의 상반된 발언은 대중정책에 대한 견해 차이보다도 그 둘이 대표하는 연립구상 형태에 대한 자민당 내의 대립구도로 인해서 더 크게 주목받은 점이 크다.

물론 가토가 '주변'에서 중국을 염두하지 않는다는 발언은 실수가 아니라, 그의 외교구상을 반영하고 있다. 가토는 '미중일 정삼각형'을 논해왔다(加藤紘一 1999, 229-234). 미중일 정삼각형론은 미일 동맹 자체의 안정적 지속에 더해서 중국에 대한 관여 정책을 미일 관계만큼 강화시켜야 한다는 것이다. 1990년대는 중국에 대한 관여적 입장이 일본 내에서 저변이 넓은 가운데, 타이완해협 위기로 중국위기론이 일본 내에서 세력이 커져가고 있었다(Mochizuki 2007). 1990년대 관방장관, 정조회장, 간사장을 역임하면서 가토는 대중 관여정책을 주도하는 입장에 있었고, 이를 통한 대중 인맥 수립에도 적극적이었다. 하지만 1990년대 미일관계와 미중관계 사이의 대등적 위상의 구상은 시기적으로 선도적이다. 가토에게 미일 안보관계 강화는 필요하지만, 중국에 대한 미국의 군사작전에 일본이 자연스럽게 연루되는 것은 피해야 하는 것이다. 이러한 가토의 주장은 자민당 내에서 주류적이지 않지만, 미일신가이드라인과 주변사태법이 중국에 대한 관여정책의 지속에 악영향을 주어서는 안 된다는 『朝日新聞』의 입장과 유사하다(水野 均 2005). 이런 의미에서 가토는 탈냉전기 국가정체성 논쟁에서 미일

안보관계 강화와 동아시아 지역주의 양자를 두 축으로 외교구상을 고민했던 미들파워 국제주의를 대표한다고 할 수 있다.

가토의 대중 정책 지향성은 1990년대 후반 하시모토 정권과 오부치 정권의 주류적 입장과 차별화된다. 하지만, 그로 대표되는 지향성은 미일 안보동맹의 강화가 야기할 수 있는 잠재적 위험성인 미국의 군사활동에 일본이 연루되는 것을 제약하는 정치적 자산이기도 했다. 물론, 1997년 7월 발언 이후 일본 정부의 공식적 입장인 '주변'에 중국이 포함되는지 아닌지에 대한 전략적 모호성 자체를 손상시키는 수준으로 자신의 정책선호를 정책 공간에서 지속적으로 발신하지는 않았다. 다만, 가토의 미중일 정삼각형론에 입각한 정책선호는 동맹관계의 필연적 딜레마인 연루의 위험성을 줄이는 국내적 요인이 된다. 일본이 미일 안보동맹 강화의 길을 취하면서도 아시아 지역주의와 중국에 대한 적극적 관여정책을 유지할 국내 정치적 토대가 있다는 것을 보여준 것이 자민당 내 가토와 같은 친아시아 외교노선 지향의 정치인들이었다. 정당 간 정책대립이 정책결정에서 실제적으로 유효하지 않은 일본의 정치 여건에서 자민당 내의 상이한 정책선호는 대외관계의 선택이 일방주의적으로 흐르지 않도록 해주는 역할을 수행하였고, 1990년대 후반 미일신가이드라인과 주변사태법에서 그 역할은 가토에 의해 전개되었다.

VI. 제2기 아베 정권의 안보정책과 국내정치

2010년대 중반 아베 정권의 안보정책 변화는 1990년대 후반과 매우 유사한 패턴을 보여준다. 미일가이드라인의 개정과 이에 부합하는 일본 국내 법적 근거 마련이라는 양상이 동일하다. 미일 안보동맹의 강화라는 점에서 아베 정권의 안보정책 변화는 1990년대부터의 연속된 흐름에 서 있다. 하지만, 2015년 미일가이드라인 개정과 안보법제 개편 전에 아베 정권이 집단적 자위권에 대한 헌법해석을 변경하여 전수방위 원칙에서 이탈하였다는 점에서 1990년대 후반 안보정책 변화에서도 유지하고 있던 일본 자위대의 미군 지원에 대한 제한적 틀을 넘어서고 있다. 이런 의미에서 아베 정권의 안보정책은 요시다 노선으로부터의 이탈임에 분명하다.

아베 정권의 안보정책 변화 과정에서 일본의 야당과 사회 여론의 반대는 적다고 볼 수 없다. 2014년 집단적 자위권에 대한 헌법 해석 변경과 2015년 안보법제 개편 과정에서 공산당, 사민당은 물론 민주당도 강하게 반대하였으며, 2015년에는 일본에서 오랜만에 안보법제 국회 통과에 대한 대규모 대중 집회가 발생하기도 하였다. 하지만, 이 반대는 주로 안보법제 내용의 탈(脫) 요시다 노선의 성격과 아베 정권이 취한 정책 과정의 비민주적 성격에서 기인한다. 미일 안보동맹 강화 자체는 일본 내 보수 야당과 대다수 사회 여론에서 반대되지 않는다. 민주당은 집권 3년 중에 2010년부터 2년여 동안 명확하게 미일 안보동맹 강화에 대한 적극적 정책선호를 보여주었다(토가시 아유미 2017). 만약 민주당 정권이 지속되었다고 하더라도, 미일 안보동맹의 강화는 꾸준히 지속되었을 가능성이 높다. 또한 〈그림 1〉과 〈그림 2〉에서 보듯이 2010년대도 미일안보체제에 대한 일본 사회의 지지는 견고하다.

아베 정권기 안보정책 변화가 1990년대 후반 사례와 가장 다른 점은 중국의 위상이다. 1990년대 후반에 중국이 직면한 안보위협 요인은 아니지만, 미일 안보동맹 강화의 배경에 중국위협론이 존재하였음은 사실이다(Samuels 2007, 138). 하지만, 2010년대 들어서 중국과의 안보 갈등은 동중국해의 센카쿠 영유권 문제를 통해 전면적으로 현실화되었다. 위협인식을 넘어서, 일본의 대중정책은 군사적 차원에서 전략적 경쟁으로 넘어갔다(임재환 2016, 69). 1990년대 '주변'의 적용 범위에 중국이 포함되는지에 대해 일본 측 핵심관계자들이 모호성을 유지하려고 했던 것에 반해서, 2010년대 일본의 안보정책 변화에서 중국은 확실한 안보위협 요인이다. 2015년 안보법제에서 주변사태의 새로운 개념인 중요영향사태의 범위에는 동중국해는 물론 남중국해도 포함되어 있다. 더불어 집단적 자위권 행사의 경우가 되는 존립위기 사태에는 미중 분쟁의 경우 동맹국으로 일본이 미국을 군사 지원한다는 의미를 내포하고 있다(박영준 2016, 100-103).

아베 정권의 미일 안보동맹 강화가 중국을 대상으로 하는 것은 분명하다. 그리고 이러한 정책방향성은 일본 국내정치 내에서 광범위한 동의를 얻고 있다. 2010년과 2012년 센카쿠 문제를 둘러싼 두 차례의 중일 갈등에서 당시 민주당 정권의 핵심관계자들은 2009년 하토야마 유키오(鳩山由紀夫) 정권에서 보여주었던 대중 관여적 성향에서 크게 벗어나 균형적 성향에 기반한 대중 정책을 펼쳤다. 사회 여론 내에 관여적 대중정책을 '저자세 외교'로 비판하면서 '주장하는 외교'를 강조하는 입장이 힘을 얻었고, 민주당 정권의 대중정책은 이러한 사회의 대중 여론에 제약받으며 부합하는 모습을 보였다(이정환 2018).

내각부의 외교에 대한 여론조사 추이에서도 일본 사회의 대중정책에 대한 선호 변화가 발견된다. 1990년대 중반 이후 중국에 대한 호의적 태도와 그렇지 않은 태도가 길항하다가 2004년을 기점으로 중국에 대한 비우호적 태도가 급증하였고, 이 추세가 2010년과 2012년에 다시 확연하게 증가하였음을 보여준다. 2004년, 2010년, 2012년 세 해 모두 센카쿠를 둘러싼 갈등이 표면화되어 중일 관계가 악화되었다는

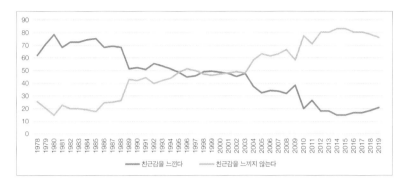

그림 3 일본 사회의 중국에 대한 친근감 추이
출처: 일본 내각부 여론조사 홈페이지(https://survey.gov-online.go.jp/index.html) 자료를 이용하여 저자 작성

점에서 일본 사회 여론의 중국에 대한 태도에서 센카쿠 문제의 중요성
이 확인된다(그림 3 참조).

2012년 12월 아베 정권은 2010년과 2012년 중국과의 두 차례의
영토 갈등 상황 속에서 출범하였다. 특히 2012년 일본 정부가 센카쿠
열도의 세 섬을 국유화한 뒤, 동중국해에서 중국의 공선이 일본이 주장
하는 영해와 접속 수역에 진입하는 것이 일상화되었다.[9] 중국위협이 현
실화된 속에서 중국에 대한 관여적 정책 성향을 지니는 정치적 목소리
는 자민당과 민주당 계열 모두에서 크게 대두되기 어렵다. 가토의 미중
일 정삼각형 구상을 정책에 반영하고자 했던 하토야마 정권의 시도는
무위로 끝났다.

한편, 자민당의 정책 성향은 2010년대 들어 보다 획일화되었다.
2000년대 중반에는 자민당 내에 중국과의 관여적 태도를 보여주던 친
아시아 외교노선의 정치인들이 일정한 세력을 지니고 있었고, 이는
제1기 아베 정권의 탄생 과정에서 아베 세력과의 갈등 속에 제1기 아

---

9   中国公船等による尖閣諸島周辺の接続水域内入域及び領海侵入隻数, https://www.
     kaiho.mlit.go.jp/mission/senkaku/senkaku.html (검색일: 2020. 4. 30.)

베 정권의 대중정책을 일정하게 제약하는 요인 중 하나였다(中北浩爾 2014, kindle location 3280). 하지만, 2010년대 제2기 아베 정권기에 자민당 내에는 정권의 핵심 정책결정자들과 차별화된 정책선호를 보이는 당내 입장이 보이지 않는다. 이는 중국의 강경 대응이 일본 내 행위자들의 정책선호에 영향을 준 측면으로 이해될 수 있다. 하지만, 또 한편으로는 2000년대 자민당 내 친아시아 외교노선에 서 있었던 세력들이 자민당 내 권력투쟁 속에서 정치적 영향력을 상실한 흐름의 결과이기도 하다(이정환 2016).

제2기 아베 정권기의 자민당은 1990년대 정치개혁 구상자들이 기대했던 당내 정책 일치감을 보이고 있는 것처럼 보인다. 하지만 이는 당내 다양성의 소멸이라는 문제를 낳았다. 정당 간 정권교체 가능성의 현실감이 부재한 가운데, 집권 정당 내의 정책 일치감은 마냥 긍정적일 수는 없다. 자민당 내의 대립구도가 실질적으로 정당 간 경쟁체제를 대체해왔던 일본 정치에서 자민당의 다양성은 자민당 정권의 정책선택이 한 방향으로 경도되는 것을 제어하는 역할을 해왔다. 사무엘스는 일본 외교의 패턴이 중도적(goldilocks) 선택으로 귀결된다고 주장하였다. 사무엘스의 비유는 미중 경쟁 시대에 미국과 중국 사이의 일본이 한쪽으로의 경사가 아닌 선택을 하는 것을 예측하게 한다(Samuels 2007, 208-209). 실제 아베 정권은 미일 안보동맹의 강화로 중국에 대한 견제 틀을 일신한 후, 트럼프 정권 들어서 2017년 이후 헷징 차원으로 중국과의 인프라투자 분야에서 협력을 추구하는 모습을 보이면서 중도적 선택의 길을 걷고 있는 것으로 보인다. 하지만, 아베 정권의 대중정책에서의 중도적 선택은 국내정치 특히 자민당 내 다양성 속의 경쟁과 합의라는 과정을 통한 것이 아니다.

1990년대 후반과 2010년대 일본 안보정책 변화에서 가장 상이한 점은 자민당 내 다양성의 유무라 할 수 있다. 물론 일본의 외교안보 정책은 미국과 중국의 외교안보 정책에 반응하는 성격이 여전히 크다. 다만, 2010년대 아베 정권기 자민당 내 다양성의 부재는 미일 안보동맹 강화로 인해 발생할 수 있는 미국 군사전략에 대한 일본의 연루 위험을 피할 헷징 전략의 국내적 여건이 약화되었다는 것을 의미한다.

VII. 결론

1997년 미일신가이드라인과 1999년 주변사태법은 탈냉전기 새로 부상한 북한의 안보위협에 대한 일본의 선택이었다. 미일 안보동맹 강화는 냉전기에 이를 제약하던 혁신계 야당의 전향적 정책 전환과 정치적 영향력의 약화, 그리고 일본 사회 여론의 미일안보체제에 대한 현상유지적 성격의 높은 원론적 지지에 기반을 두고 실현되었다. 한편, 자민당 내에 미일 안보동맹 강화에 대한 폭넓은 동의가 존재하였지만, 중국의 '주변' 포함에 대해서는 다소 상반된 정책 지향이 발견된다. 1990년대 후반 자민당 내의 정치과정은 외교안보 정책에 대한 대립 구도보다 연립구성의 형태에 대한 대립 구도 위주로 진행되었다. 하지만, 정국적 차원의 연립 구성을 둘러싼 대립 속에서 외교안보 정책에 대한 상이성이 중첩되어 드러나게 되었다. 1990년대 후반 미일 안보동맹 강화 과정에서 드러난 자민당 내 상이한 정책 지향은 중국과의 관계 설정에 대한 인식적 차원의 상이성과 연결된다. 대중정책에 대한 자민당 내 대립 구도는 미일 안보동맹 강화로 커질 수밖에 없는 미국 군사작전에 일본이 연루되는 위험을 줄일 수 있는 국내적 기반이었다.

    제2기 아베 정권기 안보정책 변화는 1990년대 후반과 마찬가지로 미일 안보동맹 강화라는 성격을 지닌다. 이 과정에서 미일안보체제의 유지와 강화에 대한 원론적 차원의 높은 사회적 지지가 있고, 정치권 내에서 미일안보체제 자체에 대해 반대하는 목소리가 과소화되어 있다는 점에서 1990년대 미일신가이드라인과 주변사태법 사례 때와 유사하다. 다만, 과거 자민당 내 존재하던 대중정책의 상이한 정책지향이 더는 가시적으로 존재하지 않는다. 이는 동중국해에서의 중일 갈등 현실화가 만든 결과이다. 하지만 자민당 내의 대중정책에 대한 강경 노선의 정책 일치감 증가는 2000년대 친아시아 외교노선 성향 정치인들이 자민당 내에서 몰락한 결과이기도 하다. 자민당 내 다양성의 소멸은 미중경쟁 시대에 미국에의 연루 위험에 대한 회피 수단, 즉 헷징 전략의 일본 국내적 토대를 허약하게 하고 있다.

참고문헌

김진기. 2006. "탈냉전 이후 일본방위정책의 변화에 대한 연구."『한국동북아논총』39: 33-55.

나카노 고이치. 2016.『우경화하는 일본 정치』. 에이케이커뮤니케이션즈.

다카하라 아키코·마에다 히로코. 2015.『중국현대사 5: 개발주의 시대로 1972-2014』. 삼천리.

박병광. 2014. "중·일 대립관계 심화와 한국의 대응."『전략연구』63: 35-63.

박영준. 2013. ""수정주의적 보통국가론"의 대두와 일본 외교: 자민당 아베정권의 재출범과
    한반도정책 전망."『한국과국제정치』29(1): 91-121.

_____. 2016. "일본 아베 정부의 보통군사국가화 평가." 박철희 편.『일본의 집단적 자위권
    도입과 한반도』. 서울대학교출판문화원.

소에야 요시히데. 2006.『일본의 미들 파워 외교』. 오름.

오구마 에이지. 2019.『민주와 애국』. 돌베개.

윤덕민. 2013. "중국의 부상과 일본의 대중전략."『전략연구』59: 65-94.

이정환. 2016. "2000년대 자민당 온건보수의 향방 – 新YKK 정치연대의 아시아 중시
    외교노선의 성격과 몰락." 국민대학교 일본학연구소 편.『일본 파워엘리트의 대한정책』.
    선인.

_____. 2018. "이시하라 신타로(石原慎太郎)와 2012년 센카쿠 분쟁화의 일본 국내
    정치과정."『아시아리뷰』8(1): 175-201.

임재환. 2016. "일본의 위협 인식의 변화와 방위체제의 재정비." 박철희 편.『일본의 집단적
    자위권 도입과 한반도』. 서울대학교출판문화원.

조양현. 2019. "21세기 일본의 국가정체성 변화와 한일관계." 동북아역사재단
    한일역사문제연구소 편.『일본의 국가정체성과 동북아 국제관계』. 동북아역사재단.

케네스 파일. 2008.『강대국 일본의 부활』. 한울.

쿠라다 히데야. 2016. "평화안보법제와 한반도: 미일동맹의 '갱신'과 한반도 '유사'의 위상."
    『국방정책연구』32(1): 9-29.

토가시 아유미. 2017. "정권 교체와 일본 외교안보정책의 지속성: 정책 이념과 미일동맹."
    『한국정당학회보』16(2): 101-120.

핫토리 류지. 2017.『중국과 일본의 악수』. 역락.

Berger, T. U. 1993. "From sword to chrysanthemum: Japan's culture of anti-militarism."
    International Security 17(4): 119-150.

Chai, Sun-Ki. 1997. "Entrenching the Yoshida defense doctrine: three techniques for
    institutionalization." *International Organization* 51(3): 389-412.

Drifte, R. 2003. *Japan's Security Relations with China Since 1989: From Balancing to
    Bandwagoning?* Routledge.

Hosoya, Yuichi. 2019. *Security Politics in Japan: Legislation for A New Security
    Environment.* Japan Publishing Industry Foundation for Culture.

Hughes, C. 2015. *Japan's Foreign and Security Policy Under the 'Abe Doctrine': New Dynamism or New Dead End?* Springer.

Hughes, C. 2007. "Japan's Doctoring of the Yoshida Doctrine." *Asia Policy* 4(1): 199-204.

Katzenstein, P. & Okawara, N. 1993. "Japan's national security: structures, norms, and policies." *International Security* 17(4): 84-118.

Liff, Adam P. 2017. "Policy by Other Means: Collective Self-Defense and the Politics of Japan's Postwar Constitutional Reinterpretations." *Asia Policy* 24(1): 139-172.

Midford, P. 2011. *Rethinking Japanese public opinion and security: From pacifism to realism?* Stanford University Press.

Mochizuki, M. 2007. "Japan's shifting strategy toward the rise of China." *Journal of Strategic Studies* 30(4-5): 739-776.

Okazaki, H. 1982. "Japanese security policy: A time for strategy." *International Security* 7(2): 188-197.

Samuels, R. J. 2007. *Securing Japan: Tokyo's Grand Strategy and the Future of East Asia.* Cornell University Press.

Soeya, Yoshihide. 2011. "A 'Normal' Middle Power: Interpreting Changes in Japanese Security Policy in the 1990s and After." In *Japan As a 'Normal Country'?: A Nation in Search of Its Place in the World.* edited by Yoshihide Soeya, Masayuki Tadokoro, and David A. Welch. University of Toronto Press.

加藤紘一. 1999. 『いま政治は何をすべきか―新世紀日本の設計図』. 講談社.
吉次公介. 2018. 『日米安保体制史』. 岩波書店.
山内敏弘. 2002. 『有事法制を検証する―「9.11以後」を平和憲法の視座から問い直す』. 法律文化社.
山本章子. 2019. 『日米地位協定　在日米軍と「同盟」の70年』. 中央公論新社.
水野均. 2000. 『検証 日本社会党はなぜ敗北したか―五五年体制下の安全保障論争を問う』. 並木書房.
_____. 2005. "日米安保条約の国内化と朝日新聞：社説にみる日本防衛論(5)." 『千葉商大紀要』43(3): 101-121.
助川康. 2007. "1990 年代以降の防衛分野における立法と政党の態度." 『防衛研究所紀要』9, no. 3, 1-19.
中北浩爾. 2014. 『自民党政治の変容』. NHK出版.
塚田穂高. 2017. 『徹底検証 日本の右傾化』. 筑摩書房.
坂本義和. 1982. 『(新版)核時代の国際政治』. 岩波書店.
黄偉修. 2018. "日本における安保法制の施行と台湾海峡安全保障問題." 『アジア太平洋討究』30: 129-138.

인터넷 자료

日本內閣府世論調查: https://survey.gov-online.go.jp/index.html (검색일: 2020. 4. 30.)

日本海上保安厅: https://www.kaiho.mlit.go.jp/mission/senkaku/senkaku.html (검색일: 2020. 4. 30.)

日経世論調查ア―カイブ: https://vdata.nikkei.com/newsgraphics/cabinet-approval-rating/ (검색일: 2020. 4. 30.)

データベ―ス「世界と日本」: https://worldjpn.grips.ac.jp/index.html (검색일: 2020. 4. 30.)

제7장   아베 정권의 '주권 회복' 기획과 젠더정치

신기영(오차노미즈 여자대학)

I. 들어가며

이 글은 본서의 주제인 동아시아의 불완전 주권 국가 체제라는 이론적 시점에서 2012년에 출범한 제2차 아베 정권(2012~2020)의 새로운 국가 건설 기획을 분석한 시론이다. 아베 수상은 2000년대 중반의 1차 내각 때에 전후체제를 탈피하고 '아름다운' 일본 국가를 건설하고자 하는 야심찬 계획을 세운 바 있다. 그러나 그 비전이 전전(戰前)의 국가주의를 연상시키면서 정권에 대한 지지가 급락하여 일년 만에 사직했다. 뒤이은 자민당 내각 및 짧은 기간 정권교체를 이루었던 민주당 정권 역시 실패하면서, 자민당은 2012년에 재집권에 성공하여 제2차 아베내각이 출범했다. 아베 수상은 두 번째 집권에서 안정적인 정권 기반을 창출하고 자민당 총재 선출 규정까지 개정하여 2021년까지 9년간의 장기집권이 가능하게 되었다. 아베 수상은 일본이 2차 대전 패전국의 지위로부터 비롯된 불완전 주권의 상징인 헌법9조를 개정하고 완전한 형태의 주권 국가를 완성하는 것을 본인의 정치적 과제로 삼아 왔는데, 1차 내각 때 좌절되었던 이 과제를 다시 한 번 추구할 수 있는 기회를 맞이했던 것이다.

아베 정권은 1차 내각 때 성급한 정책 추진이 실패한 경험을 거울삼아 2차 내각에서는 전략적으로 경제정책과 외교전을 전면에 내세워 국내외적 지지 기반을 다지려 했다. 초창기에 '아베노믹스'로 대표되는 경제성장정책은 일정 정도의 성과를 내어 정권과 관련한 많은 스캔들에도 불구하고 높은 내각 지지율을 유지할 수 있었다. 그러나 외교에서는 동아시아를 둘러싼 국제 정세가 어려워지면서 결과적으로 일본의 보수파가 추진하는 주권 완성 기획에 차질을 빚었다. 집권 기간 동안 미국은 오바마 정권에서 트럼프 정권으로 급변하였고, 한국은 반대로 보수 정권에서 중도진보 정권으로 교체되었다. 하지만 한국과는 위안부 문제에 대한 해결을 압박했던 박근혜 정부에 이어 문재인 정권과도 역사와 인권 문제에 대한 입장차를 좁히지 못하여 한일 간의 신뢰 수준이 역사상 최악의 상태로 후퇴했다. 그러한 상황은 헌법을 개정하고 '정상국가'화하려는 일본의 주권 완성 기획이 국제적 승인을 얻기 어려운 조건이 되었다는 것을 의미한다.

　　정권 말기에는 화려한 일본 부활을 알리려던 도쿄올림픽도 코로나 사태가 겹쳐 취소의 위기에 봉착하고, 코로나 대책에 대한 비판과 검찰 간부 정년 연장 관련 물의로 인해 아베 수상의 지지율도 사상 최악으로 떨어졌다.[1] 이와 같은 국내외 사정으로 급박한 문제들을 해결해야 하는 아베 내각은 지난 8년간 추구했던 헌법 개정 및 주권 국가 완성 기획을 추진할 동력을 상실했다. 하지만 일본의 보수파가 추구해 온 전후체제의 탈피 및 주권 완성 기획 그 자체가 포기된 것은 아니다. 헌법 개정 논의는 지금도 현재진행형이며 앞으로도 계속 추진될 것이기 때문이다. 따라서 일본의 주권 완성 기획에 가장 적극적이었던 아베 정권하에서 추진되었던 새로운 전략들과 그 특징을 분석하는 것은 불완전 주권 국가 일본의 논리를 이해하는 데 중요한 길잡이를 제공할 수 있을 것으로 생각된다.

　　이 글에서 특히 주목하고자 하는 것은 아베 정권의 젠더 정치이다. 아베 수상은 2000년대 초중반 소위 '젠더 반격'(gender backlask)을 주도한 인물로서 여성인권을 경시하는 정치경력을 가지고 있었다.[2]

1　아베 정권 지지율은 2020년 5월 셋째주에 27%로 떨어졌다. "内閣支持率27%に急落 黒川氏「懲戒免職にすべきだ」52%毎日新聞世論調査毎"(2020年 5月23日) . https://mainichi.jp/articles/20200523/k00/00m/010/178000c (검색일: 2020. 5. 23.). 정권 지지율은 회복되지 못했고 아베 수상은 결국 8월 28일에 사임을 발표했다.

그러한 성격은 위안부 문제에 대한 입장에도 반영되었고 때마침 한국에서는 최초의 여성대통령이 탄생해 위안부 문제 해결에 적극적인 박근혜 대통령과의 갈등이 첨예화되었다. 이러한 상황은 보수 가부장적인 성격의 아베 수상에 대한 국내외로부터의 염려를 불식시키고 완전한 주권 국가의 기획을 추진하기 위한 주변국과 국제사회의 신뢰와 승인이 필요함을 의미했고 이를 위한 시금석으로 젠더 문제의 돌파구가 필요한 상황이었다. 젠더/여성은 과거부터 자민당 보수파가 추구하던 주권 완성/회복 기획에도 중요한 역할을 해왔지만, 아베 수상은 정권 초기부터 자민당의 보수 정치인에게 기대하기 어려웠던 "여성"을 키워드로 하는 정책들을 적극적으로 추진하는 모습을 보였다. 이 정책들은 이념적 일관성이 결여되고 상호 모순되는 측면도 내포하고 있으나 아베 정권의 주권 완성 기획에서 과거의 자민당 보수 세력의 전략과는 차별되는 아베 정권의 주권 완성 기획의 매우 중요한 위치를 차지한다. 본문에서는 그 내용들을 구체적으로 살펴보도록 하겠다.

II. 주권, 국가 건설, 그리고 젠더정치

국가 건설(nation-building) 과정은 명시적, 암묵적으로 다양한 젠더 전략이 동원된다. 근대 국가를 형성하는 과정에서는 민족이라는 운명 공동체를 새로 발견하고 의미를 부여하는 작업이 다방면으로 추진된

2　보수적 성향을 가진 차세대 정치인 그룹의 간사를 역임하였는데, 이들은 2000년대 초중 각급 학교에서 실시하던 성교육이 그 정도가 지나쳐서 남녀의 구분을 없애려 한다고 극심하게 비판하였다. 아베 수상은 당시 그러한 젠더 반격(gender backlash)의 선두주자였다.

다. 민족의 자부심을 고양하기 위해서 민족의 시조나 건국신화가 새로
정비되고 민족 고유의 상징에 새로운 의미가 부여된다. 민족이 혈연을
중심으로 한 확대가족으로 상상되는 경우 민족의 구성원은 문화적으
로 동일한 가치를 공유하는 것이 기대되고 그러한 가치는 지속적으로
재생산되어야 한다. 이러한 과정에서 젠더와 성을 동원하는 것은 매우
일반적이다. 여성의 신체는 민족의 문화를 전시하는 매체가 되거나(영
부인들의 민족의상은 그 예이다) 물리적으로 다음 세대를 출산, 교육하
는 임무를 진다(Yuval-Davis 1997). 식민지에서 독립한 국가는 새로운
국가 건설 과정에서 가부장적 전통을 부활시켜 억압되어 있던 식민지
남성 엘리트들의 공적, 사적 권력을 재확립한다(Shin 2006).

주권 국가의 완성이라는 상상 역시 젠더적이다. 주권 국가의 가장
중요한 요소인 '안보' 개념 자체가 젠더화된 개념이기 때문이다. 여성
을 동원하거나 새로운 주체로 호명하는 것뿐 아니라 이상적인 젠더질
서를 구축하고 여성의 성을 관리하는 것은 모두 건강하고 완전한 주권
국가의 상상에 중요한 역할을 한다. 여성은 주권 국가를 건설하는 과정
에서 젠더화된 역할을 부여받고 시민으로 승격된다. 전장에 나가서 국
가를 위해 목숨을 걸고 싸울 용감하고 건강한 병사를 출산하고 양육하
는 모성을 수행할 것이 요구되고, 대의를 위해 자기 자식을 국가에 바
쳐 사사로운 정을 포기하는 희생을 실천함으로써 국가에 공헌하는 여
성 시민의 자격이 부여된다. 바람직하지 않는 주체를 배제하는 전략도
동원된다. 성적 일탈을 관리하는 명목으로 성 소수자들을 병리화하여
배제하거나 건강한 시민의 양성에 공헌하지 못한다는 이유로 장애 여
성들의 출산권을 박탈하는 경우가 그 예들이다.

반대로 타국의 주권 국가로서의 자격을 부정하거나 교정하기 위
한 논리로서도 젠더 전략은 자주 사용된다. 서구 민주주의 국가들은

자국의 여성들이 가부장제로부터 해방되어 시민적 권리를 향유하는 것을 문화적, 정치적으로 우월한 국가 지위를 상징하는 것으로 자부한다. 이들 '인권 선진국'들은 제3세계 국가들의 가부장적 남성들로부터 "여성해방을 위해서" 무력 개입을 정당화하거나, 인권을 박탈당한 "성 소수자를 보호하기 위해서" 국제적 규제를 강화한다. 전쟁에서 "적의 사기를 떨어뜨리기 위한 작전"으로 집단 강간을 전략으로 채택하는 것도 젠더화된 안보의 흔한 예들이다(Enloe 1990; Tickner 1992; Runyan and Peterson 1992; 2014; Sjoberg 2013; 2015). 즉, 민족, 국가 건설, 주권 행위는 그 자체가 젠더화된 정치 과정이며 이 정치 과정 내에서 여성성, 남성성, 이성애 규범 등이 적극적으로 동원된다. 또한 이 과정에 일부 여성들은 과거에는 불가능했던 새로운 정치적 주체로서의 지위를 부여받고 국가건설에 참여하기도 한다.

일본의 경우도 예외는 아니다. 일본이 서구와 대등한 주권 국가를 건설하기 위해 일으킨 태평양 전쟁은 일본국의 총동원체제하에 수행되었고, 일본여성들은 이 과정에 자발적으로 가담하였다. 위기에 직면한 국가에 공헌함으로써 시민권을 획득하기 위한 전략이었다. 또한 미군정의 일본 재건 정책에서도 일본 여성의 해방은 GHQ의 일본 민주화의 핵심 정책의 하나였다. 일본의 민주화 프로젝트를 위해서 미국 및 일본의 엘리트 여성들이 다양하게 동원되었다(Koikari 2011). 동일본 대지진 이후의 복구 과정을 분석한 코이카리의 다른 연구도 위기에 대한 일상적인 대비를 위한 여성의 능력 개발과 그 과정에서 Domesticity가 동원되는 과정을 분석하였다(Koikari 2013). 위기에 대한 대비, '국난'의 극복은 또 하나의 국가 재건 기획이며 이때 필요한 새로운 정치공동체에 대한 비전은 새로운 젠더 질서의 구축을 동반하는 정치 과정인 것이다.

III. 아베 정권의 주권 완성 비전

아베 수상은 일찍부터 일본이 '불완전 주권 국가'의 지위로 전락한 소위 전후체제를 탈피하고 완전한 주권 국가를 재건설하는 것을 정치적 소명으로 내걸었다. 2012년 12월 26일에 제2차 아베 내각이 출범하면서 다시금 정치적 기회를 얻게 되자 그러한 비전을 적극적으로 천명하였다. 이 절에서는 그 중에서도 아베 정권의 주권 완성 기획의 가장 핵심적인 정책인 헌법 개정과 유엔 외교를 중심으로 젠더전략을 살펴보겠다.

먼저 아베 정권의 총체적인 비전을 이해할 수 있는 자료로 "전후 70년 담화"를 살펴보자. 아베 수상은 민주당 정권 말기인 2012년 10월에 마이니치신문과의 인터뷰에서 1995년 전후 50년을 기념해 발표한 무라야마 담화와는 차별되는 새 담화를 발표할 필요가 있다는 견해를 밝혔다(마이니치신문 2012. 10. 16). 수상이 되고 나서는 민주당 정권의 친아시아적인 외교 정책에서 선회하면서 무라야마 담화를 그대로 계승하지는 않을 것이라고 선언하였고 "침략의 정의는 정해져 있지 않다"고 하면서 식민지배와 침략전쟁을 부인하는 듯한 언급을 하였다(국회 발언 2013. 4. 23).

이러한 태도는 아시아 국가들과의 긴장을 불러왔고 특히 위안부 문제에 강경한 태도를 취하던 한국의 박근혜 대통령과의 관계가 악화되었다. 박근혜 대통령은 관례적인 정상회담도 열지 않고 임기 초기부터 일본을 압박하면서 위안부 문제에 대한 일본의 성의 있는 태도를 요구하였다. 또한 취임한 그 해 5월에 미국을 방문하여 행한 상하원 합동 연설에서 역사 문제가 동북아의 정치와 안보 협력의 방해 요인임을 지적하는 등 외교 무대에서도 일본을 압박했다.

오늘까지도 동북아 지역은 협력의 잠재력을 극대화시키지 못하고 있습니다. 역내 국가의 경제적 역량과 상호의존은 하루가 다르게 증대하고 있으나 과거사로부터 비롯된 갈등은 더욱 심화되고 있습니다. 역사에 눈을 감는 자는 미래를 보지 못한다고 했습니다. 역사에 대한 올바른 인식을 갖지 못하는 것은 오늘의 문제이기도 하지만 더 큰 문제는 내일이 없다는 것입니다. 미래 아시아에서의 새로운 질서는 역내 국가 간 경제적 상호의존의 증대에도 불구하고 정치와 안보협력은 뒤처져 있는 소위 '아시아 패러독스' 현상을 우리가 어떻게 관리하느냐에 따라 결정될 것입니다. 저는 이러한 도전들을 극복하기 위한 비전으로 동북아 평화 협력 구상을 추진하고자 합니다. (박근혜 대통령 연설)

이렇게 '올바른 역사 인식'을 아시아의 새로운 질서 형성을 위한 전제 조건으로 내세우고, 위안부 문제의 해결을 압박한 박근혜 대통령과 아베 정부의 입장차는 좁혀지지 않았고 2015년까지 양국 관계는 더욱 경색되었다(손열 2018). 양국에 전향적인 입장을 밝히기를 원하는 미국의 요구에도 아베 수상은 2015년 4월 29일 미국 의회연설에서 과거 전쟁을 반성한다고 하면서도 침략이나 식민지 지배는 언급하지 않았다. 전날의 인터뷰에서는 위안부를 "인신매매 피해자"로 유감을 표명하는 데 그쳤다.[3] 이에 대해 한국, 북한, 중국은 크게 반발하였다. 이렇게 가속화되는 국제적인 긴장 속에서 아베 정권의 새 담화 자문기구 '21세기 구상 간담회'는 무라야마 담화의 침략전쟁과 식민지배에 대한 언급을 포함하는 것으로 최종 보고서를 발표하였고, 그 해 8월 14일에

---

3   http://m.hani.co.kr/arti/politics/diplomacy/684456.html (검색일: 2020. 6. 5.)

「전후 70년 담화」가 발표되었다.[4]

　이 담화에서는 아베 정권의 역사 인식과 미래의 주권 국가 모습을 읽을 수 있다. 즉, 일본은 구미 제국들이 식민지를 확대하고 있던 시기에도 "아시아에서 최초로 입헌정치를 세우고 독립을 지켰"으며, 특히 "러일 전쟁은 식민지 지배 아래에 있던 많은 아시아와 아프리카 사람들에게 용기를 북돋워"준 사건이라고 자평하였다. 그러다가 1차 대전의 평화체제가 실패하고 세계공황을 겪으면서 전쟁이라는 잘못된 길로 접어들어 엄청난 피해와 고통을 겪게 되었다고 진단했다. 담화는 일본이 이렇게 잘못된 길로 들어선 원인이 "세계공황이 발생하고, 구미 여러 나라가 식민지 경제를 둘러싼 경제블록화를 진행하면서 일본 경제가 큰 타격"을 입은 것과 그로 인해 고립감이 심화되어 "외교적·경제적인 교착상태를 힘을 사용해 해결하려고 시도"한 것에 있다고 해석했다. 그리하여 만주사변을 일으키고 국제연맹을 탈퇴하면서 전쟁의 길로 나아갔다는 것이다. 즉 서구 열강의 위협에 대한 방어기제로 침략 전쟁의 길로 들어섰다는 논리다.

　일본 근대사학자인 모리스-스즈키에 의하면 이 담화는 일본 근대사의 기본적인 부분에 대한 잘못된 해석에 기초해서 작성되었다. 서구의 제국주의 보호주의와 경제봉쇄가 1931년의 일본의 만주침략과 그 이후의 중국에 대한 전면전의 원인이 아니라 일본의 만주침략이 세계적 경제보호주의를 촉진했다는 것이다(モーリス-スズキ 2016, 72). 또한 만주침략 이전에 이미 대만과 조선을 식민지화했다는 사실 등은 은폐하고 있다고 비판했다. 모리스-스즈키의 지적대로 담화에는 식민지 지배에 대한 언급 없이 패전과 전후에 대한 언급으로 넘어간다.

4　내각총리대신 담화의 원문은 수상 관저 홈페이지 참조. https://www.kantei.go.jp/jp/97_abe/discource/20150814danwa.html (검색일: 2020. 6. 1.)

패전과 관련해서는 전장 및 연합국에 의한 일본 내 폭격 등에 의한 자국민의 희생에 대해서 애도하고 일본이 일으킨 전쟁으로 인해 희생된 전장지의 주민들과 병사들, 그리고 "전장의 그늘에서 명예와 존엄에 상처 입은 여성들"을 모두 희생자라는 하나의 틀로 묶어서 언급하면서, 전쟁으로 타국에게 헤아릴 수 없는 손해와 고통을 준 사실을 인정했다. 그리고 지금껏 과거의 "행동에 대해 반복해서 통절한 반성과 진심어린 사죄의 마음을 표명"해 왔으며, 그러한 의도로 아시아 국가들의 발전을 위해 협력했음도 강조했다. 담화는 다시는 전쟁이 있어서는 안 된다는 평화주의가 패전 이후 일본이 일관되게 유지해 온 가치임을 강조했다. 일본이 군국주의를 부활시킬지도 모른다는 주변국들의 의심을 불식시키려는 듯 무력과 전쟁을 분쟁수단으로 사용했던 과거에서 얻은 교훈을 가슴에 깊이 새기고 아시아와 세계 평화와 번영에 힘쓸 것임을 강조했다. 핵무기의 비확산과 궁극적인 폐기도 제시했다. 더하여 다음과 같은 내용을 포함하고 있다.

일본에서는 전후에 태어난 세대가 이제 인구의 8할을 넘고 있습니다. 전쟁과는 아무런 관계가 없는 우리의 자녀나 손자, 그리고 그 다음 세대의 아이들에게 사죄를 계속할 숙명을 지게 해서는 안 됩니다.
그렇지만 우리 일본인은 세대를 넘어 과거의 역사를 정면으로 마주하지 않으면 안 됩니다. 겸허한 마음으로 과거를 계승하고 미래에 전달할 책임이 있습니다.
…
우리는 20세기에 전시(戰時) 하에서 많은 여성들의 존엄과 명예가 깊은 상처를 입은 과거를 계속해서 가슴에 새기겠습니다. 그럴수록 우리나라는 그런 여성들의 마음에 항상 다가가는 국가이고 싶습니다.

21세기야말로 여성의 인권이 손상되지 않는 세기가 되도록 하기 위해 세계를 선도하겠습니다.

...

우리나라는 자유, 민주주의, 인권 등 기본적 가치를 확고히 견지하고 그 가치를 공유하는 국가들과 손잡고 '적극적 평화주의'의 기치를 높이 들고 세계 평화와 번영에 어느 때보다 기여하겠습니다.

담화는 일본이 그동안 충분한 성의를 표했으니 이제 피해국들이 관용과 화해의 자세를 가질 것을 촉구하고 그리하여 전쟁을 겪지 않은 일본의 다음 세대에게 과거사에 대한 사과의 숙명을 지우지 않겠다는 것을 천명한 것이었다. 전후 70년 담화는 아베 정권의 출범한 이후 고노 담화 재검증, 과거 게재한 위안부 기사가 위증에 기반하여 작성되었다고 인정한 아사히신문에 대한 공격, 우익인사들의 위안부 문제 부인 발언 등이 이어지던 때라서 국내외에서 비상한 관심을 모았다. 특히 담화에서 식민지 지배에 대한 반성과 위안부 문제에 대해 어느 정도 언급할 것인가에 대해 주목이 집중되고 있었다. 담화에서는 이를 의식하여 전시하 여성들의 피해에 대해서 두 번이나 언급하였으나 피해를 입힌 주체가 명시되지 않았고 위안부라는 단어도 등장하지 않았다. 어느 전쟁에서도 발생했을 법한 일반적인 전시하 여성 피해를 의미하는 것처럼 언급되었을 뿐이다. 마지막에 언급하고 있는 아베 정권의 가치관 외교, 즉 민주주의와 인권 등의 기본적 가치를 공유하는 국가들과 협력하여 세계평화에 공헌하려는 전략은 여성 인권의 보장 없이는 달성될 수 없는 목표이지만 과거에 저지른 인권 침해에 대한 인정과 깊은 성찰은 없었다. 다만 21세기에는 그러한 일이 발생하지 않도록 일본이 공헌하겠다는 의지만 천명한 것이다. 따라서 전후 70년 담화는 아시아 국가들에게 평가되지 못했고 오히려 과거사를 묻어버리려 한다는 의심을 더욱 부채질하는 결과를 가져왔다.

아베 수상의 주권 완성 기획은 국내적으로 보수세력의 결집과 아베 정권에 대한 높은 지지율에도 불구하고 동아시아 국가들의 신뢰 상실과 위안부 문제에 대한 부정적 태도로 인해 발목이 잡힌 형국이 되었다. 이에 대해 아베 수상은 이러한 국제 여론을 반전시키기 위해서 한편으로는 위안부 문제에 대해서 일본의 입장을 적극적으로 선전하면서,[5] 다른 한편으로는 국제무대에서 여성 인권을 위해 공헌하는 일본의 이미지를 부각시키기 위한 여성 인권 외교를 가속화하였다.

IV. 선진 국가가 되기 위한 조건: "여성 인권" 외교

앞 절에서 언급한 것처럼 "여성"이 국제정치나 외교에 등장하는 것은 외교를 수행하는 주체로서가 아니라 남성 외교에 의해 해방되어야 될 대상으로 묘사될 때나 남성들이 외교를 수행하는 데 동원되는 보조자인 경우가 대부분이었다. 국제정치는 무정부 상태의 무한 경쟁 체제에서 끊임없는 안보 위협에 대처하여 생존을 모색해야 하는 국가 간의 관계로 인식되어 왔다. 이때 국가는 보호받아야 할 가족들과 가족을 책임지는 가부장으로 구성되는 확대 가족으로 의인화되고, 국제정치는 가부장들이 경쟁과 협력을 모색하는 공간으로 상상된다. 국제정치의 힘의 위계질서 내에서 스스로를 지키지 못해 타국에 의해 보호받거나

---

5   예를 들면 미국과 같은 제3국에서 일본의 대사관이 그 지역의 여론에 적극적으로 일본의 입장을 피력하거나, 역사수정주의의 입장에서 작성된 위안부 문제 관련 책자를 일본 연구자들에게 배포하는 것 등이 그 예이다. 山口智美ほか(2016).

지배되는 국가는 정상 국가로 인정받지 못하고 역할을 수행할 능력이 의심되고 여성화된다.

미국에 자국의 안보를 의존해 온 전후의 일본은 그 전형적인 예로 간주된다. 자민당과 아베 정권이 헌법을 개정하고 주권을 완성하려 하는 기획은 승전국인 미국에 비해 열등한 인종이라는 위치에 더해 자국의 안보를 타국에 의존하는 여성화된 일본 국가의 상징적 지위를 회복하고 자조의 능력을 갖춘 독립된 주권 국가의 위상을 획득하는 기획이기도 하다. 그러나 파시즘과 전쟁으로 인해 패전국이 된 일본이 재무장과 같은 가부장적 능력을 회복하는 것은 여전히 많은 경계심을 불러일으킨다. 민주주의와 인권이라는 가치로 무장한 북반구의 서구 국가들은 21세기적의 주권 국가의 자격으로 보편적인 인권과 같은 가치를 공유하고 실천하는 능력을 통해 도덕적 우위를 정당화해 왔기 때문이다.

마침 아베 정권이 출범한 2012년에는 오바마 정권 내에서 힐러리 클린턴이 여성 인권을 미국 대외 정책의 중요한 가치로 내세우고 있던 때였다.[6] 또한 보편적 인권의 존중과 젠더 평등이 점차 선진국의 중요한 외교적 가치로 자리매김되고 영국, 호주, 노르웨이 등도 젠더 평등을 사국 외교의 명시적인 원칙으로 도입하였다. 한발 더 나아가 "페미니즘"을 외교 정책에 명기한 경우도 나타났다. 2014년 스웨덴 여성 외교 장관은 "페미니스트 외교 정책"을 주창했고, 2017년 캐나다 트뤼도 수상은 "페미니스트 국제원조 정책"을, 2019년 프랑스의 마크롱 정권도 "페미니스트 외교"를 내세웠다. 이들의 내용이 모두 같은 것은 아니지만 젠더 평등 및 여성이 서구 국가들의 외교 정책에 필수적 요소가

---

6   이는 "힐러리 독트린"으로 명명되어 회자되었다. 그러나 힐러리는 여성 인권을 보장하지 않는 국가들에 대해 무력 개입을 지지하는 입장을 취해 많은 페미니스트들로부터 비판받기도 했다. Hudson et al.(2015).

된 국제적인 흐름을 보여준다. 젠더 평등 및 여성 인권에 대한 가치는 선진국들이 도덕적으로 우월하며 선진적인 지위를 증명하기 위해 명시적으로 공유해야 하는 가치가 된 것이다.

아베 수상은 1차 내각 때에 이러한 국제적인 흐름에 정면으로 반하는 행동으로 외교적 실패를 경험한 바 있다. 미 하원에 계류되어 있던 위안부 문제 해결을 촉구하는 결의안을 저지하기 위해 2007년 6월 14일 미 『워싱턴 포스트』지에 "The Facts"라는 제목으로 위안부를 매춘부로 매도한 역사수정주의적인 광고를 실은 것이다. 이미 국제사회에서 위안부 문제는 여성에 대한 전시(戰時) 성폭력 문제로 중대한 인권 침해 사안으로 인식되고 있었지만(신기영 2016), 일본의 우익 세력이 공개적으로 위안부 문제를 왜곡하려 하자 국제 여론이 크게 악화되면서 미 하원뿐 아니라 각국의 의회에서도 일본 정부에 성의 있는 해결책을 마련하라는 결의안이 채택되었던 것이다. 이러한 뼈아픈 경험을 토대로 2차 내각 때의 아베 수상은 외교 무대에서 반여성인권자라는 오명을 불식하고 선진 국가 그룹에 합당한 여성 인권 외교를 적극적으로 펼치는 방향으로 전환했다.

수상 취임 후 얼마 되지 않은 2013년 3월, 전시하 여성 보호를 안전 보장 문제로 다룬 유엔 안보리 결의안 1325호의 국내행동강령의 작성을 시작하였고, 4월에는 영국이 주도한 PSVI(분쟁하 여성에 대한 폭력에 관한 이니셔티브)에 참가할 것을 표명하였다.[7] 아베 정권의 여성 인권 외교가 무엇보다 분명히 드러난 것은 2013년 9월 유엔총회의 일

---

7   모토야마는 안보리 결의안 1325호의 국내행동강령이 이러한 외교적 목적에 의해서 촉발되었고 그 결과 시민사회가 주장했던 위안부 문제나 미군 성폭력 문제는 최종 단계에서 빠지고 국제원조에 역점을 두는 행동강령으로 축소되었다고 주장한다. 本山央子 (2020).

반토론연설이었다.[8] 이 연설에서 연설의 절반가량을 "여성"을 주제로
하여 주위를 놀라게 했으며 각국의 언론은 물론 외무성 관료마저도 전
대미문으로 받아들일 정도였다. 대외적으로 박근혜 대통령과 위안부
문제를 놓고 대립하고 있는 상황이었지만 위안부 문제에 대해서는 언
급하지 않고 전시 및 분쟁지역에서의 여성의 보호 및 지원에 주도적인
역할을 하겠다고 선언한 것이다. 또한 여성을 위한 프로그램에 3년간
30억 달러(약 3조 원)의 개발원조를 제공하겠다고 약속했다.

구체적으로는 일본과 빈곤국 모두에서 "여성이 빛나는 사회"를
만들겠다고 선언했다. 그 중에서도 개발원조를 통해 (1) 여성의 사회
진출 및 능력개발, (2) 모자보건 등의 보건의료 제공, (3) 분쟁지역의
여성들의 권리보호 및 평화구축 과정에의 참여를 들고 있다. 그러나
여기서 아베 수상이 의미하는 "여성이 빛나는 사회"는 여성 인권의 보
장이나 젠더 평등이 그 자체로 달성되어야 하는 궁극적인 목적이라는
인식에 바탕을 둔 것이 아니라는 점을 지적해 둘 필요가 있다.[9] 연설
에서도 언급되고 있는 것처럼 여성 개발 프로그램에 원조하는 이유는
"여성의 사회 진출이 촉진되면 될수록" 그 사회의 경제성장률이 높아
진다는 것이다. 여성들의 능력은 충분히 활용되지 못하고 있으며 잠재
적인 여성의 능력을 개발해서 경제성장의 원동력으로 삼겠다는 것이
다. 아베 수상은 그해 4월에 이미 아베노믹스의 성장전략에서 "여성"
을 활용하는 것이 경제성장의 중요한 전략임을 발표한 적이 있다. 이
는 경제성장을 통해 평화를 달성한다는 아베 수상의 "적극적 평화주

---

8   연설의 전문은 수상관저 홈페이지를 참조. http://japan.kantei.go.jp/96_abe/statement
/201309/26generaldebate_e.html (검색일: 2020. 6. 1.)
9   아베 수상은 경제성장을 위해 여성의 능력이 충분히 활용되지 못하고 있다고 지적하고
"여성이 빛나는 사회" 정책은 사회정책이 아니라 경제정책이라고 분명히 밝힌 바 있다.

의"로도 연결된다.

아베 수상은 연설에서 세계 평화와 번영을 달성하기 위해 먼저 "일본 경제를 재건함으로써, 세계에 선을 행하고 세계가 의지할 수 있는" 일본을 만드는 것을 자신의 책무로 정의했다. 여성 보호 및 여성의 활용은 이러한 목적을 달성하는 중요한 수단이다. 아베 수상이 동시기에 국내에서 강행하고 있던 안보법 개혁은 일본의 재무장을 염려한 격렬한 반대에 직면해 있었다. 반면 외교 무대에서는 "여성"을 전면에 내세워 일본의 의도가 일각에서 의심하는 것처럼 위험한 것이 아닌 평화적인 성격임을 강조했다. "여성 인권" 외교를 통해 선진 문명국이 공유해야 하는 젠더 평등과 여성 인권의 가치에 동조하고 실천하는 의지를 표명하여 스스로를 그 그룹의 일원으로 자리매김하고, 거액의 원조를 쾌척함으로써 그러한 가치를 실행할 수 있는 능력과 의지를 증명하고자 했던 것이다.

이런 실적을 통해 일본은 "유엔 평화유지활동(PKO)을 비롯한 유엔의 집단안전보장조치에 한층 적극적으로 참가"하고, 유엔의 안전보장이사회의 상임이사국이 되고자 희망했다.[10] 이렇게 "여성 인권" 외교는 제3세계 여성들을 구원하는 온정적인 선진국의 지위를 획득하고 아베 수상의 주권 국가 완성 기획에 대한 국제적 승인을 얻기 위한 외교 정책의 핵심 전략으로 사용되었다. 2013년 연설을 시작으로 아베 수상은 그 후로도 이러한 입장을 거듭 강조하였다. 모순되게도 아베 수상은 일본의 역대 수상 중 가장 "여성"을 많이 언급한 지도자가 되었다.

10　"首相, 女性支援にODA3000億円表明 国連演説." 日本経済新聞 電子版. 2013. 9. 27. https://www.nikkei.com/article/DGXNASFK2603Y_W3A920C1000000/ (검색일: 2020. 5. 24.)

V. 헌법 개정과 젠더 질서 되돌리기

아베 수상이 다자간 외교 무대에서 제시한 "여성 인권"을 위한 개발원조 정책은 많은 이들을 놀라게 했지만 위안부 문제와 같이 정작 자국이 직면한 여성 인권 문제는 외면하고 여성의 사회 참여는 경제성장을 위한 노동력의 동원이라는 시각에서 접근하였다. "여성이 빛나는 사회" 구상의 뒷면에는 여성을 전통적인 젠더질서 내에 고정시키려는 시도가 공존하고 있었다. 이를 가장 잘 나타내 주는 것이 2012년에 발표된 자민당의 헌법 개정 초안이다. 2012년 헌법 개정 초안은 천황을 원수, 자위대를 국방군으로 명기하여 2005년 초안보다도 더욱더 국가주의적인 색채를 강하게 띠고 있다는 점에서 많은 비판을 받았다. 하지만 군국주의적 색채를 띠는 조항들과 함께 헌법 24조의 가족에 대한 규정이 헌법 개정의 핵심적인 조항으로 제시되었다는 점에도 주목할 필요가 있다. 국가주의를 뒷받침하기 위해서 개인의 인권보다는 공공과 가부장적 가족을 강화하려는 것이 개헌의 구상이기 때문이다.

　　일본의 헌법은 2차 대전이 종전된 후 실시된 미군정기에 메이지 헌법을 대체하기 위해 새롭게 작성된 헌법이다. 1946년 11월 3일에 제정되어 1947년 5월 3일에 발효되었고, 2020년 9월 현재까지 개정 없이 유지되고 있다. 지금은 상식이 되었지만, 이 헌법은 미군정이 직접 초안을 작성하고 그 초안을 의회에서 논의 및 수정하는 과정을 거쳐 일본의회에 의해 공포되었다. 신헌법은 메이지헌법과 확연히 구분되는 선진적인 내용을 담고 있었기 때문에, 전쟁에 지친 일본 국민들은 새로운 시대를 상징하는 의미로 신헌법의 제정을 크게 환영하였다. 특히 전쟁 및 전력 포기를 명시한 제9조는 매우 획기적인 조항으로 일본 헌법을 "평화헌법"으로 부르게 된 이유가 되었다.

그러나 헌법제정 직후부터 보수 정치인들 사이에서 헌법 개정에 대한 요구가 제기되었다. 보수 정치인들과 지식인들 사이에서는 전후에도 메이지 헌법의 골격을 유지하려 했고 신헌법은 일본적인 헌법정신과 유리된 것으로 받아들였다. 따라서 일본 정계는 신헌법을 새로운 일본의 출발로 이해하고 적극적으로 받아들이려는 입장과 구헌법의 내용을 부활시키려는 개헌파로 나누어지게 되었다. 이러한 입장 차이에 따라 전후 일본 정치는 호헌파와 개헌파로 나뉘어 대립하는 구조가 성립되었다.

개헌파는 신헌법 제정 과정에서 과거 명치헌법의 골격을 최대한 유지하려고 노력했던 보수세력으로 이후 자민당으로 결집하게 된다. 1950년대에 들어와 미국이 미일안보체제를 중심으로 동아시아 안보전략을 재정립하면서 사실상 자민당의 지지세력이 되었고, 자민당은 미국의 암묵적인 지지 속에 헌법 개정을 도모했다. 자민당은 몇 차례에 걸쳐 헌법 개정에 대한 입장을 발표하고 개정 논의를 시도했지만, 평화헌법에 대한 여론의 지지와 야당의 반대에 부딪혀 번번이 실패하였다.

개헌에 대한 논의가 다시 활발해진 것은 1990년대 말경으로 개헌 논의가 힘을 얻기 시작하였다. 특히 걸프전을 거치면서 국제사회에서 일본의 역할에 대한 논의가 제기되자, 보수논객들은 평화헌법이 국제사회에 대한 일본의 적극적 공헌을 제한한다는 주장을 제기하였다. 이러한 주장을 배경으로 2000년대에 들어와서 고이즈미 내각과 1차 아베 내각에서 헌법 개정 논의가 본격화되었다. 자민당은 1972년, 1982년, 2005년, 2012년에 자체적인 개정 초안 또는 중간보고서 등을 발표해왔다. 국회에서는 2000년에 들어와 헌법조사회를 설치하여 중의원, 참의원의 헌법조사회에서 논의를 계속해 왔다. 특히 중의원 헌법조사회는 2002년 11월에 중간보고서를, 2005년 4월에는 「중의원헌법조사

회보고서」를 발표하였다. 이때는 일본어, 영어, 중국어, 한국어로 보고
서를 발표하여 일본의 헌법 개정에 대한 국제적인 이해를 도모하는 모
습을 보였다.[11]

자민당은 2005년에 1982년의 「중간보고」 이후 23년 만에 「신헌
법초안」을 발표하여 큰 논의를 불러일으켰다. 그러나 그러한 움직임은
정치적 반격을 받게 되고 민주당으로의 정권교체로까지 이어졌다. 하
지만 2012년 자민당이 다시 정권을 되찾고 제2차 아베내각이 출범하
면서 개헌을 향한 움직임이 다시 활발해졌다. 특히 2015년 말 한국과
위안부 문제를 매듭지은 아베 수상은 2017년 헌법의 날에 2018년 상
반기까지 국회에서 헌법 개정안을 확정하여 2018년 후반기에는 개정
안에 대한 국민투표를 실시하고자 한다는 계획을 발표했다(요미우리신
문 2017. 6. 23.). 구체적인 시간축까지 제시하면서 반드시 개정을 실현
하겠다는 강력한 의지를 천명한 것이었지만 오히려 이러한 자세가 야
당의 반발을 불러왔고 계속되는 정치적 스캔들로 인해 결국 헌법 개정
의 동력은 상실되었다.

제2차 아베 정권 출범 이후 헌법 개정에 대한 의지는 독자적으로
자민당헌법 개정 초안을 발표하고 Q&A를 통해 자민당의 헌법 개정에
대한 입장을 상세히 소개하고 있는 점에서도 잘 읽힌다. 자민당 내부에
서도 개헌의 규모 및 내용과 방법론 등에서 다양한 논의가 있지만, 내
용적인 측면에서는 이 자료가 현 자민당의 공식적인 입장으로 볼 수
있다.

한국의 선행연구들은 이러한 일본의 개정 움직임을 주로 안전보

---

11 http://www.shugiin.go.jp/internet/itdb_kenpou.nsf/html/kenpou/report.htm.
참의원은 별도로 헌법심사회가 설치되어 논의를 진행해 오고 있다. http://www.
kenpoushinsa.sangiin.go.jp/keika/keika_196.html

장과 9조의 개정에 주목하여 논의하고 있다.[12] 하지만 우익정치세력이
도모하는 헌법 개정은 단지 제9조의 개정으로 정상적 주권국이 되는
것에 국한되는 것이 아니라 헌법의 핵심가치를 근본적으로 수정하는
것에 있다는 점에 유의해야 한다. 제9조는 개헌파에게 있어 반드시 수
정해야 하는 조항이지만, 9조 개정 이전에 현행 헌법의 가장 근본적인
문제는 "강제로 주어진 헌법(押し付け憲法)"이라는 것이다. 일본이 패
전국이었기 때문에 강제로 주어지게 되었던 현행 헌법은 일본적 가치
를 결여하고 있는 '결함'헌법이라고 규정한다. 따라서 우익보수세력의
입장에서 헌법 개정은 승전국(미국)에 의해 주어졌던 헌법에서 탈피해
일본이 스스로 자주적인 헌법을 제정하여 참된 주권 국가로 다시 태어
나는 것을 의미한다. 이러한 헌법관에 기반하여 전후 자민딩이 추진해
온 개헌은 9조의 수정을 넘어 전문의 전면적인 수정에서부터 광범위한
범위의 조문을 수정하는 것으로 정리되었다(자민당 초안에 의하면 현행
헌법의 전 조문을 재검토하여 전체 11장, 110조로 구성된 헌법을 제안하
고 있다).

　　이러한 광범위한 수정을 통해 달성하려는 일본의 주권 회복은 제9
조의 수정에 의한 대외적인 주권 국가의 권리(전쟁, 즉 공적인 폭력행사
에 관한 권리)와 제24조 가족과 개인의 존중의 수정(사적 영역에서의 전
통적 젠더규범의 강화, 가족존중주의로의 회귀)를 동시에 달성하는 것이
다. 즉, 주권 국가의 주인(남성시민)의 입장에서 지금껏 강요된 헌법에
의해 억제되어 왔던 공적인 폭력(국가폭력을 억제한 9조 수정)과 사적
인 지배권력(가족 내의 평등을 명시한 24조 수정)을 동시에 회복하는 것
이다.

12　일본의 개헌에 대한 한국의 선행연구에 대한 논의는 Cho and Shin(2018).

1. 패전의 상징으로서의 헌법 제24조

일본의 현행 헌법은 GHQ산하의 민정국에서 그 기초를 작성한 것이다. 헌법9조에는 전력 및 수단으로서의 전쟁포기를 명하여 대외적으로 일본의 주권을 제한하고, 제24조에서 사적 영역인 가족 내 가부장적 남성권력을 억제하였다. 승전국은 헌법 개정을 통해 일본 남성들이 누리던 남성으로서의 고유권한을 공, 사 영역 모두에서 박탈한 것이다.

특히 가족에 관한 조항인 제24조는 미국 헌법에도 없던 조항으로 전통적인 가부장적 이에(家) 제도를 전면적으로 폐지하게 된 계기가 되었다. 이 조항이 당시 GHQ에 속해 있던 22세의 미국 여성, 베아테 시로타 고든[13]에 의해 쓰여졌다는 점은 더욱 충격적일 수밖에 없다. 당시 일본 내에서 논의되고 있던 어느 헌법 초안에도 일반적인 남녀평등을 규정하는 내용을 넘어서는 가족 내의 남녀평등과 같은 조항을 포함한 헌법 초안은 없었다(中里見博 2005). 시로타는 민정국 내에서도 여성이라는 이유로 남녀평등과 가족에 관한 조항을 담당하였다고 하는데, 이에제도 내에서 일본 여성들이 겪었던 억압적인 삶을 잘 알았던 탓에 헌법을 통해 일본 여성들을 가부장제로부터 해방시키고자 했다. 시로타는 헌법제정을 위한 GHQ 내의 인권소위원회의 구성원으로 참여하여 관련 헌법조항을 작성하기 위해서 세계 각지의 헌법을 수집하였다. 5개국의 언어능력을 구사하여 바이마르 헌법에서 사회주의 소련의 헌법까지 선진적이라고 생각되는 헌법조항들을 두루 참조하였다.

시로타가 작성한 초안은 당시에는 새로운 개념이었던 사회권을 비롯한 매우 구체적이고 혁명적인 조항으로 구성되어 있다. 혼외자 차

---

13   당시는 아직 22세의 미혼인 상태였으므로 당시를 언급할 때는 시로타로 명명한다. ベア
テ·シロタ·ゴードン(1995).

별을 금지하고, 미혼모를 보호하는 조항 등이 포함되었다. 그러나 인권
위원회 내에서조차 그녀의 안은 일본 의회의 극심한 반발을 살 염려가
있다는 이유로 채택되지 못했다. 시로타의 초안은 대부분 폐기되었고
아래의 제23조로 남게 된 부분만이 최종안에 포함되었다. 그것이 현행
헌법의 24조의 기초가 되었다.

〈GHQ 초안의 가족 조문〉
제23조 가족은 인류사회의 기초이며, 그 전통은 좋든 나쁘든 국가 전
체에 침투한다. 혼인은 양성(兩性)이 법률적으로도 사회적으로도 존
재한다는 것은 다툼의 여지가 없다는 점에 기초하여 부모의 강제가
아닌 상호의 합의에 기초하며, 또한 남성의 지배가 아닌 (양성의) 협
력에 의해 유지되어야 한다. 이러한 원리에 반하는 법률은 폐지되고
그것을 대신하여 배우자의 선택, 재산권, 상속, 거주지의 선택, 이혼
또는 혼인 및 가정에 관한 기타 사항을 개인의 존엄과 양성의 본질적
인 평등에 입각하여 규제하는 법률을 제정해야 한다.

〈현행 일본국 헌법의 가족 조문〉
제24조 혼인은 양성의 합의에 기초해서만 성립하고, 부부가 동등한
권리를 가지는 것을 기초로, 상호협력에 의해 유지되어야 한다.
2 배우자의 선택, 재산권, 상속, 거주의 선택, 이혼 또는 혼인 및 가족
에 관한 기타 사항에 대해서, 법률은 개인의 존엄과 양성의 본질적 평
등에 입각하여 제정하지 않으면 안 된다.

GHQ의 초안에 대해 일본의회가 최종적으로 수정 채택한 조항이
현행 24조이다. 남성가부장의 권리를 폐지하고, 남편의 아내에 대한 지

배를 금지하여 개인으로서 남녀의 본질적인 평등을 선언한 것이다. 공적 영역에서의 형식적인 평등선언에 그치고 있던 각국의 남녀평등조항에 비해 당시의 일본 헌법은 공적 영역에서 남녀의 평등한 시민권을 규정함과 동시에 가족 내의 남녀평등을 명시했다는 의미에서 획기적인 진전이었다. 이 가족조항은 일본 여성들에게 혁명적인 변화를 의미했고 이에 따라 구민법이 개정되어 봉건적인 이에제도가 전면 폐지되었다. 일본 시민들이 시대가 변하였음을 가장 크게 실감하게 된 계기가 되었다. 다른 한편으로 이 규정은 점령국의 백인 여성이 패전국 일본 남성들의 권력을 박탈한 상징적인 사건이기도 하다.

따라서 헌법학자인 와카오 노리코(若尾典子)가 "24조에 대한 공격"이라고 명명한 보수파에 의한 헌법 제24조에 대한 개정 요구는 1952년 GHQ의 점령이 끝나자마자 곧 시작되었다(若尾典子 2017). 와카오에 의하면 전후에 24조의 공격이라고 할 만한 시도가 세 번이 있었다. 첫 번째, 두 번째 개정 시도는 1950년대의 보수정치세력의 개정 요구이다. 그러나 24조의 개정이 가부장적 이에제도의 부활로 이어질 것이라는 경각심이 확대되면서 개헌에 대한 여론이 전반적으로 부정적으로 변하고 오히려 개헌 반대 운동이 크게 성장하는 계기가 되었다.

24조에 대한 세 번째 공격이라고 할 만한 계기가 1990년대 중반의 부부 별성의 입법화 요구 때였다. 혼인한 부부에게 동성(同姓)을 강제하고 있는 민법조항을 개정하여 부부가 결혼 전의 성을 그대로 유지할 수 있도록 하는 선택적 부부 별성 제도를 도입하려는 움직임은 가부장적 가족을 지지하는 보수파를 크게 자극하였다. 이들은 부부 별성의 법제화를 저지하기 위해 대대적인 반대운동을 전개하였고, 가족 내의 젠더 관계를 과거로 되돌리려는 보수우익 세력의 결집을 촉진시켰다. 개헌파는 이 과정에서 부부 별성과 같은 지나친 (여성의) 개인주의를 저지하기 위해서라도 개인을 가족보다 우선시하는 풍조를 조장하는 헌법 24조를 개정할 필요성을 확신하게 되었다.

2. 2012년 자민당 헌법 개정 초안의 "가족 존중"과 제24조

24조는 부부의 동권과 두 당사자의 합의에 의한 혼인 성립, 그리고 이렇게 성립된 가족들 간의 협력을 명하고, 가족사항의 결정은 개개인의 존중과 부부의 본질적 평등에 입각한다고 하였다. 가부장제 가족과 여성의 종속을 전제로 하는 전전(戰前)의 이에제도를 부정하고 새로운 가족관계를 제시한 것이다. 하지만 개헌 세력은 이 가족규정이 지나치게 개인을 강조하여 가족을 해체시킬 수 있다고 지적하고 개인주의적인 내용을 수정하는 것이 목적이다. 개인보다 "가족 존중"을 강조하는 이유를 자민당이 발표한 설명자료를 통해서 알 수 있다.

예를 들어, 「일본국헌법개정 초안 Q&A(증보판)」(2013)는 헌법 개정안의 주요 내용을 알기 쉽게 설명하기 위해 작성되었는데, 헌법전문을 전면 수정하는 것 외에도 국기·국가에 대한 규정, 자위권의 명기, 국방군의 보유, 가족의 존중, 환경보전의 책무, 재정의 건전성 확보, 긴급사태의 선언 신설, 헌법 개정 제안 요건의 완화를 들고 있다. 그런데 "가족의 존중"은 직접적으로 가족관계를 규정하는 제24조와, 헌법전문, 그리고 복지국가 및 경제조항과도 관련이 있다.

〈자민당 개정안의 가족 조문〉
제24조 (신설) 가족은 사회의 자연스러운 그리고 기초적인 단위로서 존중된다. 가족은 서로 돕지 않으면 안 된다.
2 혼인은 양성의 합의에 기초하여 성립하고, 부부가 동등한 권리를

가지는 것을 기초로, 상호협력에 의해 유지되어야 한다.

3 가족, 부양, 후견, 혼인 및 이혼, 재산권, 상속 및 친족에 관한 기타 사항에 대해서, 법률은 개인의 존엄과 양성의 본질적 평등에 입각하여 제정하지 않으면 안 된다.

자민당의 새 개정안은 1항에 가족보호 조항과 상호부조의무를 신설하고, 2항의 내용에서 혼인은 양성의 합의에 의해서만 성립된다는 규정에서 '만'(のみ)을 삭제하였다. 이 수정안은 2004년 요미우리 신문사에서 발표한 헌법 개정안의 가족조항을 2012년 초안에 정식으로 채택한 것이다.[14] 가족규정은 자민당 헌법 개정 초안에서 헌법 전문에 언급될 정도로 중요하게 다루어지고 있다. 개정헌법 초안의 전문에서, "일본국민은 나라와 향토를 자랑과 기개를 가지고 스스로 지키며, 기본적 인권을 존중함과 동시에, 화(和)를 존중하고, 가족과 사회전체가 서로 도우며 국가를 형성한다"라고 규정하고 있으며, 마지막 문장은 "일본국민은 좋은 전통과 우리 국가를 길이 자손에게 계승하기 위해 여기에 이 헌법을 제정한다"로 헌법제정의 목적을 규정하고 있다.

이 전문과 이후의 조문들을 함께 읽으면 개정헌법의 이념과 이를 달성하는 수단이 명백해진다. 즉, 현행 헌법의 개인의 천부인권주의를 수정하여 가족을 기본적인 사회의 단위로 먼저 규정하고, 개인들은 가족의 한 구성원으로 존재하게 된다. 그리고 가족의 주요 기능은 상호부조에 있다. 먼저 가족끼리 서로 도와 자립하고 나아가 가족과 가족이

---

14 요미우리안 등 헌법 개정안에서 24조가 개정의 주요 쟁점으로 지목되자 나카사도미(中里見)는 성별 역할분담을 전제로 상호 부조하는 가족 규정의 세 가지 시나리오를 제시하기도 하였다. 이 중 가장 가능성이 높다고 보았던 요미우리안이 2012년의 자민당 초안에 정식으로 채택된 것이다. 中里見, 앞의 책.

협력하여 상호부조하는 지역사회를 만들며, 이러한 가족들의 총합체로 국가가 존재한다. 자민당이 가족조항을 규정해야 한다는 근거로 외국의 가족보호 조항이나 세계인권선언의 가족 조항을 들고 있다. 그런데 이들 해외 조항의 목적은 가족을 보호하는 의무를 국가에게 지우기 위한 것이다. 그러나 자민당의 가족 조항은 가족 내 상호부조를 강조하면서도 가족이 국가로부터 경제적, 사회적으로 보호받을 권리는 명시하지 않고 오히려 가족이 국가의 유지와 안전을 위해 봉사하는 관계를 위계 관계를 설정하고 있다.

개헌 세력에게 "개인"은 공공을 위협하는 존재다. 이런 사고는 제13조의 "개인"을 사람(人)으로 변경하도록 제안하고 있는 점에서도 드러난다. 서양의 자유주의 전통에서 근대적 권리 주체로 등장한 개인은 일본의 보수세력에게는 공동체를 위협하는 이기주의를 상기시키는 개념으로 공동체와 조화를 중시하는 일본의 고유가치와 배치되는 개념이다. 특히 여성이 개인이 되면 이기주의와 개인주의가 만연하게 되고 무엇보다 여성들이 있어야 할 장소인 가족이 붕괴되는 원인이 된다. 가족이 붕괴되면 곧 일본적인 공동체 가치가 손상되기 때문에 "개인"을 강조해선 안 된다.

예를 들어, 여성이 결혼 후에도 자기의 성(姓)을 유지하고자 하는 움직임에 대해서 모리오까 마사히로 중의원 의원은 자민당 헌법조사회(2004. 3. 11.)에서 다음과 같이 개탄하였다.

지금의 일본국헌법을 보면, 개인이 지나치게 우선해서 공(公)이라는 것이 너무 가볍게 여겨지고 있습니다. 개인우선, 가족을 무시하고, 지역사회나 국가라는 것을 생각하지 않는 듯한 일본인이 된 것을 매우 우려하고 있습니다. 부부 별성이 출연한 것과 같은 일본이 된 것은 정말 한심한 것으로, 가족이 기본, 가족을 소중히 해서, 가정과 가족을 지켜가는 것이, 이 나라를 평안[安泰]하게 하는 기본이라는 것을 헌법에라도 분명히 하지 않으면 안 됩니다.[15]

VI. 가부장적 주권의 회복: 위계적 젠더 질서에 기반한 가족-공동체-국가의 완성

자민당 헌법개정추진본부가 홈페이지를 통해 공개하고 있는 개정헌법 초안은 Q&A판을 따로 제시하고 있는 것에 더하여, 일반인에게 그 내용을 쉽게 전달하기 위한 만화판을 보급하고 있다. 특히 만화판은 만화라는 그림이 전달하는 문자화되지 않은 시각적인 메시지를 포함하여 개헌파가 지향하는 이상을 쉽게 표현하고 있어 매우 흥미로운 텍스트이다. 만화판의 등장인물은 오늘날의 일본 사회에서는 거의 찾아보기 힘든 4세대로 이루어진 가족이다. 전전(戰前)과 전쟁, 그리고 패전을 경험한 증조할아버지, 패전 당시 아직 어렸던 할아버지, 호헌파의 평화사상에 물든 전후세대, 그리고 어린 아기로 대표되는 미래세대가 등장한다. 이 4세대는 각각의 시대를 상징하면서 연장자인 할아버지가 호헌파의 주장을 대변하는 전후의 젊은 세대에 대해 진지한 대화를 통해 현행 헌법제정의 문제점, 개정의 필요성 및 개정해야 할 내용을 설명하는 방식을 취하고 있다.

이 만화에서 전후를 살아온 증조할아버지는 (물론 할머니가 아니다) 패전의 주인공으로 미래세대를 위해 헌법 개정의 필요성을 전달하

15 中里見. 앞의 책, 18쪽에서 재인용.

려 애쓰는 발화 주체이다. 증조할아버지가 전하는 메시지는 전후헌법으로 상실된 참된 일본에 대한 재건 요구인데, 가족은 여기에서도 그 이상을 실현하기 위한 역할이 요구된다. 4세대로 이루어진 만화의 주인공들이 모두 한 가족의 구성원일뿐 아니라 각자 이상화된 확대가족 내에서 자신의 역할을 맡고 있다. 만화의 거의 마지막 페이지에 오면, 증조할아버지가 뜬금없이 남녀평등이 (즉, 여성의 지위 향상이) 개인주의를 지나치게 조장하여 가족 및 공동체의 유대를 해치는 요인이라고 지적한다. "현행 헌법에서는 남녀평등이 크게 주창되어 사실 지난 70년간 여성의 지위는 향상했어. 하지만 개인의 자유가 지나치게 강조되어 가족 간의 유대나 지역연대가 희박해진 70년인지도 몰라"라고 하면서.

그는 이렇게 말하면서 과거를 회상하는 표정으로 한숨짓는다. 그리고 다음 페이지에서 "헌법은 나라의 모양을 결정하고 나라를 바꾸어 가는 건데, GHQ가 패전국 일본에 건네준 헌법이 아직 그대로라면 일본은 언제까지나 패전국일 뿐"이라고 외롭게 읊조린다. 그러한 증조할아버지의 긴 설명에 마침내 현실을 깨달은 젊은 세대는 미래 세대를 상징하는 아기를 바라보면서 "너에게까지 그러한 짐을 지우지 말아야 해"라고 확신에 찬 얼굴로 말한다. 아베 수상의 전후 70년 담화의 내용을 떠올릴 수 있는 부분이다. 전후 70년 담화에서는 헌법을 개정해서 주권을 완성하겠다는 본심을 있는 그대로 표현하고 있지는 않지만 결국 전후 체제를 종결짓고 다음 세대에게 전후의 불완전 주권 국가를 물려주지 않겠다는 바람은 외세인 승전국에 의해 강요된 헌법을 개정하여 일본의 전통과 정신을 반영한 새 헌법을 자신들의 손으로 직접 제정함으로써만 실현될 수 있는 주장을 피력하고 있는 것이다.

이 만화는 마지막 페이지에서 "일본은 정말 좋은 나라"라고 가슴을 크게 편 장면으로 끝난다(자민당헌법개정 추진본부 2015, 63). 정말 좋은 일본을 되찾고 발전시키기 위해 그 족쇄 역할을 하고 있었던 헌법을 개정해야만 한다는 메시지인 것이다. 그러나 그렇게 완전한 주권 국가가 되는 길은 만화에서 상징적으로 보여주듯 성별 역할 분업에 기반한 가족이 공동체의 기초 단위가 되어야 하며, 이러한 가족이 기능하기 위해서는 외세의 헌법으로 인해 개인의 권리를 앞세우게 된 여성들을 본래의 자리로 되돌려 놓아야 한다. 그리고 그러한 조건하에서라면 국가 경제의 재건을 위해서 여성들도 충분히 사회에서 활약할 것을 장려한다는 것이다.

　이 장에서 검토한 것처럼 아베 정권은 헌법 개정으로 상징되는 주권완성 기획을 정권의 가장 중요한 과제로 설정하고 이를 위해 역대 어느 정권보다 매진하였다. 그러나 헌법 개정의 내용을 통해 살펴본 것처럼 정권의 이념과 정권의 지지세력이 미래지향적이기보다는 과거의 영광과 가부장적 전통을 부활시키려는 경향이 강해 아베정권하의 헌법 개정은 국내외로부터 불안과 반발을 샀다. 아베 수상의 "여성"정책은 이러한 정권의 보수적인 성격을 완화시키고 글로벌 인권 정치에 발맞춰 선진국으로서의 자격과 능력을 증명하는 중요한 키워드로 인식되었다. 대내적으로는 여성을 가족 내의 본래 자리로 되돌리면서 국가를 위해 공적인 영역에서도 "활약"해 주기를 원하고, 대외적으로는 제3세계의 여성 원조를 위한 선두에 서는 온정적 선진국으로 스스로 자리매김하려 하였다. 2020년 9월로 아베 정권이 교체되었지만 일본의 주권국가 완성 기획은 앞으로도 추진될 것이다. 이때 젠더정치는 여성들의 실질적인 세력화의 움직임과 함께 지금까지보다 더 복잡한 형태로 진행될 것이라 생각된다. 여성 주체와 젠더관계가 어떻게 동원되고 주권 국가의 건설에 공헌하는지에 대한 면밀한 분석은 주권국가의 내

용과 동력을 이해하기 위해 필수 불가결한 시각으로 보다 많은 논의가
필요하다고 생각된다.

참고문헌

손열. 2018. "위안부 합의의 국제정치: 불완전 주권국가 간 경쟁과 협력의 동학." 전재성 편.
　　『동아시아 지역질서 이론: 불완전 주권과 지역갈등』. 사회평론 아카데미.
신기영. 2016. "글로벌 시각에서 본 일본군 '위안부' 문제: 한일관계의 양자적 틀을 넘어서."
　　『일본비평』 15호. 250-279.

Cho, E.J. and Ki-young Shin. 2018. "The South Korean Views on Japan's Constitutional
　　Reform." *Pacific Review* 31(2): 256-266.
Enloe, Cynthia. 1990. *Bananas, Beaches & Bases: Making Feminist Sense of
　　International Politics*. University of California Press.
Hudson, Valerie M., Patricia Leidl, and Swanee Hunt. 2015. *The Hilary Doctrine: Sex
　　and American Foreign Policy*. Columbia University Press. 2015.
Koikari, Mire. 2011. "Feminism and the Cold War in the U.S. Occupation of Japan,
　　1945-1952." *The Asia-Pacific Journal/Japan Focus* 9(7) Number 1. https://apjjf.
　　org/2011/9/7/Mire-Koikari/3487/article.html
Koikari, Mire. 2013. "Training Women for Disasters: Gender, Crisis Management (Kiki
　　Kanri) and Post-3.11 Nationalism in Japan." *The Asia-Pacific Journal/Japan Focus*
　　11(26) Number 1. https://apjjf.org/2013/11/26/Mire-Koikari/3962/article.html
Runyan, Anne Sisson and V. Spike Peterson 2015. *Global Gender Issues in the New
　　Millennium (Dilemmas in World Politics)*. 4th Edition. Westview Press.
Shin, Ki-young. 2006. "Politics of the Family Law Reform Movement in Contemporary
　　Korea: A Contentious Space for Gender and the Nation." *Journal of Korean
　　Studies* 11(1): 93-125.
Sjoberg, Laura. 2013. *Gendering Global Conflict: Toward a Feminist Theory of War*.
　　Columbia University Press.
Sjoberg, Laura. 2015. "Seeing Sex, Gender, and Sexuality in International Security."
　　International Journal 70(3): 434-453.
Tickner, J. Ann. 1992. *Gender in International Relations: Feminist Perspectives on
　　Achieving Global Security*. Columbia University Press.
Yuval-Davis, Nira. 1997. *Gender and Nation*. Sage Publications.

テッサ・モーリス-スズキ. 2016. 「謝罪は誰に向かって、何のために行うのか？―「慰安婦」
　　問題と対外発言」. 山口智美ほか, 『海を渡る「慰安婦」問題――右派の「歴史戦」を問う』.
　　岩波書店.
ベアテ・シロタ・ゴードン. 1995. 『1946年のクリスマス』. 柏書房.
中里見博. 2005. 『憲法24条＋9条―なぜ男女平等が狙われるのか』. かもがわ出版.

若尾典子. 2017. 「自民党改憲草案二十4条の『ねらい』を問う」. 本田由紀·伊藤公雄編著.
　　『国家がなぜ家族に干渉するのか―法案·政策の背後にあるもの』. 青弓社.
山口智美ほか. 2016. 『海を渡る「慰安婦」問題――右派の「歴史戦」を問う』. 岩波書店.
本山央子. 2020. 『冷戦後安全保障の再構築と国際ジェンダー平等規範―女性·平和·安全保障
　　アジェンダの形成と日本による受容―』. お茶の水女子大学 博士論文.
憲法改正推進本部. 2012. 『自民党憲法改正素案』. https://constitution.jimin.jp/document/
　　draft/
憲法改正推進本部. 2015. 『ほのぼの一家の憲法改正ってなあに？』. https://constitution.
　　jimin.jp/document/pamphlet/

제8장 중국과 주권: 책임대국 역할과 주권 인식

김애경(명지전문대학교)

* 이 글은 『현대중국연구』 제21집 4호에 게재된 논문, "중국의 부상, 책임대국과 주권 인식"을 일부 수정·보완한 것이다.

I. 서론

중국은 경제규모로 세계 2위국으로 부상했다. 중국은 경제적으로 2010년 일본을 추월하여 경제규모로 세계 2위국이 되면서 G2 반열에 올랐다. 2013년에는 미국을 추월해서 세계 최대 교역국으로 부상했다. 2018년 말 현재에도 중국의 국내총생산(GDP)은 12.01조 달러를 기록하여 19.39조 달러를 기록한 미국의 뒤를 이었다. 2018년 전 세계 경제에서 미국이 차지하는 비중이 23.6%이고 그 다음인 중국이 차지하는 비중은 15.5%이다. 이렇게 중국은 경제적으로 명실상부한 G2국가이다.[1]

중국의 부상은 이미 거역할 수 없는 추세기 되었고, 전 세계가 중국의 부상에 주목하고 있다. 물론 전 세계가 주목하는 것은 중국의 부상 자체라기보다, 중국의 부상에 따른 대외전략의 변화와 이에 수반되는 지역질서, 국제질서의 변화 가능성이다. 이는 중국이 전 지구적 차원의 정치, 안보, 경제 및 문화 등 모든 방면의 이슈에 적극적으로 참여하고 깊이 연루되고 있기 때문이다. 중국의 경제발전이 지속되는 한 향후에도 이와 같은 참여와 연루는 더욱 확대될 것이다.

중국의 전 세계 이슈에 대한 참여와 연루는 이미 국제사회에서의 존재감과 발언권 확대로 이어지고 있다. 중국은 줄곧 불공정하고 불합리한 국제질서의 개조를 주장해 왔는데, 2009년 미국발 글로벌 금융위

---

1 미중 양국의 국내총생산이 전 세계 경제에서 차지하는 비중은 매우 높다. 세계 3위를 기록한 일본의 GDP는 4.87조 달러로 전 세계 경제의 6.1%로 2위 중국과의 격차가 꽤 크다. GDP 6~10위 국가들이 전 세계 경제에서 차지하는 비중의 합이 13.6%, 11~20위 국가들이 전 세계 경제에서 차지하는 비중의 합은 13.7%, 상위 20개 국가들의 비중이 81.6%이다(Silver 2020). https://www.investopedia.com/insights/worlds-top-economies/ (검색일: 2020. 3. 26.)

기 이후에는 서구 중심의 금융질서 개혁에 목소리를 더욱 높였다. 중국이 기존 금융질서의 지배구조 개혁을 강하게 주장해서, 중국의 IMF 출자할당액(quota)을 3.81%에서 6.41%로 높였고 중국의 쿼터는 미국(17.45%)과 일본(6.48%)에 이어 세 번째로 많아졌다("中国正式成为 IMF第三大股东." 2016; IMF 2017; IMF 2020). 중국의 위안화도 IMF 특별인출권(SDR) 통화바스켓에 편입되어 미국 달러와 유로화에 이어 세계 3대 통화가 됐다(『중앙일보』 2015. 12. 21).

중국은 이처럼 기존 질서에 대한 개혁의 목소리를 높이는 동시에 중국 주도의 국제질서 구축에 대한 강한 의지도 표명했다. 중국이 2013년 제기한 "일대일로(一帶一路, One Belt One Road)" 구상과 중국 주도로 출범된 아시아 인프라투자은행(AIIB)이 대표적인 예이다. 물론 "일대일로" 구상의 성공 여부에 대해서는 의견이 분분하다. 그럼에도 불구하고 "일대일로" 구상 제기와 중국 주도의 AIIB 출범은 주목할 필요가 있다. 중국은 기존 체제 안에서 현상유지자(status-quo power)로서 질서에 적응과 융합(融入, integrate into)을 도모하면서 일부 개혁이 필요하다는 목소리를 내왔다. 그런데 이제 중국이 주도해서 제도 창출과 규범 제정을 시도하는 것은 기존의 모습과는 다르게 체제 밖에서 새로운 질서구축자로의 의지를 표명했다는 점에서 의의가 있다.

중국이 전 세계 이슈에 대한 참여와 연루를 확대하면서 대외적으로도 '책임감 있는 강대국'(Responsible Great Power, 이하 책임대국)의 역할을 요구받고 있다. 중국 주도의 국제질서를 구축할 때는, 그 과정에서는 더더욱 질서의 리더, 즉 책임대국으로서의 역할이 요구될 것이다. 중국은 부상 과정에서 한때 '최대/최소전략'(maxi/mini strategy)을 취하는 또는 '무임승차'(free-rider)한다는 비판을 받았다(Kim 1994). 즉 중국이 체제 내에서 최대의 수혜를 받지만 최소한의 역할만을 수행하는 전략을 취하거나, 국제사회에 대해 어떠한 공헌도 없이 중국의 국내경제 발전에만 몰두하여 무임승차한다는 것이다. 중국은 개혁개방 이후 현대화 실현을 위한 안정적이고 평화로운 대외환경 조성을 최우선시 해왔다. 때문에 중국은 자국의 경제발전에 크게 관련이 없는 사안에 대해서는 중국의 관여와 참여를 최소화했고, 국제사회가 중국의 주권에 대해 관여하는 것에는 매우 민감하게 반응했다. 그러나 강대국이 되어가는 과정에서 중국 스스로도 전 세계의 평화와 발전을 위해 필요하고 적절한 역할 수행의 필요성을 인식하게 됐다.

중국은 G2 국가로 부상하고 있는 현재에도 외교 원칙과 정책을 언급할 때마다 여전히 '내정불간섭' 원칙과 주권존중을 강하게 주장하고 있기 때문에, 주권 관련 이슈들을 어떻게 처리하고 있는지는 관심의 대상이 아닐 수 없다. 중국은 건국 이후 줄곧 '내정불간섭' 원칙을 고수하며 경직된 절대적 주권만을 추구해왔는가? 중국의 주권 인식에는 변화가 없었는가? 변화가 있었다면 어떤 상황에서 발생하는가? 이글은 이러한 문제의식에서 출발해서 중국의 주권 인식을 고찰하고자 한다. 이 글은 건국 이후 중국이 실행했던 주권 문제와 관련한 외교행태의 다양한 사례들을 통해 중국이 국제질서 구축에서 중심적 역할을 수행하고자 할 때 주권 원칙을 유연하게 적용하고 있다는 점을 주장하고자 한다.

G2 국가가 된 최근에도 중국은 수사적으로는 여전히 '내정불간섭' 원칙과 배타적 대내외 권위를 주장하는 절대적 주권 원칙을 고수하고 있다. 그런데 국제질서 구축 및 재구성 과정에서 중국은 중심적인 역할을 추구하고 있어 실제로 주권 원칙을 유연하게 적용시켰던 사례들을 다수 고찰할 수 있었다.[2] 이 글의 구성은 다음과 같다. 2절에서는 중국의 주권의식 형성에 대해 고찰한다. 유럽에서 생성된 주권 개념을 받아

들이기 전과 주권에 대한 이해 과정을 간단히 살펴본 후, 3절에서는 건국 이후 1990년대 중반까지 대부분 견지했던 절대적 주권관과 건국 초기 프롤레타리아 국제주의 노선의 고찰을 통해 건국 이후 중국이 견지했던 이중적 주권 인식에 대해 분석한다. 4절에서는 중국이 책임대국이라는 역할을 실천하면서 주권 문제에 대해 보다 유연하게 접근했던 사례들을 고찰한다. 5절은 결론 부분으로 본문의 내용을 정리하며 중국이 주권 문제에 유연하게 접근한 사례가 주는 함의를 분석한다.

II. 중국의 주권의식 형성

동아시아 국가들의 주권의식 형성이 그렇듯이, 중국의 주권관도 역사적 문맥의 산물이다. 고대중국은 스스로를 세계의 중심에 있다고 생각했고, 이러한 중국 중심의 사고는 특수한 주권관 형성과 밀접한 연관이 있다. 중국은 국(國)과 가(家)가 계서(階序)적인 특징을 가진다는 천하(天下)체제를 유지했다.[3] 당시에는 통치자의 눈에 그의 통치가 도달할 수 있는 곳이거나, 그가 통치하는 중심과 서로 연결되고 영향력이 미치는 곳이기만 하면 모두 그의 국토였다(葉自成 2003, 24). 이처럼 천하(天下)관념은 중국이 정중심에 위치해서 천하를 통치한다는 것으로 지

---

2 영토주권의 문제는 어떤 국가도 영토 관련 주권의 침해나 양도를 감수하기 어렵다. 따라서 중국의 영토주권과 관련된 문제는 이 글의 분석대상에서 제외했다.

3 "국가가 건립될 때는 근본이 크고 말엽이 작아야 군건해질 수 있다. 그러므로 천자가 나라[國]를 세우면, 제후는 봉읍[家]을 세우고, 경은 측실을 두며, 대부는 이종을 가지고, 사는 자제들을 복예로 삼으며, 서인과 공상인들은 각기 친소가 있어서 모두 차등이 있게 된다(國家之立也, 本大而小, 是以能固. 故天子建國, 諸侯立家, 卿置側室, 大夫有貳宗, 士有隷子弟, 庶人工商各有分親, 皆有等衰.)"(左傳 券 2, 桓公2年).

리적 개념이었을 뿐만 아니라 제도이자 질서의 개념이었다.

당시 질서의 가장 중요한 특징은 분봉제(分封制)이다. 분봉제는 천자(당시 주나라 왕)가 모든 천하를 자신의 왕토로 보고, 일부 토지를 남겨 주왕조의 자류지(自留地)로 삼고, 그 나머지는 분봉의 방식으로 직접 자기 가족과 친족들에게 직접 분봉했다. 형제, 자식과 조카 등 직계 가족에게는 중원의 각지를 나눠주고 제후국이라 했고, 공이 있는 대신들에게도 일부 봉지(封地)를 나눠주며 통치 권력을 분점(分占)했다. 일부 중국 학자들은 국가의 개념이 형성되었다는 고대 주(周)왕조 시기 각 제후국 간의 관계는 대부분 독립적인 주권국가 간의 관계라는 특징을 갖추고 있었다고 평가한다(葉自成 2003, 26). 그러나 당시 제후국과 천자국이 평등한 관계를 유지할 수 없었기에, 당시 국가는 완전한 주권을 행사하는 통치체제를 수립한 개념이라 할 수 없다.

이러한 국가의 개념과 체제는 이후 변화를 거듭하면서 지리적 차원, 인구 차원, 문화적 차원에서 천하지배라는 구조에 기초한 중심의 개념으로 발전했다.[4] 지리적 차원의 중심은 소위 "중원(中原)"으로 지칭되는 지역인데, 왕조의 분리와 통합 과정을 거치면서 그 범위는 축소와 확대를 거듭했다. 인구 차원에서는 한족(漢族)이 중심이었지만, 원나라와 청나라 시기에는 한족이 인구의 중심을 유지하지 못하는 경우도 발생했다. 문화적 차원의 중심은 문명적 중심으로 대표되는 '중화(中華)'로 칭해왔다. 그런데 문화적 차원의 '중화'는 지리적, 인구적 차원의 중심과 일치하지 않거나 그에 대한 극복 논리가 필요할 때 더 부각되는 경향을 보였고, 주변 이민족 요소가 중심으로 대거 진입하거나 민족 간의 융합이 활발히 진행되던 시기에는 더욱 강조됐다(김승욱

---

4   김승욱은 이를 지리적 중핵, 인구적 중핵, 문화적 중핵으로 구분하여 설명하고 있다(김
     승욱 2019, 166-171).

2019, 170).

중국의 전통적인 국가, 질서 개념은 청말(淸末) 아편전쟁을 시작으로 해서 서구 열강들에 의해 파괴되기 시작했다. 중국의 천하, 중화, 중심의 인식은 자신들의 통치자를 하늘에서 내린 세계의 통치자로 간주하며 다른 주권과의 평등성을 인정하지 않았다. 그러나 중국은 서구 열강들의 강력한 군사력 앞에서 중국 중심성을 계속 주장할 수는 없었으며, 근대적 개념의 국가와 주권에 대한 이해가 필요했다. 중국은 실제로 1839년 영국의 '밀수에 대한 국가의 권리'를 다룬 바텔(Vattel)의 『국가법(*Law of Nations*)』을 중국어로 번역 소개해서 국가의 권리를 논의하기도 했다. 당시 중국은 청 정부의 외교적 굴욕으로 수치심을 느끼게 됐고, 국가주권은 배타적인 대내외적 최고권위를 가진다는 점을 인식하게 됐다(Yang 2017, 85).

청말 근대적 개념의 주권의식이 형성되기 시작했지만, 중화민국 시기에도 여전히 근대적 개념의 주권 개념을 완전히 이해하지는 않았던 것 같다(구선영 2019, 31-32). 중국의 국부인 쑨원(孫文)의 1924년 3월 광저우(廣州)의 연설을 살펴보면 알 수 있다. "우리가 미래에 나라를 다스리고[治國] 천하를 평정할 수 있으려면 먼저 민족주의와 민족의 지위를 회복해야 한다. (우리) 고유의 도덕과 평화를 기반으로 세계를 통합[統一]하고 대동의 태평함을 이루는 것이 바로 우리 4억 인민들의 책임이다."[5] 쑨원이 언급했던 '치국(治國)'과 '평천하(平天下)', '세계통합[統一世界]', '대동의 태평함[大同之治]' 등의 개념들은 중국 고대의 천하질서에서 통용되던 개념이다. 이렇게 당시 중국이 접수한 주권 개념도 전통적 천하질서 속의 국가주권과 근대적 주권체제의 개념

---

5   孫文. "三民主義演講全文: 第一部分 民族主義 第六講." 30, https://www.docin.com/
    p-1722428330.html (검색일: 2019. 5. 23.)

이 혼용되어 있었다. 비록 서구 열강들에 의해 천하질서를 기반으로 한 '중국의 세계'가 무너졌고 당시 서구 국가들에 의해 근대적 개념의 주권 개념을 학습했음에도 불구하고, 중국 중심의 주권 개념을 단절시켰다기보다 연속성을 유지하려는 열망이 컸음을 알 수 있다.

III. 건국 이후 중국의 이중적 주권 추구

1. 건국 초기 중국의 이중적 주권 추구

중화인민공화국이 건국됐을 때는 이미 미소 양국의 냉전이 시작됐던 시기이다. 새롭게 탄생한 중화인민공화국은 식민통치에서 벗어난 신생독립국이자, 불완전한 주권국, 제3세계 국가이자 사회주의 국가였다. 2차 세계대전이 끝나고 내전을 통해 정권을 잡은 마오쩌둥(毛澤東)은 비록 대륙중국을 통치하게 됐지만 해결해야 할 여러 난제를 안고 있었다. 당시 사회주의 체제를 표방했지만 마오쩌둥 정권은 소련에서조차 승인받지 못했고 타이완(臺灣)으로 쫓겨간 장제스(蔣介石) 정부가 중국을 대표하는 상황이었기에, 국제사회의 승인이 필요했다. 또 내전에서 승리했지만 대륙과 타이완이 분열되는 결과로 이어져 마오쩌둥에게는 영토통합을 이뤄 완전한 주권회복이 시급한 과제였다. 뿐만 아니라 식민통치와 내전으로 인해 피폐된 국가경제의 재건이 필요했다. 서구 열강들과의 관계를 통해 청말 시기 주권국가 체제로 편입됐지만 식민통치를 받았던 경험은 중국에게 주권의 중요성을 더욱 일깨워 주었다.

공산정권을 수립한 마오는 중국의 주권이 다른 국가와 평등하게 배타적인 대내외적 최고 권위를 갖는다는 점을 부각시키고자 했다.[6] 이러한 노력은 1949년 사회주의 중국 건국 전후로 제시한 3대 외교정책과 '평화공존 5원칙'을 통해 구현됐다. 3대 외교정책은 '새로 시작한다(另起爐灶, LingQiLuZao: 부뚜막을 다시 쌓다)', '과거를 청산한다(打掃房子再請客, DaSaoFangZiZaiQingKe: 집안 청소를 하고 손님을 초대한다)', '일변도(一邊倒, YiBianDao: 한쪽으로 쏠린다)'이다. '새로 시작한다'는 정책은 신생독립국으로서 국제사회의 승인을 받기 위한 일환으로 중국과 외교관계 수립을 원하는 국가는 국민당 정부와의 외교관계를 단절해야 한다는 것이다. '과거를 청산한다'는 정책은 청말과 민국 시기에 체결했던 모든 불평등조약들을 폐기한다는 것이며, '평화공존 5원칙'은 1953년 인도와의 협상에서 제기된 것으로 핵심은 '내정불간섭'과 '주권과 영토완정의 상호존중' 원칙이다. 여기에서 우리는 중국이 주권국가로서 불평등한 대우를 받았던 식민통치 시기를 청산하고 신생독립국으로서 과거 정권의 계승이 아닌 새로운 국가로서의 주권을 인정받고 강대국들의 내정간섭을 피하고 싶어 하는 중국의 염원과 의지를 엿볼 수 있다. 건국 초기 이와 같은 정책의 표명은 중국이 완전한 주권을 보유해서 대외적으로 평등성을 유지하려는 주권 인식을 보유했다고 판단된다.

'일변도' 정책은 당시 중국이 생존과 발전을 위한 부득이한 선택이었다. 한때 미국은 항일투쟁 과정에서 공산당과 국민당의 협력을 종용하기도 했고, 장제스 국민당 정부를 지지하지 않는 듯한 모습을 보

---

6   마오쩌둥은 배타적 권위를 인정받는 주권 존중을 매우 중요한 외교원칙으로 주장했지만, 그는 혁명의 최후 목표로 대동(大同)을 선언한 바 있다. 이러한 점은 마오 역시 식민통치 경험을 통해 주권의 중요성을 인식하고 있었으나 중국 중심의 주권관이 단절된 상태는 아니었다고 사료된다. 마오쩌둥의 혁명과 대동의 관계에 대한 설명은 헨리 키신저(2012, 125-131)를 참조.

여, 마오쩌둥 공산당 정권도 소련을 신뢰하지 않고 미국과의 관계개선 가능성을 기대하기도 했다.[7] 그러나 미국의 공산주의에 대한 적대정책은 중국이 소련에 기대는 선택을 하게 했다. 그 과정에서 중국은 주권 침해의 상황을 받아들이기도 했다. 건국 초기 마오쩌둥이 소련과 체결한 〈중소우호동맹상호원조조약(中蘇友好同盟相互援助條約)〉과 〈뤼순, 다롄 및 장춘철도에 관한 협정(關於旅順, 大連及長春鐵路的協定)〉에 따라 중국은 몽골의 독립을 수용했고, 뤼순과 다롄항 및 장춘철도에 대한 소련의 2년 이용 권한을 수용한 것이다. 이는 소련으로부터 중화인민공화국을 승인받고 경제발전을 위한 협조를 얻어내기 위한 목적이었지만, 과거 체결됐던 불평등조약을 폐기하며 중국의 주권을 완전히 유지하려고 했던 것괴는 다소 배치는 대목이다. 물론 여기에는 마오가 영토주권의 완정을 위해 타이완과의 통합을 간절히 바랐고, 타이완과의 통합을 위해 내심 소련의 지원을 기대했기 때문에, 주권이 침해되는 부분을 감수했을 수 있다.

그러나 이후 주권 침해에 대한 부분은 중국이 매우 민감하게 반응했고, 공산주의 캠프가 깨지는 것도 주저하지 않았다. 1958년 소련은 중국에 소련 잠수함과 교신할 수 있는 무선기지 설립을 제안했고, 소련 해군의 중국 항구 사용을 제안하면서 그 대신 중국의 잠수함 건조 사업을 지원할 것을 제안했다. 이에 중국은 주권 침해라며 강력히 반발했고, 소련은 양국이 체결했던 〈중소우호동맹상호원조조약〉에 따라 파견됐던 소련인 기술자 1,390명의 철수와 핵개발 지원 파기라는 강력한 카드로 중국을 순응시키려 했지만, 중국은 오히려 대소 투쟁을 감수하

---

7   1944년 7월 딕시 미션(Dixie Mission)을 들고 미국 시찰단이 옌안에 도착해서 공산당과 홍군을 관찰했고, 그들은 공산당과 홍군이 광범위하게 대중들의 지지를 받고 있다는 점을 들어 공산당과 홍군을 높이 평가하기도 했다(이장원 2016, 28).

며 주권과 자주독립을 유지하려는 결정을 했다(Yang 2017, 167; 이장
원 2017, 111).

　이처럼 중국은 자국의 주권완정을 추구하며 주권과 관련된 문제
에 매우 강경한 입장을 고수했지만, 동시에 사회주의 국가로서 프롤
레타리아 국제주의 노선에 따라 반정부 게릴라를 지원하며 주권 문제
에 대한 상반된 모습을 보이기도 했다. 실제로 중국은 건국 이후 미얀
마(당시 버마), 말레이시아, 인도네시아, 필리핀 등 아시아 지역 국가들
뿐만 아니라 알제리, 콩고, 부룬디, 나이지리아, 다호메이니(현재 베냉),
가나 등 아프리카 지역 국가들의 반정부 세력을 지원했다(송영우·소치
형 1993, 231-234). 중국은 이러한 반정부집단에 대한 지원이 아시아·
아프리카 지역의 국가들이 과거 식민통치에서 벗어나기 위해 실행한
민족해방운동을 지원하기 위한 것이라고 주장했다(謝益顯 2002, 2015-
223).

　중국의 이러한 민족해방운동 지원은 중국이 국제질서의 불합리성
과 불공정성을 지적하면서 국제질서를 혁명적으로 개조해야 한다고
주창하며 그 중심 역할을 수행하고자 했던 것과 맥을 같이한다. 국제
프롤레타리아 계급은 협력하여 제국주의에 대한 계급투쟁을 전개해야
한다는 〈계급투쟁론(階級鬪爭論)〉과 〈모순론(矛盾論)〉을 기반으로 한
‘중간지대론(中間지대론)’과 ‘3개 세계론(三個世界論)’을 통해 중국은
중간지대에 위치한 국가들, 제3세계 국가들과 연대해서 세계혁명을 주
도하고자 하는 의지를 드러내기도 했다. 이처럼 중국이 국제질서에서
주도적 역할을 수행하려는 의지가 강했을 때 중국은 주권 문제에 대해
이중적으로 접근하는 모습을 보였다.

2. 중국의 절대적 주권 추구

중국의 이러한 국제질서의 개조 주장은 마오 이후의 1970~80년대에
도 계속됐지만, 덩샤오핑(鄧小平)이 집권하면서 중국은 더 이상 중심
적 역할을 수행하지 않겠다고 선언했다. '부당두(不當頭, 선두에 서지
않겠다)' 정책이 그것이다. 즉 중국은 여전히 제3세계 국가이고 제3세
계 국가들이 새로운 국제질서를 구축할 주축국가임을 주장했지만, 그
과정에서 중국은 더 이상 제3세계 국가들의 리더 역할을 하지 않겠다
는 것이었다. 덩샤오핑은 개혁개방을 선언하며 중국의 현대화 추진에
전력을 다했다. 뿐만 아니라 중국의 모든 에너지를 국내경제 발전에 쏟
았고, 국내경제 발전을 위한 평화로운 환경조성을 대외정책의 최우선
목표로 삼았다.
　　따라서 이 시기 중국은 최대한 주권을 존중받고 서구 선진국들이
중국의 내정에 간섭하지 않아 국내경제 발전에 매진할 수 있도록 하는
절대적 주권 개념을 고수했다. 중국은 더 이상 민족해방운동에 지원하
는 방식을 지속하지 않았고, 오히려 외교적·경제적 방식의 정상적인
방법으로 외교관계의 증진을 도모했다. 중국이 절대적 주권 개념을 고
수했던 또 다른 사례로는 유엔 평화유지활동(UN PKO: Peace Keeping
Operation) 대한 중국의 대응이다. 1971년 유엔과 안보리 상임이사
국에서의 중국의 의석이 타이완에서 중화인민공화국으로 교체됐음에
도, 중국은 1980년까지 '3불' 정책(UNPKO 파견에 찬성하지 않고, 표결
에 참여하지 않고, UNPKO에 필요한 재정부담도 지지 않는다)을 유지하
며, 내정간섭이 이루어지는 UNPKO에 유엔의 재정을 이용해서는 안
된다는 입장을 고수했다(이동률 2014, 302; 趙磊 2006, 82). 1950~60
년대에는 유엔 의석을 타이완이 차지하고 있었기에 중국은 당연히

UNPKO에 대해 거부감을 표명했을 것이라는 점을 짐작할 수 있다. 중국은 UNPKO를 '제국주의의 경찰부대'라고 강하게 비판했다. UNPKO에 대해서는 중국이 1980년대까지도 내내 방관자적 입장을 견지했는데, UNPKO에 반대했거나 소극적이었던 이유는 UNPKO가 내정불간섭 원칙에 위배될 수 있다는 우려 때문이었다.

냉전이 종식된 이후에도 중국은 대외적으로 '도광양회(韜光養晦)' 방침을 내세워 새로운 국제질서 구축에 중심 역할을 하지 않겠다는 의지를 천명했다. 중국은 당시 여전히 제3세계 국가이지만 향후 새롭게 구축될 국제질서에서 중요한 한 축이 되어야 한다는 점을 강조했다. 때문에 중국은 냉전종식과 천안문 사태 등 국내외 정세에 매우 신중하게 대응하면서 중국이 공정한 국제질서 구축에 있어 중요한 세력이지만, 자신을 드러내지 않고 힘을 기르겠다는 '도광양회' 방침을 고수했다.

이 시기 중국은 절대적 주권 개념을 고수하는 모습을 보였다. 중국의 절대적 주권 인식은 인권과 주권의 논쟁 및 세계화 논의에서 표출되었다. 소련의 몰락과 동구권의 해체로 중국의 전략적 가치는 감소됐다. 이와 더불어 천안문 사건 이후 서구 국가들로부터 인권 공세를 받았던 중국은 인권규범이 주권규범보다 우선한다는 주장을 '신간섭주의(新干涉主義)'라고 칭하며 강력하게 반대했다. 중국은 주권수호를 공산당 체제를 보호하는 것과 동일시했다. 덩샤오핑은 "인권이나 사회주의 체제를 이용하는 일부 서구 국가들은 비이성적이고 비합법적이다. 우리를 비판하지만 그들이 진정으로 원하는 것은 우리의 주권이다"라며 1989년 천안문광장에서 벌어진 대량학살도 주권을 지키기 위한 것으로 정당화했다(Stockes 2019).

중국은 서구 중심의 주권국가 체제에 편입되는 역사적 경험을 통해 인권보호는 오직 강한 주권국가에 의해서만 보장될 수 있고 외국은 그들의 이익을 추구한다는 점을 강조했다. "국가의 권리(國權)가 인권보다 더 중요하다. 가난하고 약한 제3세계 국가들의 국권은 언제나 침범당하고 있다. 인권, 자유, 민주 등의 명분으로 강대국들은 약소국의 내정에 간섭하며 자국의 안보와 이익을 도모한다"고 역설한 덩샤오핑의 주장도 당시 중국의 절대적 주권관을 반영하고 있다(鄧小平文選 第3卷, 345).

　세계화와 그 대응에 대한 중국 내 논의들도 주권에 대한 자주독립과 '내정불간섭' 원칙에 중국의 강한 집념을 반영하고 있다. 세계화는 세계경제의 상호의존이 심화되어 지구촌 전체가 하나의 시스템으로 운영되는 현상을 의미한다. 세계화론자들에 의하면 일반적으로 세계화는 국민국가의 주권을 일부 침해할 수 있음을 싱징하며 기존의 국민국가 중심의 구조를 해체시키고 새로운 질서를 형성시킨다(김재철 2000, 66; 孟琪 2013, 104-110; Yang 2017, 177-178; Scholte 1997, 443). 중국은 1979년 개혁개방과 함께 제한적이며, 점진적인 방식으로 세계경제 체제에 편입했다. 세계경제 체제에 편입을 의미하는 대외개방 과정에서도 중국은 국제경제체제 참여 조건과 과정을 통제했다(김재철 1994, 579-602).

　중국의 세계화 논의는 1990년대 초반에 시작됐지만, 김재철에 의하면 그 이해가 지금과는 달랐다. 1990년대 초의 이해는 "정보혁명과 기술발전에 따른 경제활동의 국제화 정도였지, 탈영토화나 경제활동에 대한 제도와 규칙의 전 세계적 동질화라는 인식이 결여되어 있었다"(김재철 2000, 68). 동아시아 지역의 경제위기를 계기로 세계화에 대한 중국의 관심은 급증하게 됐고, 때문에 당시 논의 역시 세계화의 양면성을 부각시키고 세계화 속에서 국가의 역할의 필요성에 집중되었다고 해도 과언이 아니다(唐任伍 1998, 14-19; 時殷弘 2001, 1-6).[8]

　세계화가 양날의 칼[雙刀劍]이라는 시각으로 주권 문제와 관련해서 세계화 반대 의견도 제기됐다. 세계화를 통해 국제경제 체제로의 통합은 오히려 중국이 국제사회에 종속될 수 있다는 우려 때문이었다(劉力群 1994, 43-46; 張伯里 2000, 49). 뿐만 아니라 세계화는 경제 분야에만 제한되는 것이 아니라 정치적·문화적 분야까지 확산될 수 있어 중국의 사회주의적 가치와 제도를 위협할 수 있다는 것이다. 즉 중국은 미국이 중심이 되어 서구 선진국들이 주도하는 세계화가 개발도상국들에 대한 내정 개입의 수단으로 활용될 수 있고, 세계경제에 대한 패권을 유지하는 전략이라고 간주했다(唐任伍 1998, 14-19). 때문에 일부 학자는 극단적으로는 중국이 중국 문화를 바탕으로 새로운 길을 찾아야 한다는 주장도 제기했다(Garrett 2001, 414-417).

　　그러나 중국도 세계화는 피할 수 없는 필연적인 추세이며, 중국의 경제발전을 위해서는 세계화가 주는 이익을 최대한 누려야 한다는 것에는 대체로 동의했다. 다만 세계화가 개별 국가에 미치는 영향에 대해서는 그 국가들의 대응에 따라 상이할 것이라고 평가했다. 세계화 운용에 필요한 국제법과 규범 등은 여전히 주권국가가 제정하고 궁극적으로는 국가가 강화시킬 수 있기 때문이라는 것이다(伍貽康·黃烨菁 1998, 7; 俞可平 2004, 4-21). 중국은 세계경제 체제로 편입하면서 세계화의 최대 수혜를 받으며 빠른 성장을 거듭해 왔기 때문에, 개별국가의 역할과 정책이 세계화를 추진하는 과정에서 혜택을 누리는 데 필수요건이라고 간주했다(김재철 2000, 75). 이는 세계화가 제공하는 이익을 최대한 누려야 하지만, 주권의 침해라는 세계화에 내재되어 있는 피해를 최대한 줄여야 했던 중국의 의도가 반영된 시각이다.

8　세계화가 주는 긍정적·부정적 영향에 대한 중국 내 논의는 胡元梓·薛曉源 編(1998); 俞可平·黃衛平(1998)을 참조.

IV. 중국의 책임대국 정체성과 주권전략

1. 책임대국 정체성 형성

중국의 국가정체성은 지속적인 변화를 거쳐 왔다. 이미 살펴보았듯이 냉전 초기 체제 밖의 제3세계 국가로서 국제질서의 혁명적 개조를 주장하던 중국은 유엔 지위를 회복하고, 개혁개방 정책을 시행하면서 체제 안으로 편입되었지만 제3세계 국가로서 불공정·불합리한 국제질서를 평화적으로 개조해야 한다고 주장했다. 냉전이 종식된 이후에도 한동안 지속되던 제3세계 국가 정체성은 1990년대 중후반 '책임대국'으로 전환되기 시작했다. 사실 1990년대 이전에는 중국의 공식 문건에서 사용되는 (강)대국은 패권국의 의미로, 중국이 반대하고 비판하는 대상이었다(이동률 2006, 9). 그러나 탈냉전기에 들어서 중국이 추구하는 이상적인 세계질서 구조는 '다극화'였는데, '다극화' 질서가 구축됐을 때 중국이 다극 중의 하나의 극임을 주장하면서 대국에 대해 새롭게 인식했다.

대국에 대해 새로운 인식을 하게 된 중국이 내부적으로 자국의 정체성을 책임대국으로서 규정하기 시작했던 것은 1990년대 중후반 동아시아 금융위기 이후이다. 중국의 실제 위상이 미국과 대적할 만한 세계적 강국이 아니라는 게 당시 중국 내부의 공통된 인식이었다. 다만 당시 중국의 역할에 대해서는 여전히 이견이 존재했다. 당시의 견해는 매우 다양한 스펙트럼을 구성하고 있었지만, 극단적으로 양분해서 고찰해보면 '도광양회' 노선을 견지해 나가야 한다는 견해와 부상하는 세계적 대국으로서 반드시 대국이미지를 형상화시켜야 한다는 견해로 나눠볼 수 있다.[9]

　　전자의 관점을 주장하는 탕스핑(唐世平)은 '책임대국'이 되는 과정에서 중국은 결코 '책임감'이라는 이미지 수립 때문에 맡지 않아야 할 책임을 수행해서는 안 되며, 다른 국가들이 지지하는 수준의 책임만을 수행하면 '책임감 있는 대국' 이미지 수립이 가능하다고 주장했다. 역사적으로도 "이기적"이라고 여겨지는 국가의 운명이 주동적으로 나서서 책임을 다하려고 하는 국가들보다 순탄했음을 강조하면서, 무정부적 특징의 국제사회에서 모든 국가는 "이기적"이며, 국제관계에서 국가의 "이기적" 특성은 선악을 구분하는 기준이 될 수 없기 때문에, 중국이 "이기적"이고 "너무 현실적"인 국가라고 비평을 받는다 하더라도 중국의 이미지에 손상을 주지 않는다는 것이다(唐世平 2001, 29-35). 또 다른 한 학자는 중국은 이슈에 따라 "자조(自助, self-help)"적이고 "나서지 않는(不出头, hiding)" 그리고 무임승차(搭车, free-riding)의 전략을 추구해야 한다고 주장했다. 그는 조지 모델스키(George Modelski)의 장주기 이론을 예로 들며, 현 국제질서에 도전했던 국가들은 모두 실패하였으며, 새롭게 등장한 세계적 대국(New Global Leader)은 모두 현 패권국의 협력파트너였다는 역사적 사실을 인용하면서, 중국은 현 국제질서에 대한 도전은 반드시 경계해야 한다고 강조했다(時殷弘 1995; 時殷弘·宋德星 2001, 17). 이들은 공통적으로 현 국제질서를 안정적으로 유지함으로써 중국이 얻을 수 있는 국가이익이 국제질서를 변혁시킴으로써 얻을 수 있는 이익보다 더 크다는 것을 강조했다.

　　반면 후자의 관점을 주장하는 학자는 중국은 국제사회의 변화와 중국의 위상 변화에 따라 대외전략을 변화시켜 '책임대국'으로서의 역

9　건국 이후 2000년대 초반까지 중국의 정체성 변화에 대한 내용은 김애경(2004, 33-60)을 참조.

할을 수행해 나가야 한다고 주장했다. 이 관점을 피력하는 학자는 중국이 그동안 취해 왔던 소극적인 '도광양회' 노선을 전환해서 적극적인 대국외교를 펼쳐야 하며, 비동맹 전략만을 고집할 것이 아니라 동맹의 수준을 몇 단계로 나누어 필요에 따라서는 준동맹을 맺는 전략도 필요하다고 주장했다. 이를 위해 중국은 근대 이후 가졌던 피해의식(victim mentality)을 버리고 평상심과 자신감 있는 낙관적인 심리상태를 회복함으로써, 정의(正义)를 신장시키고 인류사회의 향후 전망에 관련된 규범에 대해 중국의 견해와 목소리를 높여야 한다고 주장했다(葉自成 2000; 2004).[10] 전술적으로 '도광양회' 노선이 그 가치를 완전히 상실한 것은 아니지만, '도광양회' 노선은 특수한 역사적 조건의 산물로 평화적 부상이라는 새로운 목표를 확립한 후에는 중국에게 '도광양회' 노선을 추진할 전략적 환경은 없다는 주장도 제기됐다(阎学通·孙学峰 等 2005, 161). 한편 "발전도상국은 발전도상국 나름대로의 처지와 의식이 있고, 선진국은 그들대로 특수한 이익과 견해가 있다"면서, 중국은 '발전, 주권, 책임'이라는 세 가지 이익을 잘 조화시켜 나가야 한다고 주장하는 이도 있었다. 그는 더욱 안정적이고 합리적인 세계질서의 구축, 유엔의 도의적인 권위회복 및 IMF나 세계은행 등 국제금융 기구들이 더 많은 국가들의 경제발전에 도움이 되는 방향으로 발전하도록 하는 것이 중국의 책임과 의무라고 주장했다(王逸舟 1999, 24-27).

---

10   葉은 중국의 위상에 대해 "중국은 대국도 소국도 아닌, 부상하는 대국으로, 30년 혹은 50년 이후에는 반드시 세계적인 대국으로 성장할 것"이고, 외교란 지혜를 겨루는 것[鬥智]이므로 진정한 세계적 대국이 될 때까지 기다리지 말고 지금부터 대국외교를 펼쳐야 한다고 주장했다. 그러나 葉도 중국은 현 국제질서의 패권국인 미국에 대한 "도전"은 결코 중국의 이익에 부합하지 않는다며, 중국의 국제사회에서의 역할은 다중적이므로, 이슈별로 선택할 수 있는 여러 가지 역할—도전, 참여, 방관, 주도—을 적절히 활용하여야지, 하나의 역할로 중국을 제한시킬 수는 없다고 주장했다(葉自成 2003, 第2章).

이처럼 학계의 견해가 다양하게 제기됐는데, 이는 당시 중국이 복수의 정체성을 지니며, 국제무대에서 드러내고자 하는 모습에 대해 여전히 갈등을 겪고 있는 나라였기 때문일 것이다(데이비드 샴보 2013, 85). 정체성이 어느 시점을 기준으로 단절적인 변화를 겪기는 어렵다. 1990년대 중후반 동아시아 금융위기를 계기로 중국은 대국으로서 지역의 안정을 위해 책임감을 가져야 한다는 필요성을 인식하기 시작했으나, 중국이 본격적으로 책임대국의 정체성을 강화시키며 강대국으로서의 역할을 수행하려는 의지를 보인 것은 2000년대 중후반부터이다. 2009년 글로벌 금융위기를 계기로 중국의 국제적 위상이 상대적으로 향상되면서 중국 내부에서는 향상된 국제적 위상에 걸맞게 중국의 영향력과 발언권이 확대되어야 한다는 목소리도 더욱 높아졌다(梁凱音 2009, 43-47; 王嘯 2010, 60-67; 宋泓 2011, 140-142; 程曉勇 2012, 13-14).

2012년에는 중국공산당 제18차 전국대표대회(全國代表大會, 이하 전대)에서 책임대국의 역할 수행을 공식화하기에 이르렀다.[11] 이 전대에서 중국공산당은 업무보고를 통해 처음으로 "중국은 더욱 적극적인 태도로 국제이슈에 참여하여 책임대국의 역할을 발휘해서 전 지구적 차원의 도전에 공동으로 대응할 것(中國將堅持把中國人民利益同各國人民共同利益結合起來 , 以更加積極的姿態參與國際事務 , 發揮負責任大國作用, 共同應對全球性挑戰)"이라고 밝히면서, 중국의 책임대국 정체성을 공식화한 셈이다(中國共產黨產黨第十八次全國代表大會上的報

---

11   중국공산당 전국대표대회는 5년마다 개최되는 당의 최고 영도기구로 당의 중요한 문제와 국가의 발전방향을 논의하고 결정한다. 총서기가 발표하는 업무보고를 통해 향후 5년 또는 10년의 발전 청사진을 읽을 수 있기 때문에 중국 국내뿐만 아니라 국제사회의 관심이 집중된다.

告 2012. 11. 8). 2017년 19차 전대에서도 "중국은 계속해서 책임대국의 역할을 발휘하여 전 지구적 차원의 거버넌스 체계 개혁과 건설에 적극적으로 참여하여 중국의 지혜와 역량을 다할 것(中國將繼續發揮負責任大國作用, 積極參與全球治理體系改革和建設, 不斷貢獻中國智慧和力量)"임을 명확히 했다(中國共産黨第十九次全國代表大會上的報告 2017. 10. 18).[12] 물론 중국 지도부의 선언으로 정체성이 결정되는 것은 아니다. 그러나 중국이 객관적으로 경제규모 세계 2위국으로 부상했고, 학계를 중심으로 책임대국 역할 수행의 필요성이 제기된 상황에서, '책임대국' 정체성과 역할의 공식화는 중국 정부의 의지를 표명한 것이기 때문에 중국의 정체성 인식을 가름하는 매우 중요한 지표라 볼 수 있다.

2. 주권의 유연한 적용

학계의 논의와 실제 정책은 상호 영향을 주면서 진화된다. 비록 2012년 전대에서 중국이 책임대국 정체성을 공식화했지만, 중국 정부의 공식화에 학계의 논의와 대내외 환경에 대한 판단이 반영됐을 것이다. 물론 중국 학계의 논의가 상대적으로 정부의 공식 입장의 제약을 받는다는 것을 부인할 수 없지만, 중국 정부의 공식화는 학계의 관련 논의를 더욱 촉진시키는 순환구조로 영향을 주고받는다. 책임대국 정체성 수립의 필요성이 제기되면서 조심스럽게 주권 문제에 대해 유연하고 실리적인 사고의 필요성들도 제기되기 시작했다. 한 중국학자는 책임대

---

12 2007년 제17차 전대에서는 중국이 "계속해서 다자업무에 적극적으로 참여하여 상응하는 국제적 의무를 다해 건설적인 역할을 발휘할 것이며, 국제질서가 더욱 공정하고 합리적인 방향으로 발전하도록 견인할 것임(我們將繼續積極參與多邊事務, 承擔相應國際義務, 發揮建設性作用, 推動國際秩序朝著更加公正合理的方向發展)"을 다짐했다(中國共産黨第十七次全國代表大會上的報告 2007. 10. 15).

국으로서 여러 국제이슈에 대한 중국의 책임 있는 태도가 필요하지만, 이는 때때로 내정간섭의 원칙과 충돌한다는 점을 지적하며 유연한 주권관을 주문했다.

예를 들어 시진핑(習近平) 주석은 영국 총리와의 대담에서 "영국이 EU의 일원으로 남아주길 희망한다"는 입장을 표명했고, 중국 외교부 대변인 역시 같은 논평을 냈는데, 이것은 엄격하게 말하면 영국에 대한 중국의 내정간섭으로 평가받을 수도 있다는 점을 지적했다. 그는 주권 개념을 중국의 이해관계와 결부시켜 설명하기도 했다.[13] 중국이 최근 사이버주권을 강조하고 있는데 사이버 안보 문제는 모든 국가들의 관심을 받는 이슈로, 사이버주권에 대한 과도한 집착은 중국의 관련 기업들이 세계적 기업이 될 수 있는 기회를 놓칠 수 있다는 점을 지적했다. 때문에 그는 "중국이 세계화 시대를 맞이해서 지금까지 고수해 왔던 주권관을 새롭게 고민해야 한다. 과도하게 주권을 강조하는 것은 오히려 중국의 발전에 부합하지 않으므로, 중국은 시대의 변화에 따라 더불어 발전하는 주권관이 필요하다. …… 중국의 발전은 이미 다른 국가들의 발전과 분리될 수 없으며, 바로 이 점은 현재 중국이 다른 국가의 내정에 간섭하지 않을 수 없음을 의미 한다"며 시대에 부합하는 주권관을 요구했다(唐世平 2016 참조).

책임대국 정체성이 강화되면서 국제이슈에 대한 중국의 개입과 연루가 확대되고, 이는 자연스럽게 일정 정도 주권 원칙, 내정불간섭 원칙과 충돌하게 된다. 그런데 중국은 주권 문제에 대한 내재적 한계

---

13   옌쉐퉁(閻學通)은 일찍이 주권과 이해관계를 결부시켜 주권에 대한 유연한 해석이 필요하다는 점을 지적했다. 그의 주장에 따르면 "주권은 국가이익과 동의어가 아니며, 오히려 국가이익에 종속적인 것이며 어떤 비용을 들이더라도 지켜야 되는 것은 아니다." 중국이 더 이상 도광양회(韜光養晦)를 주장하며 소극적이고 대응적일 수는 없을 것이다 (閻學通 1996, 217).

를 안고 있는 불완전 주권국가이다. 즉 타이완과의 통합, 티베트의 독
립주장 등의 문제가 해결되지 않는 한 주권존중과 내정불간섭 원칙에
서 완전하게 자유로워질 수는 없다. 때문에 많은 논의들은 중국의 주권
관에 내정불간섭 원칙의 포기를 요구하지는 않는다. 책임대국으로서
필요한 역할 수행에서 자연스럽게 나타날 수 있는 개입을 내정간섭과
엄격하게 구분하기는 매우 어렵다. 때문에 왕이저우는 주권 원칙을 고
수하면서 중국이 책임대국으로서 글로벌 역할을 수행하는 '창조적 개
입'[創造性介入]을 주장했다(王逸舟 2011; 王逸舟 2013). 중국이 부상하
면서 대내외에서 책임대국 역할 수행을 요구받고 있는데, 이는 주권에
대해 보다 유연하고 실용적인 접근이 필요할 것이라는 인식이 반영됐
다고 여겨진다.

중국의 주권 인식이 상대적으로 유연하게 변화되고 있다는 점은
주권과 관련된 국제이슈에서 보이는 중국의 행위패턴 변화에서도 관
찰된다. 중국은 여전히 내정불간섭 원칙과 주권존중을 주장하고 있
지만, 실제 보이는 행태는 주권 원칙에 대해 과거보다 유연하게 접근
하고 있다. 몇 가지 사례를 살펴보면 다음과 같다. 우선 UNPKO에 대
한 중국의 접근법이 유의미하게 진화했다. 앞서 살펴보았듯이, 중국은
UNPKO에 대해 매우 부정적인 입장을 취했다. UNPKO에 대한 중국
의 부정적 태도는 1980년대에도 방관자적 입장으로 이어지다가, 1995
년 전후로 선별적으로 참여하다 1990년대 후반부터 21세기에 들어
서면서 매우 적극적으로 참여하고 있다. 뿐만 아니라 책임대국의 정
체성 실현을 위해 UNPKO를 적극적으로 활용하기까지에 이르렀다.[14]

---

14   중국의 유엔평화유지활동에 대한 입장 변화와 특징에 대해서는 전일욱(2002, 175-
194); 박태희(2013, 149-171); 이동률(2014, 297-317); Gill and Reilly(2000, 41-59);
Fung(2018, 693-712); 周琪(2010)을 참조.

UNPKO에 대한 중국의 태도 변화는 주권에 대한 과거의 원칙을 더 이상 지킬 수 없을 정도가 됐다는 평가가 있을 정도이다(Pang 2005, 101-102). 중국은 1981년 UNPKO에 원칙적인 지지를 표명한 이후, 그 이듬해인 1982년부터 UNPKO를 위한 분담금을 납부했다. 1988년 12월 UNPKO 특별위원회 회원이 되면서 UNPKO 심의업무를 시작했다. 1990년 유엔 정전감독기구에 군사감시원을 파견한 이후 중국은 안보리 상임이사국 중 평화유지군을 가장 많이 파견한 국가라고 자평하고 있다.[15]

중국이 주장하는 내정불간섭 원칙에 위배될 수 있다는 우려 때문에 중국은 초기 UNPKO에 반대했거나 소극적이었다. 중국은 UNPKO 참여 3원칙—UNPKO가 당사국 혹은 당사자의 동의를 얻어야 하며, 중립을 지켜야 하고, 자위의 상황에서만 무력을 사용해야 한다는 점—을 주장하며 주권존중 원칙을 강조한다. 또 중국은 전제를 두고 있기는 하지만 '보호책임'(Responsibility to Protect: R2P)에 대해서도 사실상 수용했다. R2P는 한 국가는 자국의 국민을 대규모 학살, 기아 등에서 보호할 책임이 있는데, 만약 이 국가가 그러한 능력이 없거나 이러한 책임을 실행할 의지가 없다면 국제사회가 관여해서 이 보호의 책임을 대신해야 한다는 것으로, 엄밀하게 말하면 R2P는 중국이 강조하는 내정불간섭 원칙과 충돌한다. 그런데 이 R2P는 2005년 유엔 세계정상회의에서 채택됐고, 중국도 이를 수용한 것이다(羅艶華 2014, 11-25; Fung 2018, 693-712).

---

15 "中国维和部队." https://baike.baidu.com/item/中国维和部队/5904328?fr=aladdin#10 (검색일: 2019. 9. 20.) 중국의 보도에 따르면, 중국은 UNPKO를 위해 2019년 2월까지 연인원 3만 9천여 명 파견하여 13,000여 km 노도선설, 연인원 17만 여 명 진료 및 300여 차례의 무장순찰을 진행했다(環球時報 2019. 2. 19).

중국이 R2P를 수용했다는 것은 중국도 인권보호를 위해 일정 정도 주권을 더 제한할 수 있다는 점을 수용했다고 해석된다. 그런데 중국은 R2P와 주권의 잠재적 갈등에 대해, 국제사회는 오직 국가권위가 실패했을 때만 대체성을 갖고, 위기통제는 유엔의 프레임 내에서 평화적 수단을 최대한 이용해야 한다고 주장한다. 그래서 중국은 R2P를 추구하기 위한 UNPKO 메커니즘을 선호한다(Yang 2017, 184-185). 그럼에도 불구하고 중국은 인도주의적인 개입이 해당 국가의 정권교체(Regime Change)를 의도해서는 안 된다는 점을 강조한다.[16] 시리아 사태 해결을 위한 안보리 결의안에 대해서 선택적으로 찬성을 표시하며, 서방 국가들의 정권교체 시도라고 판단되는 부분에 대해서는 강한 비판과 거부권을 행사했다(Fung 2018, 693-712). 중국의 이와 같은 행태는 한편으로는 책임감 있는 대국으로서의 정체성을 실현하기 위해서이지만, 반면 UNPKO가 가져올 수 있는 내정간섭의 최소화를 위한 모습으로 해석될 수 있다.[17]

중국이 일대일로 건설을 위해 연선국가들에 항구를 건설하는 것도 일부 해당 국가의 주권과 관련될 수 있어, 중국의 주권존중과 내정불간섭 원칙과 다소 위배될 수 있다. 시진핑 주석이 2013년 9월과 10월 각각 육상실크로드 건설과 해상실크로드 건설을 제안했고, 이러한 제안이 '일대일로' 구상으로 구체화됐다. '일대일로' 구상이 연선국가들의 경제협력을 기반으로 진행되는 프로젝트이지만, 협력을 위한 규

---

16 리비아 사태 관련 유엔 안보리결의안 1070호(2011년 2월 26일)에 찬성, 리비아 상공에 대한 비행금지구역 설정 관련 1073호(2011년 3월 17일)에 기권표를 던져 결과적으로 카다피 정권 교체를 초래한 중국의 행태도 주권 문제에 대한 중국의 접근이 상당한 변화를 보인 사례 중 하나로 평가된다.

17 중국이 UNPKO 활동에 적극적으로 참여한 중요한 동인의 하나는 리더십 추구라는 평가는 박태희(2013, 149-171); 이동률(2014, 297-317); Cho(2019, 482-498)를 참조.

정과 규범의 내재화 과정에서 자연스럽게 연선국가들의 정치·안보·문화 등의 영역의 협력으로 확대될 것이다. 때문에 '일대일로' 구상의 제안은 중국이 글로벌 질서 재구성 의지를 표명한 것으로 평가받기도 한다(김애경 2016, 112-144). 이후 관련 후속 작업들이 진행되고 있고, 그 과정에서 중국이 연선국가들의 경제주권을 침해할 수 있어, 중국이 주장하는 주권존중 및 내정불간섭 원칙과 충돌할 가능성이 있다.

특히 해상실크로드의 연선국가들에 대한 중국의 투자 의도가 중국이 일대일로 건설을 통해 실현하려는 '5통'을 넘어서며, 군사·전략적 의도를 보이고 있다는 평가가 제기되고 있다. 중국이 일대일로 구상을 제기하며 연선국가들과 '정책소통(政策溝通)', '인프라 연결(設施聯通)', '무역원활(貿易暢通)', '자금융통(資金融通)', '민심상통(民心相通)'이라는 5통(伍通: 5대 중점사업)이라는 목표를 제시했다. 그런데 최근 해상실크로드 연선국가인 스리랑카, 바누투아, 파푸아뉴기니, 통가, 라오스, 캄보디아, 지부티 등 16개 국가들이 중국의 부채외교에 노출되어 있다는 평가가 있다(『중앙일보』 2018. 5. 30). 중국의 자금지원으로 2010년부터 지어졌던 스리랑카 함반토다항(Hambantota Port)의 경우 이용률이 저조해서 적자에 허덕이게 됐고, 스리랑카 항만공사는 결국 2016년 중국 국유항만기업에 70%의 지분을 매각하고 99년간 항구 운영권을 넘기게 됐다. 2017년에는 중국이 자유무역지대 개발을 명분으로 하는 15,000ha 부지도 추가로 넘겨받았다. 이는 함반토다항의 안보(security)를 표면적으로는 스리랑카가 보유했지만, 실제로는 다수 지분을 가진 중국이 담당하고 있다고도 볼 수 있다(Thorne & Spevack 2017, 47-53). 이처럼 중국이 자국의 대외정책, 전략을 실현해 가는 과정에서 보이는 행태들은 중국이 주장하는 주권존중, 내정불간섭 원칙과 일부 충돌하는 부분이 있다. 이는 중국이 국제질서 구축 과정에서 중심적 역할을 수행하기 위해서는 경직된 주권 개념을 고수하기보다 유연하게 적용할 필요가 있음을 인식하게 됐다는 해석이 가능하다.

중국의 주권관이 유연해졌다고 판단할 수 있는 또 하나의 사례는 아프리카 지부티(Djibouti) 해군기지 건설과 운영이다. 2016년 2월 중국 국방부는 정례 브리핑을 통해 아프리카 지부티 기지 건설이 시작됐다고 발표했다. 그런데 2014년 8월 중국이 이미 지부티의 인프라 구축 공사를 시작했다는 보도를 보면 중국은 2014년 여름에 이미 해군기지를 건설하기 시작했다(環球网 2016;『南京日報』2017. 8. 8). 2017년 7월 11일 중국인민해방군은 광둥 잔장(广东湛江)의 군항 부두에서 출정 의식을 가진 후, 8월 1일 지부티 기지에서 주둔 의식을 거행하면서 공식적인 입무를 시작했다.

중국이 해외에 군 주둔기지를 건설하는 것은 어떤 이슈보다도 중국의 변화된 주권 인식을 반영한다. 이미 살펴보았듯이 중국은 동맹국이자 경제적 지원자였던 소련의 중국 항구 사용 제안과 무선기지 설립 제안을 주권 침해라고 비판하며 공산주의 캠프가 깨지는 것도 주저하지 않았다. 1982년 중국은 동맹이 주는 연루와 방기에 대한 부담 때문에 강대국과 어떠한 동맹도 맺지 않겠다(不結盟)고 선언하며, 자주독립(獨立自主) 외교노선을 선포한 바 있으며, 현재까지도 공식적으로는 비동맹 정책을 고수하고 있다. 중국의 지부티 해군기지 건설이 동맹을 의미하지는 않을 수 있으나, 해외 주둔 군기지의 건설은 경제적으로 기업의 투자와는 다르게 주권 및 안보의 문제와 밀접한 관계가 있다. 그런데 중국은 오히려 중국의 부상, 중국 기업의 해외투자(走出去), 일대일로 구축으로 중국의 해외이익이 점차 확대되는 상황에서 해외에 전략적 거점을 수립하는 것은 매우 중요하고 긴박성을 요하는 일이라고 평가했다(『瞭望東方周刊』2017. 11. 24).

V. 결론

중국은 건국 이후 내정불간섭 원칙을 강조하며 절대적 주권관을 고수
해왔다. 중국 중심의 계서적 주권관을 가졌던 중국은 서구 강대국들의
침략으로 각 국가들이 배타적 대내외 권위를 가진 평등한 주체임을 깨
닫게 됐다. 그러나 근대 시기에도 중국은 서구 유럽에서 온 근대적 주
권 개념을 완전하게 이해하지는 못한 것으로 판단된다. 정권을 잡은 마
오쩌둥은 불완전한 주권 상태인 중화인민공화국을 통치하게 되면서,
영토통합과 국제사회의 승인을 받아 완전한 주권국가 건설을 도모하
며 내정불간섭 원칙과 주권존중을 강조했다. 동시에 프롤레타리아 국
제주의 노선에 기반 해서 아시아·아프리카 지역 국가들의 민족해방운
동을 지원했다. 중국의 민족해방운동 지원은 중국이 중심이 되어 불합
리하고 불공정한 국제질서를 개조하기 위한 것이었다.

이후 덩샤오핑이 집권한 1970년대 말에서 1990년대 초중반까지
는 국제질서의 불공정성과 불합리성에 대한 중국의 지적은 계속됐으
나, 국제질서 개조의 중심 역할에 대한 중국의 입장은 변화를 보였다.
중간지대 국가들, 제3세계 국가들이 국제질서를 개조할 주역들이라고
주장하며 제3세계 국가들의 리더 역할을 자처했던 중국은 더 이상 리
더 역할을 하지 않을 것을 표명했다. 국내경제 발전과 현대화에 매진하
겠다고 선언했고, 모든 에너지를 국내경제 발전과 평화로운 대외환경
조성에 쏟았다. 때문에 중국의 내정에 서구 국가들의 간섭을 배제시키
고 싶어 했고, 다양한 사례에서 중국은 타국의 내정에 간섭할 수 있는
이슈와 국가 간 협력에 소극적 태도를 취하며 절대적 주권을 추구했다.

냉전종식 이후에도 중국은 국제사회에서의 역할보다 자국의 힘을
키우는 도광양회 노선을 견지했다. 탈냉전기 중국은 여전히 더욱 공정

하고 합리적인 새로운 국제질서 구축의 필요성과 새로운 국제질서에서 중국이 중요한 한 축임을 강조했지만, 중국이 새로운 질서 구축에 중심 역할을 하려고 하지 않았다. 중국은 서구 국가들의 인권 공세에 주권규범의 우선성을 주장하며 절대적 주권관을 강조했다. 세계경제의 상호의존을 심화시켜 국민국가의 주권을 일부 침해시킬 수 있는 세계화에 대해서도 주권국가의 역할을 강조하는 등 주권에 대한 배타적 권위를 주장했다.

1990년대 중후반 이후, 특히 2000년대 중후반 이후 중국은 G2 국가로 부상했고, 책임대국의 역할을 부여받고 있다. 중국 스스로도 책임대국으로서의 역할을 다해야 한다는 점을 인정한다. 뿐만 아니라 중국은 국제질서의 재구성에 적극적으로 임하고 있다. 기존 질서에서 중국의 목소리를 높이는 동시에 새로운 제도·규범 창출을 통해 국제질서 구축에 중심적 역할을 시도하고 있다. 중국은 여전히 '내정불간섭' 원칙을 주장하지만, 국제질서의 재구성 과정에서 중심적 역할을 하고자 한다면 국제이슈에 대한 개입과 연루가 확대될 수밖에 없다. 이는 중국이 주권의 일부 침해와 양도 등을 감수해야 한다는 의미이다. 본문에서도 중국이 최근 주권 문제에 대해 상대적으로 유연하고 실리적으로 접근하고 있는 사례들을 살펴보았다.

중국은 여전히 내정불간섭 원칙을 강조하며 주권 문제에 민감하게 반응하지만, 책임대국 정체성을 실현하는 과정에서 실제로는 주권 문제에 유연하게 대처하고 있다. 앞서 살펴보았듯이 마오 시기에도 주권을 유연하게 적용했던 사례를 관찰할 수 있었다. 마오 시기에는 중국이 개발도상국이었던 때여서 일반적으로는 절대적 주권을 추구했을 것이라고 생각할 수 있지만, 중국은 당시 국제질서 구축 과정에서 중심적 역할을 추구했고 일부 아시아·아프리카 지역 국가들에 대한 민족해방운동을 지원하면서 유연한 주권 인식을 나타냈다는 점도 관찰할 수 있었다.

주권 문제에 대한 중국의 유연한 접근은 '내정불간섭'이라는 중국의 외교적 원칙과는 다소 충돌한다. 그런데 중국의 부상이 지속되는 한 중국은 국제질서 재구성 과정에서 중심적 역할을 수행하고자 할 것이고, 주권과 관련된 이슈들에 유연하게 접근하는 태도를 유지할 수밖에 없다. 그럼에도 불구하고 "불완전 주권국가"인 중국은 국내 문제로 가질 수밖에 없는 취약성 때문에 여전히 '내정불간섭' 원칙을 견지할 것이다. 따라서 국제질서 재구성 과정에서 영향력 확대를 도모해야 하는 중국에게 주권이슈는 딜레마가 아닐 수 없다. G2 국가가 된 중국은 책임대국으로서의 역할을 수행하고 국제질서 재구축 과정에서 영향력 확대를 도모하면서 주권 개념을 상대적으로 유연하게 적용하고 있다. 반면 자국의 이슈나 자국의 이익과 관련된 이슈에 대해 여전히 강하게 '내정불간섭' 원칙을 주장하고 있다. 때문에 중국이 주권 문제에 있어 이중잣대(double-standard)를 적용한다는 비판을 받을 수 있어, 향후 중국에게 주권 관련 이슈는 딜레마가 될 가능성이 높다.

참고문헌

구선영. 2019. "국제관계 형성의 기점으로서의 베스트팔렌 신화 재고: 각국의 역사적 문맥에 배태된 다양한 주권 개념 형성에 관한 시론." 『국제정치논총』 59집 2호.

김승욱. 2019. "중국 근대 역사학에서 國家 개념의 재구성." 『역사와 담론』 89집.

김애경. 2004. "중국의 대외정체성 인식 변화: 제1,2차 북핵 위기에 대한 중국의 역할변화 분석을 사례로." 『국가전략』, 10권, 4호.

_____. 2016. "중국의 "일대일로(一帶一路)"구상 분석: 제기배경, 추진현황, 함의 고찰을 중심으로." 『민주사회와 정책연구』 29권.

김재철. 1994. "상호의존의 증대와 국가의 역할: 중국의 대외개방의 경우." 『한국정치학회보』 28집 1호.

_____. 2000. "세계화와 국가주권: 공존을 향한 중국의 탐색." 『국제정치논총』 40집 3호.

데이비드 샴보 지음·박영준, 홍승현 옮김. 2013 『중국, 세계로 가다: 불완전한 강대국』. 서울: 아산정책연구원.

박태희. 2013. "중국의 유엔 평화유지활동 참여 정책에 관한 연구." 『군사논단』 73호.

송영우·소치형. 1993. 『중국의 외교정책과 외교』. 서울: 지영사.

이동률. 2006. "중국 책임대국론의 외교 전략적 함의." 『동아연구』 No. 52.

_____. 2014. "중국의 유엔평화유지 활동과 주권 원칙의 딜레마." 『중국연구』 60권.

이장원. 2016. "중화인민공화국 수립 이전 중국 공산당 공공외교에 대한 연구." 『한중사회과학연구』 14권 3호.

_____. 2017. 『현대중국외교론』. 청주: 충북대학교 출판부.

전일욱. 2002. "중국의 國際紛爭解決政策에 관한 연구." 『정책과학연구』 12집.

"중국 함정, 돈 왕창 벌 줄 알고 덥석 물었다, 항구 내줄 판." 『중앙일보』 (2018년 5월 30일).

헨리 키신저 지음·권기대 옮김. 2012. 『중국이야기』. 서울: 민음사.

"힘세진 중국, IMF쿼터 미국, 일본 이어 3위." 『중앙일보』 (2015년 12월 21일).

Cho, Sunghee. 2019. "China's Participation in UN Peacekeeping Operations since the 2000s." *Journal of Contemporary China* 28(117).

Fung, Courtney J.. 2018. "Seperating Intervention from Regime Change: China's Diplomatic Innovations at the UN Security Council Regime Regarding the Syria Crisis." *The China Quarterly* 235(September).

Garrett, Banning. 2001. "China Faces, Debates, the Contradictions of Globalization." *Asian Survey* 41(3).

Gill, Bates and James Reilly. 2000. "Sovereignty, Intervention and Peacekeeping: The View from Beijing." *Survival* 42(3).

IMF. 2017. "Acceptances of the Proposed Amendment of the Articles of Agreement on Reform of the Executive Board and Consents to 2010 Quota Increase." (April 24).

https://www.imf.org/external/np/sec/misc/consents.htm(검색일: 2019. 9. 15.)

IMF. 2020. "IMF Members' Quotas and Voting Power, and IMF Board of Governors." April 2. https://www.imf.org/external/np/sec/memdir/members.aspx (검색일: 2020. 3. 26.)

Kim, Samuel. 1994. "China's International Organizational Behavior." In Thomas W. Robinson & David Shambaugh ed., *Chinese Foreign Policy-Theory & Practice*. Oxford: Oxford Press.

Pang, Zhongying. 2005. "China's Changing Attitude to UN Peacekeeping." *International Peacekeeping* 12(1).

Scholte, Jan Aart. 1997. "Global Capitalism and the State." *International Affairs* 73(3).

Silver, Caleb. 2020. "Top 20 Economies in the World: Ranking the "Richest" Countries in the World." March 18. https://www.investopedia.com/insights/worlds-top-economies/(검색일: 2020. 3. 26.)

Stockes, Jacob. 2019. "Does China Really Respect Sovereignty?" *The Diplomat*. Mar. 23.

Thorne, Devin & Ben Spevack. 2017. *Harbored Ambitions: How China's Port Investments are Strategically Reshaping the Indo-Pacific*. *C4ADS*(Center for Advanced Defense Studies) Report.

Yang, Yonghong, 2017. *Sovereignty in China's Perspective*. Peter Lang International Gmbh.

『鄧小平文選』第3卷.

程曉勇. 2012. "建國以來國家政治利益演變分析."『延安大學學報』4期.

"高擧中國特色社會主義偉大旗幟 爲奪取全面建設小康社會新勝利而奮鬥─在中國共産黨第十七次全國代表大會上的報告."(2007年 10月 15日).

"吉布提常年高溫缺水, 中國首個海外保障基地爲何選它?."『南京日報』(2017年 8月 8日).

"国防部: 中国在吉布提保障设施基础工程建设已启动." 環球网. (2016年 2月 25日). https://world.huanqiu.com/article/9CaKrnJU6UZ(검색일: 2019. 9. 10).

胡元梓·薛曉源編. 1998.『全球化與中國』. 北京: 中央編譯出版社.

俞可平·黃衛平. 1998.『全球化的悖論』. 北京: 中央編譯出版社.

"決勝全面建成小康社會奪取新時代中國特色社會主義偉大勝利─在中國共産黨第十九次全國代表大會上的報告."(2017年 10月 18日).

"堅定不移沿著中國特色社會主義道路前進爲全面建成小康社會而奮鬥─在中國共産黨第十八次全國代表大會上的報告."(2012年 11月 8日).

梁凱音. 2009. "論中國擴展國際話語權的新思路."『國際論壇』3號.

劉力群. 1994. "出口主導型經濟發展模式不適合中國國情."『戰略與管理』2期.

羅艶華. 2014. ""保護的責任"的發展歷程與中國的立場."『國際政治研究』3期.

孟琪. 2013. "经济主权在中美WTO裁决执行实践中的应用研究."『行政與法』7期.

"深度了解: 中国究竟为啥要在吉布提建基地?"『瞭望東方周刊』(2017年 11月 24日).

時殷弘, "國際政治的世紀性規律及其對中國的啟示."『戰略與管理』. 5期.

_____. 2001. "論國家主權及主權的被侵蝕和被削弱−全球化的最大效應." 『國際論壇』 4期.

時殷弘·宋德星. 2001. "21世紀前期中國國際態度' 外交哲學和根本戰略思考." 『戰略與管理』 1期.

宋泓. 2011. "中國崛起與, 國際秩序調整." 『世界經濟與政治』 6期.

孫文. "三民主義演講全文: 第一部分 民族主義 第六講." https://www.docin. com/p-1722428330.html (검색일: 2019. 5. 23).

唐世平. 2001. "再论中国的大战略." 『战略与管理』 4期.

_____. 2016. "中国需要与时俱进的主权观." *Financial TImes* 中文版. (7月 14日). http:// www.ftchinese.com/story/001068430?adchannelID=&full=y (검색일: 2019. 5. 23.)

唐任伍. 1998. "全球一體化的神話, 發展中國家的陷阱." 『世界經濟與政治』 12期.

王嘯. 2010. "國際話語權與中國國際形象的塑造." 『國際關係學院學報』 6期.

王逸舟. 1999. "面向21世紀的中國外交: 三種需求的尋求及其平衡." 『戰略與管理』 6期.

_____. 2011. 『创造性介入: 中国外交新取向』. 北京: 北京大學出版社.

_____. 2013. 『创造性介入: 中国之全球角色的生成』. 北京: 北京大學出版社.

佯贻康·黄烨菁. 1998. "经济全球化和世界多极化." 『世界經濟與政治』 12期.

謝益顯. 2002. 『中國當代外交史(1949-2001)』. 北京: 中國青年出版社.

閻學通. 1996. 『中國國家利益分析大津』. 大津: 大津人民出版社.

_____. 孙学峰 等著. 2005. 『中国崛起及其战略』. 北京: 北京大学出版社.

葉自成. 2000. "多種戰略選擇." 『環球時報』 (3月 17日).

_____. 2003. 『中國大戰略』. 北京: 中國社會科學出版社.

_____. 2003. 『春秋战国时期的中国外交思想』. 香港: 香港社会科学出版社有限公司.

_____. 2004. "中國外交需要超越韜光養晦." 『國際先驅導報』 (1月 1日).

俞可平. 2004. "论全球化与国家主权." 『马克思主义与现实』 1期.

張伯里. 2000. "論世界經濟世界化, 兩極分化與開放戰略的若干問題." 『中共中央黨校學報』 4券(1).

趙磊. 2006. "中國對聯合國維持和平行動的態度." 『外交評論』 4期.

"中國晒維和成績單, 迄今已派出近4萬名維和人員." 『環球時報』 (2019年 2月 19日).

"中国维和部队." https://baike.baidu.com/item/%E4%B8%AD%E5%9B%BD%E7%BB%B 4%E5%92%8C%E9%83%A8%E9%98%9F/5904328?fr=aladdin#10 (검색일: 2019. 9. 20.)

"中国正式成为IMF第三大股东." 『鳳凰財經』 (2016年 1月 29日). http://finance.ifeng. com/a/20160129/14196831_0.shtml (검색일: 2015. 1. 30.)

周琪. 2010. "中國對聯合國維和行動態度的變化及其原因." 『中國人權』 2期. http://www. humanrights-china.org/cn/zt/qita/zgrqyjh/yjhzywz/t20100504_585774.htm (검색일: 2015. 3. 15.)

『左傳』. 券2. 桓公2年.

제9장   주권과 체제안보: 동남아시아
         국가들의 대중 외교정책 비교연구

         김용균(서울대학교)

I. 서론

미중 패권경쟁이 본격화되었다. 중국은 지정학적, 지경학적 요충지들을 잇는 일대일로 프로젝트를 통해 미국의 해상 봉쇄에 취약한 자신의 지리적 약점을 지우려 하고 있다. 특히 자국 앞바다인 남중국해에 대한 지배권을 확립해 아예 미국을 일본-대만-필리핀-보르네오 섬을 잇는 제1열도선 밖으로 몰아내려 한다(Friedberg 2012; Hong 2017). 미국은 중국을 자신이 주도해 만든 세계질서를 바꾸려는 수정주의 국가로 규정하고, 앞으로 중국이 아시아에서 패권을 장악하지 못하도록 하는 것을 국가전략의 최우선에 두고 있다(White House 2017). 이를 위해 미국은 중국의 일대일로 구축에 인도-태평양 전략으로, 중국의 남중국해 지배권 강화에 항행의 자유 작전으로 맞서고 있다.

따라서 중국의 일대일로가 지나가는 핵심 지역이자 남중국해를 품고 있는 지역인 동남아시아는 미중 패권경쟁의 각축장이 되었다. 최근 들어 동남아시아를 무대로 한 미국과 중국의 충돌이 빈번히 벌어지고 있다. 2018년엔 남중국해상에서 양국 군함이 40미터 거리까지 접근하는 아찔한 순간도 연출했고, 양국 고위급 간 설전도 이어졌다. 무엇보다 동남아시아 10개국을 놓고 양국 간 치열한 영향력 싸움이 전개되고 있다(Pongsudhirak 2017).

중국이 부상하고 미중 경쟁이 격화되자 동남아시아 국가들은 두 강대국 사이에서 선택을 강요받는 달갑지 않은 상황에 놓이게 되었다. 중립 외교, 비동맹, 또는 "제한적 지지"(limited alignment) 외교 전통이 강한 동남아시아의 주요국들은 대체로 어느 한편을 들기보다는 균형외교, 헤징 전략을 구사하면서 불확실성 높은 현 상황이 제기하는 잠재적 위험을 최소화하기 위해 힘쓰고 있다(Ciorciari 2010). 하지

만, 보다 자세히 들여다보면, 최근 동남아시아 국가들의 대중국 외교정
책에 상당한 편차가 존재한다는 것을 발견할 수 있다. 데이비드 샴보
(2018)는 2017년 시점에 동남아시아 각국이 중국에 대해 취하고 있는
외교 전략을 가장 친중적인 입장에서 가장 덜 그러한 입장으로 세분하
였다. 〈그림1〉은 그러한 대중 외교정책의 스펙트럼을 나타낸 것이다
(Shambaugh 2018).

샴보의 분석에 따르면, 동남아시아 국가들 중 헤징 전략의 개념에
가장 잘 부합하는 대중 외교정책을 추구하는 것은 베트남과 싱가포르
두 사례이다(Kuik 2008; 2016; Goh 2005; 2016). "균형 잡힌" 헤징 전
략을 취하는 이 두 나라는 대중 정책 스펙트럼의 중앙에 위치해 있다.
반면, 인도네시아를 제외한 나머지 7개 국가들은 다양한 정도의 친중

편향을 보이고 있다. 그중 노
골적인 중국 편승전략을 취
하고 있는 캄보디아는 동남
아시아에서 가장 친중으로
치우친, "굴복적"이기까지
한 대중 정책을 채택하고 있
다. 미얀마와 라오스의 대중
정책은 캄보디아 다음으로
친중적인데, 이 두 나라는 정
치·경제·외교적으로 중국에
대한 의존도가 이미 너무 커
져서 현실적으로 중국과 거
리를 두는 것이 사실상 불가
능한 상황이다. 캄보디아가

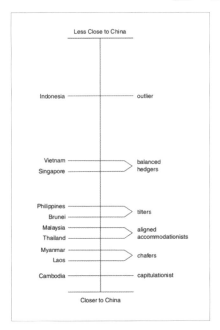

그림 1 동남아시아 10개국의 대중 외교정책
출처: Shambaugh(2018, 101)

자발적 굴종이라면, 이들의 상황은 비자발적 예속에 가깝다. 다음 그룹은 말레이시아와 태국이다. 이 두 나라는 미국과 상당한 수준의 군사적 협력관계를 유지하고 있다는 점에서 중국으로 확연히 기울어진 앞의 세 나라와는 구분된다. 하지만 이들조차 점차 친중 편향을 감추지 않고 있다. 특히 나집(Najib Razak) 총리 재임기(2009~2018)의 말레이시아, 그리고 2014년 쿠데타 후의 태국은 중국에 편승하려는 경향마저 보이고 있다(Busbarat 2017; Noor and Qistina 2017). 이 두 나라만큼은 아니지만 필리핀과 브루나이 역시 중국에 경도되어 있다(Heydarian 2017). 하지만 중국(인)에 대한 뿌리 깊은 경계심이 여전한데다 남중국해 영유권 분쟁 당사국이라는 점에서 이 두 나라가 앞선 나라들만큼 중국으로 기울지는 않을 것으로 샴보는 분석하고 있다. 마지막으로, 스펙트럼상의 균형추 반대편에 인도네시아가 홀로 위치해 있다. 미중 사이에 등거리 외교를 추구하는 베트남과 싱가포르조차 중국과 다각적인 관계를 맺고 있는 반면 인도네시아는 중국과, 그리고 사실상 미국과도 그러한 긴밀한 관계를 적극적으로 추구하고 있지 않다(Syailendra 2017). 이 점에서 인도네시아는 분명 동남아시아의 "아웃라이어"로 볼수 있다(Shambaugh 2018, 100-103). 이 글은 2017년 시점 동남아시아 10개국의 대중 외교정책상의 이러한 차이를 설명하는 것을 목적으로 한다.

이 글의 핵심 주장은 탈냉전 이후, 특히 중국의 부상이 본격화된 2000년 이후 동남아시아에서 정치체제의 권위주의 성격이 강할수록 보다 친중적인 외교정책을 채택한다는 것이다. 동남아시아에는 절대왕정(브루나이)과 사실상의 1인 독재(캄보디아)에서부터 공산당 1당 독재(베트남과 라오스), 군부-엘리트연합 제한민주주의(태국과 미얀마), 선거권위주의(싱가포르와 말레이시아), 그리고 선거민주주의(필리핀과 인도네시아)까지 상이한 정도의 권위주의적 요소를 지니고 있는 다양한 정치체제가 존재한다. 권위주의 성격이 강할수록 외교정책에 있어 친중적 태도를 보인다는 것이 이 글의 주장이다. 우선 그러한 경험적 관계가 존재한다는 것을 계량적으로 확인하기 위해 〈그림 1〉에 나타난 각국 외교정책의 친중 정도를 0에서 10 사이의 값으로 코딩하여 '친중 외교정책' 변수로 변환시켰다. 정치체제 변수로는 프리덤하우스(Freedom House 2019)의 자유지수를 사용하였다. 자유지수는 1에서 7까지의 값을 갖는데, 1이 가장 민주적, 7이 가장 비민주적임을 나타낸다. 〈표 1〉에 동남아시아 10개국의 두 변수 값이 제시되어 있다.

표 1 동남아시아 10개국의 자유지수와 친중 외교정책

	자유지수	친중 외교정책
브루나이	5.5	6.5
캄보디아	5.5	9.5
인도네시아	3	2.5
라오스	6.5	8.5
말레이시아	4	7.5
미얀마	5	8.5
필리핀	3	6.5
싱가포르	4	5
태국	6	7.5
베트남	6	5

〈그림 2〉는 친중 외교정책을 종속변수, 자유지수를 독립변수로 하는 가장 단순한 회귀분석 결과를 그림으로 나타낸 것이다. 왼쪽 패널은 모든 국가를 대상으로 한 분석 결과이고, 오른 쪽은 베트남을 제외한 분석 결과이다. 회귀계수(b)가 각각 0.89와 1.15로 추정되었다. 자

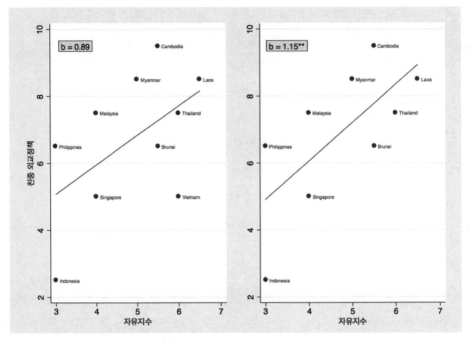

그림 2 자유지수와 친중 외교정책

단순 회귀분석; b 추정 회귀계수; ** p<0.05; 왼쪽: 10개국 모두 포함, 오른쪽: 베트남 제외

유지수가 높을수록, 즉 정치체제의 성격이 보다 권위주의일수록 더 친
중적인 대중정책을 채택하는 경향성이 존재한다는 것을 알 수 있다. 하
지만 동남아시아 10개국을 모두 포함했을 때(왼쪽 패널), 이 관계가 통
계적으로 유의하지는 않다(p=0.11). 여기서 베트남 사례가 눈에 띄는
데, '권위주의-친중' 직선 관계에서 가장 벗어난 경우임을 알 수 있다.
베트남의 자유지수가 6이기 때문에 회귀분석에 기초한다면 대중 외교
정책이 8에 가까운 '친중성'을 보일 것으로 기대되지만, 실제 관측된
베트남의 친중 외교정책 값은 5에 불과한 것이다. 이 점에서 베트남은
'권위주의-친중' 관계에 관한한 특이치(outlier)라고 할 수 있다. 베트
남을 제외하고 회귀분석을 실시해 그 결과를 제시한 오른쪽 패널은 권

위주의-친중 관계에 통계적으로 유의한(p=0.04) 상관성이 존재한다는 것을 보여준다. 이에 따르면, 국가의 정치체제가 완전한 민주국가(자유지수 1)에서 가장 권위주의적 국가(자유지수 7)로 바뀐다면, 대중 외교정책이 인도네시아의 "아웃라이어"(2.5)에서 캄보디아의 "투항"(9.5)으로 바뀔 것으로 예측된다.

그렇다면 베트남은 왜 이러한 패턴에 들어맞지 않는가? 베트남은 충분히 권위주의적인 정치체제를 갖고 있음에도 불구하고 노골적인 친중 행보 대신 왜 중국에 대해 "균형 잡힌 헤징" 전략을 취하고 있는가? 아래에서 왜 동남아시아에서 권위주의 체제일수록 친중 성향을 보이게 되는지에 대한 이론을 제시하며 베트남이 결국 '규칙을 입증하는 예외'임을 밝힐 것이다.

II. 이론: 주권과 체제안보, 그리고 권위주의-친중 관계

태국을 제외한 대부분의 동남아시아 국가들은 다른 탈식민 지역 국가들과 마찬가지로 서구 열강의 식민 지배를 받다가 2차 대전 종전 후 협상 또는 전쟁을 통해 독립해 국제법상 주권국가의 지위를 획득했다. 동남아시아의 신생 독립국가들은 평등한 주권 원칙에 기초한 전후 국제체제의 일원으로서 형식적 지위를 인정받았다. 하지만 여전히 강대국의 힘의 논리가 지배하고 신식민주의의 위험마저 상존하는 국제질서의 현실 앞에서 줄곧 실질적 주권 확립의 중요성을 역설해왔다. '외부로부터의 독립'으로서의 주권 개념이 탈식민화 국가 형성 및 체제 공고화 과정에서 부각된 것이다. 따라서 독립외교와 내정불간섭 등 대외적 독립성으로서의 주권 개념과 밀접히 연관된 원칙들이 외교 이념의 중추를 이루었다.

이를테면, 인도네시아는 독립 직후 강대국의 입김으로부터 자유 롭고 스스로 주도적인 외교정책을 펼칠 것을 국가의 전략적 원칙으로 삼았다. "자유롭고 적극적인"(free and active) 외교노선으로 알려진 이 원칙은 냉전과 탈냉전을 겪으며 어느 정도 부침이 있었으나 현재까지 도 대체로 지켜지고 있다(Syailendra 2017, 239). 말레이시아도 마찬가 지로 독립 실용 외교노선이 오랜 전통으로 확립되어 있다. 특히 1967 년 영국이 아시아에서 철군하면서 말레이시아는 같은 시기 창설된 아 세안(ASEAN)에 힘을 실으며 강대국의 틈바구니 속에서 중립성과 자 율성 확보에 나섰다. 그리고 1981년부터 22년간 집권한 마하티르 총 리 시절, 서구식 자유주의를 비판하며 제3세계의 대변인을 자처한 그 의 적극적 독립 외교 활동에 힘입어 말레이시아 외교정책의 독립 노선 은 더욱 뚜렷하게 확립되었다(Noor and Qistina 2017, 202-203). 30년 에 이르는 전쟁을 치르며 독립과 통일이라는 근대국가 과업을 완수할 수 있었던 베트남 역시 효과적인 전시 국민동원을 위해 대외적 주권 카드를 선택했다. 1966년 호치민 주석이 라디오 연설 중 했다는 "자유 독립보다 귀중한 것은 없다"는 말은 지금도 베트남에서 국시로 여겨지 고 있다. 필리핀 역시 1987년 헌법에 "독립 외교정책을 추구할 것"을 명시적으로 요청하고 있다. 헌법은 이어 "다른 국가와 관계에서 최고 의 고려 사항은 주권, 영토보전, 국익, 자결권이어야 한다"고 명령하고 있다(Heydarian 2017, 222).

대외적 독립성으로서의 주권을 강조하는 것은 기실 탈식민 독립 국가들에서 보편적으로 관찰되는 일반적 특성이기도 하다. 독립과 함 께 근대국가 형성의 과제를 수행해야 했던 제3세계의 대부분 국가들 에서 주권의 천명은 다른 무엇보다 통치자의 국내적 권력 행사에 있어서 외부 세력으로부터 간섭받지 않을 권리를 보장받는 성격이 강했다. 새롭게 수립된 국가 체계의 내적 공고화와 국내 권력 기반의 확립이 시급했던 상황에서 주권은 국가 간 평등한 법적 지위 자체보다는 그것의 파생원리인 내정불간섭 원칙의 의미로 훨씬 강조되었던 것이다. 영토 내 안정되고 통일된 효과적인 지배권, 즉 대내적 주권을 확립해야 할 필요에서 이를 달성하기 위한 외적 제약과 간섭 없는 내부 통치권, 즉 대외적 주권을 확보할 것을 주장하게 된 것이다. 결국 대외적 독립성으로서의 주권 개념, 그리고 이의 핵심 규범으로서의 내정불간섭 원칙은 탈식민 국가 통치세력의 "국가 공고화의 이데올로기"이자 "국가 공고화의 도구"로 사용된 것으로 볼 수 있다(Clapham 1999, 525-526).

동남아시아도 이 점에서 예외가 아니었다. 동남아시아의 신생 독립국가들은 전후 탈식민화 과정과 독립국가 수립 및 체제 공고화 과정에서 거의 예외 없이 인종, 종교, 이념 등에 따른 크고 작은 내부 분열 문제를 안고 있었다. 대표적으로 미얀마의 경우 카렌족과 로힝야족 등 소수민족을 우대하고 불교도인 다수 버마족을 차별했던 영국 식민정책의 유산으로 인해 1946년 독립 이후 지금까지도 종족 간 유혈 분쟁과 소수민족 분리주의자들과 정부군 간 내전이 지속되고 있다. 자바섬을 중심으로 중앙집권적 국가를 수립한 인도네시아 정부 역시 독립 이후 주변부 섬들로부터 크고 작은 분리주의 저항에 직면하였다. 뿐만 아니라 인도네시아는 1960년대 중반 점증하는 이념과 계급의 갈등 속에 군부가 공산당 지지 세력에 대한 대대적인 학살을 자행하는 등 대내적 주권 확립 과정이 내전 양상으로 치달을 정도로 첨예한 분열과 갈등, 폭력으로 점철되는 것을 경험하였다. 이러한 이유로 인도네시아에서 안보위협은 주로 대내적 위협의 성격이 강했다(Syailendra 2017, 238). 말레이시아와 싱가포르 역시 독립국가 형성 과정에서 말레이인과 중국인 사이의 뿌리 깊은 반목이 이념 대결과 중첩되면서 심각한 종족 간 유혈갈등으로 표출되는 위기를 겪었고, 이는 독립 이후 오랫동안 두 국가의 대내적 주권 유지에 주된 위협 요소로 남게 되었다. 나머지 국가들의 경험도 정도에 차이가 있을 뿐 이들과 크게 다르지 않다. 따라서 동남아시아에서 영토 내 궁극적 권위로서의 대내적 주권의 이러한 불완전성은 이의 극복이 최우선 과제였던 각국 통치세력으로 하여금 주권 확립의 당위를 대내외적으로 역설하게끔 하였다. 그리고 이때의 주권은 무엇보다 국내 통치에 대한 주권국가의 배타적, 절대적 권한을 의미했다. 1967년 창설된 아세안이 핵심원칙으로 내정불간섭을 채택한 것은 결코 우연이 아니었다.

독립 이후 동남아시아 국가들은 대체로 다양한 성격의 권위주의 체제를 유지했다. 미국의 후견 아래 민주주의 정치체제를 도입한 필리핀이 예외였지만 1971년 마르코스의 계엄령 선포로 필리핀 역시 1986년까지 1인독재를 경험하였다. 동남아시아에서 정치체제의 이러한 권위주의적 성격은 대내적 주권 불완전성 문제를 안고 있는 이들 국가가 대외적 독립성으로서의 주권 확립을 국가 권력 공고화의 이데올로기로 사용하려는 경향을 더욱 강화시켰다. 소수로 이루어진 지배연합의 형성을 통해 권력을 유지하고 여기에서 나오는 부와 특권의 분배를 통해 지배연합을 재생산하는 권위주의 체제의 지배세력에게 가장 큰 위협 요소는 그러한 권력 독점에 도전하는 내부의 체제 경쟁세력이라고 할 수 있다. 따라서 이들에게 있어서 국가의 주권 확립은 곧 자신들의 지배 권력 확립을 의미했다.

체제 내부의 도전을 극복하고 국내 통치권을 공고히 하는 것이 최우선 과제였던 동남아시아 권위주의 체제의 지배세력 입장에서는 안보의 의미 역시 전도되는 경향이 있다. 즉 이들에게 있어서 국가안보

자체보다 체제안보가 우선이었다. 특히 전후 확립된 유엔 집단안보 체제와 국경 불가침성의 국제규범은 대다수 탈식민 지역 권위주의 국가들에 있어서 국가안보의 상대적 중요성을 낮춘 반면, 이념과 종족 갈등에서 비롯되는 내부의 불안요소는 지배세력에게 보다 실질적이고 상존하는 안보 위협으로 남아 있었다. "국가를 잃고 나면 경제가 무슨 의미인가"라고 묻는 현실주의자들의 표현을 사용하자면, "권력을 잃고 나면 안보가 무슨 의미인가"라는 것이 이들의 입장을 대변한다고 할 수 있다. 체제안보를 최우선시하는 이러한 입장은 체제의 권위주의적 성격, 소수 지배의 성향이 강할수록 더 두드러진다.

특히 동남아시아에서 권위주의 체제일수록 대내적 주권 확립을 위해 외부로부터의 독립, 대외적 주권을 더욱 강조하는 경향이 존재하는 데에는 두 가지 추가적인 이유가 있다. 첫째로, 내부 체제 경쟁 세력들이 많은 경우 외부 세력과 연결되어 있기 때문이다. 일례로, 1950~60년대 인도네시아, 필리핀, 말레이시아 등 대부분의 동남아시아 국가들에서 공산주의 반군들이 내전을 벌였는데, 중국계인 이들은 중국으로부터 지원을 받았다(Noor and Qistina 2017, 201-202; Syailendra 2017, 240). 사회주의를 수립한 베트남 같은 경우 반대로 미국에 거주하는 이주 베트남인들이 국내 반체제 세력과 연계를 꾀하려는 움직임에 대해 대단히 강한 경계심을 내비쳤다. 이러한 상황에서 외부 세력 배척으로서의 대외적 주권에 대한 강조는 사실상 대내적 주권 확립을 위한 수단에 가까웠던 것이다. 둘째로, 소수 지배집단이 권력을 유지해야 하는 정당성을 확보하기 위한 수단으로 동남아시아의 권위주의 국가들은 독립, 자유, 영토 수호 등 대외적 주권과 관련된 가치들을 전면에 내세우며 체제 유지를 도모하였다. 앞서 논의한 많은 동남아시아 국가들의 독립 지향 외교노선 전통이란 것도 이러한 대내적 주권 확립, 체제안보, 권력 유지를 위한 체제 정당성 제고의 방편으로 마련된 측면이 강하다.

대내적 주권 확립을 우선시하는 이러한 권위주의 체제일수록 친중 편향 정책을 펼 가능성이 높다. 중국이 여러모로 권위주의 체제의 체제안보에 유리하기 때문이다. 먼저 체제 유사성이 있다. 유사한 체제로서 중국은 동남아시아 권위주의 국가의 작동 방식을 잘 이해하고 있으며, 이를 기반으로 국가 간, 더 정확히는 양국의 지배집단 간 신뢰와 협력의 관계가 발전할 수 있게 된다. 외교정책이 마련되는 제도적 환경이 유사하다는 것이 합의 사항을 앞으로 이행하겠다는 서로의 약속을 더 믿을 만한 것으로 만드는 경향이 존재하며(Leeds 1999; Lai and Reiter 2000), 가치의 공유 및 정치문화적 유사성은 양국이 서로 협력 관계를 이어가는 과정에서 하나의 집단정체성을 형성하도록 돕기도 한다(Wendt 1994, 387). 이것은 적어도 집권 세력의 심리적 차원에서 체제안보에 큰 보탬이 된다.

둘째로 중국은 권위주의 체제로서 타국에 대해 내정불간섭의 원칙을 견지한다. 이는 민주주의와 인권 문제를 자주 제기하며 내정에 간섭한다는 비판을 받는 미국의 접근과 크게 대비되는 지점이다. 인권 유린, 언론자유 억압, 야당인사 탄압 등에 대한 미국을 비롯한 서방세계의 반복되는 비판은 미얀마, 캄보디아, 베트남, 말레이시아, 태국 등 동남아시아의 여러 권위주의 정부들의 심기를 불편하게 만들어 왔다. 보다 본질적으로 동남아시아의 권위주의 국가들은 상이한 체제를 갖는 강대국으로부터 체제 전환(regime change)의 위협을 느낄 수 있다(Walt 1996; Werner 1996). 이들은 동유럽의 색깔혁명 등을 지켜보며 미국이 자국의 평화적 전복을 노린다는 뿌리 깊은 의구심을 갖는 반면, 중국에 대해서는 체제 보장과 관련된 안전감을 느끼게 된다.

세 번째 이유는 경제적 이익이다. 중국의 경제력이 커지면서 중국과의 교역, 그리고 중국 자본의 유치는 어느 누구도 무시할 수 없는 현실적 필요성이 되었다. 이 점은 체제의 성격과 무관하게 중요해졌지만 권위주의 국가에게 특별히 더 그러한 이유가 존재한다. 우선, 냉전 시기 사회주의 이념이나 반공 이데올로기에 체제 정당성의 근거를 삼았던 권위주의 체제들은 탈냉전 이후 정당성의 새로운 근거를 찾아야만 했다. 민주적 정당성이 취약한 독재국가들은 체제 유지의 이유를 대체로 민족주의와 성과 정당성(performance legitimacy)에서 찾고자 했다. 하지만 민족 정체성이라는 관념적 요소에만 호소하는 것으로는 민주적 정당성의 결여를 극복하기에는 한계가 명확했기 때문에, 결국 이들 체제는 경제성장으로 체제 지속의 당위성을 입증해야 했다. 따라서 이들 권위주의 국가들에게 중국과의 경제 협력은 단순한 경제적 문제를 넘어 체제안보 차원의 문제라고 할 수 있다.

뿐만 아니라 중국과 긴밀한 경제 협력을 하는 것이 집권세력의 사적 이익을 극대화하는 데에도 도움이 된다. 중국 경제는 국가자본주의(state capitalism)라고 불릴 정도로 여전히 국가부문, 특히 국영기업이 경제에서 차지하는 비중이 높다. 특히 인프라와 에너지 등 대규모 해외 투자는 이들 국영기업 주도로 이루어진다. 때문에 중국과 주변국 권위주의 체제 간 대규모 투자계약 체결은 흔히 양국 집권세력 사이의 은밀한 거래를 통해 이루어지기 마련이고, 이 과정에서 권위주의 체제의 지배세력은 막대한 사적 이익을 챙길 수 있게 된다(Bremmer 2010; Kurlantzick 2016). 일례로, 나집 총리 집권기인 2015년 말레이시아 정부는 중국의 원자력발전총공사(China General Nuclear Power Corporation), 철도공업사(China Railway Engineering Corporation), 광시투자그룹(Guangxi Investment Group) 등과 대규모 투자계약을 체결했는데, 총리가 이 과정에서 국부펀드로 설립한 1MDB(1Malaysia Development Berhad)의 투자금 수십 억 달러를 착복했다는 사실이 나중에 밝혀졌다(Noor and Qistina 2017, 205).

마지막으로, 거꾸로, 체제의 민주주의 요소가 강할수록 친중 외교정책을 채택하고 유지하기 어려운 요인 역시 존재한다. 정치체제가 민주적이고 정치 과정이 다원주의적 성격이 강할수록 외교정책 결정 과정 역시 여론에 의해 영향을 받는 정도가 커진다. 물론 권위주의 체제에서도 여론이 외교정책에 미치는 영향력을 결코 무시할 수는 없다(Thayer 2017). 하지만 시민사회의 역할과 언론의 자유가 잘 보장되고, 야당과 의회의 정부 견제가 작동되고, 정당 간의 선거 경쟁이 보다 실질적이고 주기적으로 이루어지는 민주주의 정치체세에서 정부가 외교정책 방향을 정하는 데 있어서 여론을 무시하는 것은 더 어려운 일이다. 문제는 동남아시아 맥락에서 여론의 향방이 친중보다는 반중으로 가게 될 개연성이 높다는 것이고, 따라서 덜 민주적인 체제의 정부가 보다 친중적인 자세를 유지할 수 있는 가능성이 커진다는 것이다. 동남아시아의 여러 나라들에서 중국계 소수민족인 화인은 인종갈등의 요인이었고, 지금도 인도네시아, 브루나이, 베트남, 말레이시아, 필리핀 등에서 화인에 대한 차별, 견제심리, 적대감이 적지 않게 남아 있다. 이러한 역사 문화적 배경 속에 최근 중국의 부상과 중국 자본의 유입, 그리고 그에 따른 환경 파괴, 중국 노동자의 대규모 유입 등의 문제들은 동남아시아 곳곳에서 광범위한 반중 정서를 낳고 있다. 권위주의 체제이나 중국 의존도가 높은 미얀마, 캄보디아, 베트남 등에서 이러한 현상이 특히 강하지만, 민주주의 체제인 인도네시아와 필리핀에서도 반중 정서는 무시할 수 없다. 그리고 민주주의 정부일수록 외교정책이 이의 제약을 더 받을 수밖에 없다. 실제로 최근 민주적 요소가 강화되고 외교정책에 여론의 영향력이 커진 미얀마, 말레이시아, 베트남, 인도네시아 등은 대중 외교정책이 상대적으로 덜 친중적인 방향으로 이동한 반면, 권위주의적 요소가 더 강해진 태국, 필리핀, 캄보디아 등은 반대로 보다 친중적인 방향으로 움직였다.

III. 증거: 동남아시아 전문가 서베이 데이터 분석

이 글은 위의 주장을 실증적으로 뒷받침하기 위해 2019년 말 싱가포르 싱크탱크 ISEAS-유솝 이스학 연구소에서 실시한 동남아시아 10개국 전문가 서베이(ISEAS-Yusof Ishak Institute 2020)의 국가 수준 데이터를 분석한다. 연구소는 동남아시아 각국의 정부 및 공공기관(40%),

학계(36%), 기업(11%), 언론(7%), 시민사회(7%)에서 외교정책과 여론 형성에 영향을 미치는 전문가 총 1,308명을 선정해 미중 경쟁 등 외교안보 현안에 대한 이들의 의견을 물었다. 국가별 응답자 수는 〈표 2〉에 제시되어 있다.

　　먼저 서베이를 통해 드러난 각국 엘리트 계층의 중국에 대한 선호가 실제 국가의 대중국 외교정책과 얼마나 잘 일치하는지를 보기 위해 서베이의 네 가지 질문 항목을 결합하여 '엘리트 친중 성향' 변수를 만들었다. 네 질문은 첫째, 중국이 지역 내 패권을 추구할 것

표 2 ISEAS-유솝 이스학 연구소 전문가 서베이(2020) 국가별 응답자 수

국가	응답자 수(명)
브루나이	97
캄보디아	26
인도네시아	148
라오스	24
말레이시아	163
미얀마	244
필리핀	137
싱가포르	222
태국	95
베트남	152
총합	1,308

인가 아니면 미국을 대체해 지역의 리더가 될 것인가, 둘째, 아세안은 미국과 중국 중 누구의 편을 들어야 하는가, 셋째, 자신의 국가와 중국의 양국 관계가 앞으로 3년 더 좋아질 것인가, 넷째, 중국은 국제 평화·안보·번영·질서를 위해 옳은 일을 할 것이라고 보는가이다. 각 질문에서 중국에 우호적인 답변을 한 응답자의 비율을 국가별로 집계한 것이 '엘리트 친중 성향'이다. 〈그림 3〉은 이것과 앞서 〈표 1〉에서 제시한 '친중 외교정책' 간의 단순 회귀분석 결과를 나타낸 것이다. 왼쪽 패널은 10개국 모두를 포함한 결과이고, 오른쪽 패널은 인도네시아를 제외한 결과이다.

그림에서 볼 수 있듯이 인도네시아를 제외하면 두 변수 간에 강한 정의 상관관계가 존재한다. 엘리트의 외교안보 인식과 의견이 국가의 외교정책에 반영되고 있다고 볼 수 있다. 전자가 후자에 영향을 미친다고 볼 수도 있고, 반대로 실제 외교정책에 의해 엘리트의 인식이 재구성된다고 볼 수도 있을 것이다. 인도네시아가 회귀직선과 멀찌감치 떨어져 있는 특이치라는 점은 흥미롭다. 우선, 인도네시아의 대중 외교정책을 "아웃라이어"(2.5)로 규정한 샴보의 코딩이 잘못된 것일 수 있다. 인도네시아의 대중 정책이 중국과 대등한 입장에서 상대적으로 거리를 유지하는 것은 맞지만, 그렇다고 중국을 적대시하거나 혹은 미국과 더 가까이 지낸다고는 할 수 없다. 인도네시아는 중국을, 그리고 사실 어떠한 강대국도, '불가근불가원'의 상대로 여기는 것인데, 그렇다면 친중-반중 스펙트럼의 중간값인 5점을 할당하는 것이 더 적절한 것일 수 있다.

인도네시아의 실제 대중정책이 엘리트의 현실적, 주관적 인식과 상당한 괴리가 있을 가능성 역시 존재한다. 이는 동남아시아의 대국이라는 인도네시아의 자기 인식이 인도네시아로 하여금 오랫동안 국제

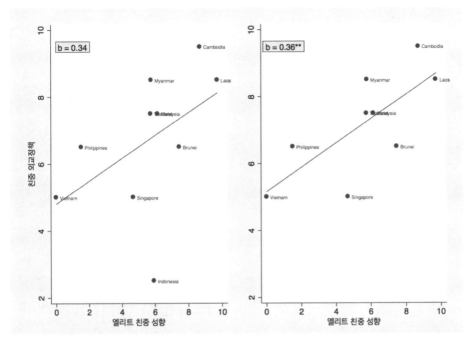

그림 3 엘리트 친중 성향과 친중 외교정책

단순 회귀분석; b 추정 회귀계수; ** p＜0.05; 왼쪽: 10개국 모두 포함, 오른쪽: 인도네시아 제외

관계의 현실과 일정 정도 벗어난 '대국 외교'를 펼치게끔 했다는 점에
서 설득력이 있다. 이는 인구수가 친중 외교정책에 미치는 영향을 보여
주는 회귀분석 결과에서도 확인된다. 인구와 친중 외교정책 간 회귀분
석 그래프를 보면 인구수에 있어 특이치인 인도네시아의 존재로 인해
인구가 친중 정책에 미치는 부의 효과가 통계적으로 유의미하게 나온
다는 것을 알 수 있다.

　　엘리트 친중 성향이 국가의 실제 외교정책에 영향을 미치고 동시
에 그것을 반영한다고 했을 때, 유의미한 '권위주의-친중' 관계가 엘리
트 친중 성향을 독립변수로 사용한 회귀분석에서도 나타날 것으로 예
상할 수 있다. 〈그림 4〉는 그 결과를 보여주는데, 놀랍지 않게도 〈그림

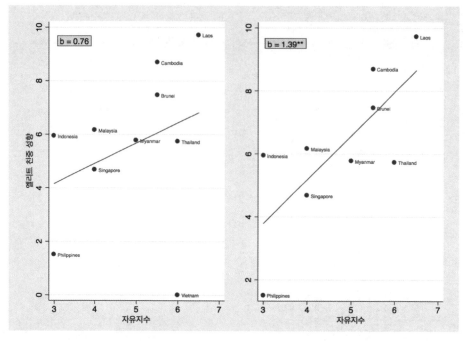

그림 4 자유지수와 엘리트 친중 성향

단순 회귀분석; b 추정 회귀계수; **p < 0.05; 왼쪽: 10개국 모두 포함, 오른쪽: 베트남 제외

2〉와 아주 유사하다. 왼쪽 패널은 10개국 모두를 포함한 결과이고, 오른쪽 패널은 베트남을 제외한 결과이다. 왼쪽 패널에서 〈그림 2〉와 차이가 나는 점은 〈그림 2〉에서보다도 베트남이 회귀직선에서 더 멀리 떨어져 있다는 점이다. 베트남 엘리트의 친중 성향은 '권위주의-친중' 법칙과 전혀 맞지 않는 것이다. 실제 권위주의 체제 베트남의 전문가 집단은 동남아시아 10개국 중 가장 반중적인 성향을 보이고 있다. 베트남을 제외한 회귀분석 결과를 보여주는 오른쪽 패널을 보면, 베트남을 제외한다면 권위주의일수록 엘리트의 대중 성향 역시 보다 친중으로 기울어져 있음을 확인할 수 있다.

중국의 부상에 대해 동남아시아 엘리트들은 어떻게 인식하고 있

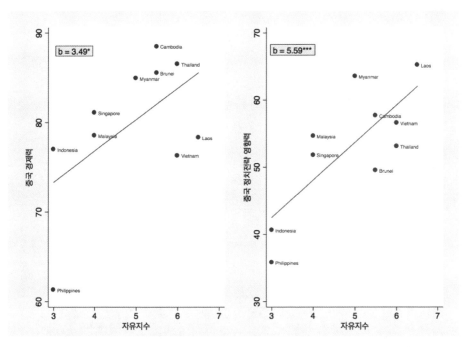

그림 5 자유지수와 엘리트의 중국의 경제력(왼쪽 패널) 및 지정학적 영향력(오른쪽 패널)에 대한 인식
단순 회귀분석; b 추정 회귀계수; * $p<0.10$, *** $p<0.01$

을까? 이것과 체제의 성격은 어떤 관계가 있을까? 〈그림 5〉는 권위주의 체제일수록 체제 엘리트들이 각각 중국의 경제적 영향력과 지정학적 영향력에 대해 높이 평가하는 경향이 있다는 것을 보여준다. 그중에서도 권위주의 체제의 엘리트일수록 특히 중국의 지정학적 영향력을 높이 평가하는 경향이 뚜렷하다는 것을 알 수 있다.

　이 글의 주장은 권위주의 체제일수록 대내적 주권 확립이 체제 최고의 관심사이고 바로 이 이유 때문에 권위주의 체제일수록 중국과 보다 우호적인 관계를 갖게 된다는 것이다. 서베이는 이를 확인할 수 있는 질문 항목들을 포함하고 있는데, 경제 침체나 정치 불안과 같은 대내적 문제가 최대 안보위협인지, 군사적 충돌 같은 대외적 문제가 가장

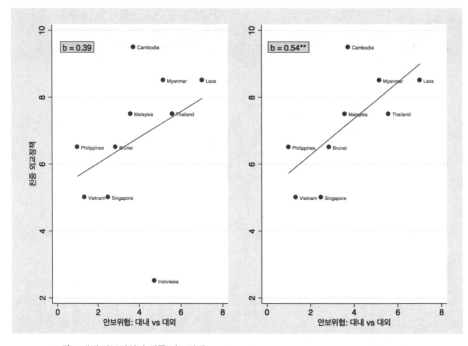

그림 6 대내 안보위협과 친중 외교정책

단순 회귀분석; b 추정 회귀계수; ** p<0.05; 왼쪽: 10개국 모두 포함, 오른쪽: 인도네시아 제외

중대한 안보위협인지를 묻는 항목이 그중 하나이다. 〈그림 6〉은 친중 외교정책 "아웃라이어"인 인도네시아를 제외하면, 엘리트가 대내 문제 가 대외 문제보다 더 중요한 안보위협이라고 여기는 나라일수록 더 친 중적인 외교정책을 채택하고 있음을 보여주고 있다.

마찬가지로 엘리트의 친중 성향 역시 대내 안보위협에 대한 엘리 트 인식 수준과 밀접한 관련성을 보여주고 있다. 〈그림 7〉은 이 관계를 보여준다. 대외적 주권에 비해 대내적 주권 문제가 더 중요한 국가일수 록 실제 외교정책과 엘리트의 성향 모두에 있어서 더 높은 친중 성향 을 나타내고 있음이 확인된다.

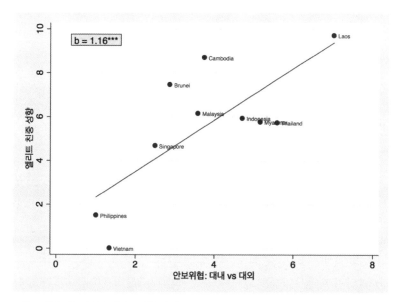

그림 7 대내 안보위협과 엘리트 친중 성향
단순 회귀분석; b 추정 회귀계수; *** p < 0.01

IV. 사례: 베트남, 규칙을 입증하는 예외

베트남이 권위주의 체제임에도 대중 외교정책에서 낮은 친중 수준을, 엘리트의 성향에서는 더욱 더 낮은 친중 성향을 보이는 가장 직접적인 이유는 남중국해 분쟁이다. 실제로 남중국해 분쟁 당사국 여부와 친중 외교정책 간의 회귀분석 결과를 보면, 중국과 남중국해 분쟁을 겪고 있는 나라들은 그렇지 않은 나라들에 비해 대중 외교정책의 친중 정도가 유의미하게 낮다는 것을 알 수 있다.

베트남은 동남아시아의 남중국해 분쟁 당사국들 중에서도 중국과 가장 첨예한 대립을 겪고 있는 나라이다. 남중국해를 둘러싼 중국과의 갈등은 일찍이 1974년 시작되었다. 중국은 당시 남베트남이 점유하고 있던 파라셀 군도를 베트남전쟁 막바지에 먼 바다의 섬 방위에 여력이 있을 리 없던 남베트남의 해양 안보 부재를 틈타 무력으로 점거하였다. 이후 중국은 파라셀 군도 전역을 하이난 성의 일부로 편입시키고 관광개발에 나서는 등 이에 대한 실효 지배를 강화하고 있지만, 베트남은 여전히 파라셀 군도를 자국 영토의 일부라고 주장하고 있다(Hayton 2014).

본격적인 무력 충돌은 1988년 발생했다. 남중국해의 또 다른 핵심 분쟁 지역인 스프래틀리 군도 내에 베트남이 점유하고 있던 지형물 중 하나인 존슨사우쓰 암초(Jonhson South Reef)를 중국이 무력 점거에 나서며 양국 해군 간 교전이 벌어진 것이다. 이 전투에서 베트남은 해군 64명과 함선 두 척을 잃으며 일방직인 패배를 당했다. 이때의 쓰라린 경험은 베트남인민군, 특히 해양에서 중국군을 상대해야 하는 베트남 해군에게는 깊은 트라우마로 남아 있다(Thao 2012).

1991년, 12년간의 외교단절을 끝내고 마침내 관계를 정상화한 양국은 이후 한동안 우호적 관계를 유지했다. 하지만 2000년대 중반 중국이 남중국해 점유 섬들에 항공기와 미사일을 배치하는 등 일련의 군사화 조치들을 취하면서 남중국해 분쟁 지역을 둘러싸고 양국 관계에 다시 긴장이 조성되기 시작했다. 특히 2009년에 중국이 취한 일련의 행동들은 양국 관계를 이제 새로운 국면으로 접어들게 할 만큼 충분히 도발적이었다. 그해 5월 중국은 UN 대륙붕한계위원회에 지도를 제출하면서 1947년 중화민국 지도에 표기되어 있는 구단선을 포함시키며 이 선 내 지형물, 해역, 해저에 대한 자국의 포괄적 주권을 처음으로 공식화한 것이다. 이어 구단선 내 조업 중단 조치를 일방적으로 선포하며 당시 조업 중이던 베트남 어민들을 체포하는 등 무력행사를 통해 구단선 내 자국의 해양권을 기정사실화하기 시작하였다(Zhao 2015).

중국은 이어 2011년 발간된 '중국의 평화적 발전' 백서에 남중국 해 해양권을 대만·티벳·신장 등에 대한 영토주권과 동일한 지위를 갖는 핵심 이익의 하나로 명시하며, 남중국해에 대한 권리를 결코 포기하지 않을 것임을 분명히 하였고, 2013년 12월엔 분쟁 지역 내 암초·산호초·퇴(bank) 등 자국 점유 지형물들에 준설선을 파견, 간척사업을 실시하고 인공 구조물을 설치하면서 이들을 도서화하는 '인공섬 건설' 작업에 나서기 시작했다(Zhao 2015).

그러던 와중 2014년 5월 베트남의 리선(Ly Son)섬 동쪽 120해리(nautical miles) 지점에 중국 국영 석유회사 중국해양석유총공사(CNOOC)가 석유 시추 플랫폼 하이양시유 981(Haiyang Shiyou 981)을 설치하며 중국과 베트남은 남중국해에서 또 한 차례 충돌했다. 중첩되는 양국 배타적 경제수역의 중간선 서편, 즉 베트남 수역에 있는 석유와 가스에 대한 통제권을 중국이 주장하고 나선 것이다. 베트남은 발끈하였고, 60여 척의 해군 선박을 파견하며 주권 사수의 의지를 내보였다. 양국 해군 간의 대치는 2개월간 이어지며 수차례 크고 작은 충돌이 발생했다.

그리고 2017년 남중국해 분쟁 지역 내 자원개발을 둘러싼 중국과 베트남의 갈등이 또 다시 수면 위로 떠올랐다. 베트남은 2009년부터 스프래틀리 군도 서남쪽 자국 배타적 경제수역 내 대륙붕에 위치한 점유 지형물인 뱅가드 톳(Vanguard Bank) 인근에서 석유 가스 개발 프로젝트를 진행해왔다. 스페인 에너지회사 렙솔(Repsol)이 이 지역 가스전 탐사권을 획득해 지금까지 5억 달러 가량을 투자한 것으로 알려졌는데, 렙솔은 2017년 7월 돌연 베트남 정부로부터 '블록136-03'에서 철수하라는 명령을 받는다. 이곳에 대량의 가스가 매장되어 있다고 확인된 바로 다음 날이었다. 탐사 작업을 즉각 중단하지 않으면 뱅가드 톳의 베트남 군사기지를 공격할 것이라는 중국의 군사위협에 따른 조치였던 것으로 확인되었다. 이듬해 3월 베트남 정부는 동일 지역 내 또 다른 가스전 탐사 지구인 '블록 07-03'에서도 렙솔의 탐사 작업 중단을 명령한다. 역시 중국의 최고 수준의 압박에 굴복해 내린 조치였다. 바로 이 지역에서 2019년 7월 3일 중국과 베트남이 다시 한 번 충돌했다. 중국 해양지질 탐사선단 하이양 디지 8(Haiyang Dizhi 8)이 베트남 배타적 경제수역 내 대륙붕에 위치해 있는 뱅가드 톳 인근에서 탐사 활동을 시작한 것이다. 베트남이 이례적으로 호위함을 파견하며 강경 대응에 나서고 중국 역시 해안경비정으로 맞서며, 대치 상태가 3개월 넘게 지속되었다. 이렇게 남중국해에서 반복되는 중국의 베트남 영토와 주권 침해는 베트남 국민들의 반중 정서를 극도로 자극해왔다.

근현대 베트남 민족주의는 과거 2천년 동안의 중국에 의한 지배와 침략을 이겨내고 민족적 정체성을 지켜온 역사를 강조하는 속에서 형성되어 왔다. 베트남인의 정체성은 1천여 년에 걸친 중국 지배 시기에 중국 문화에 완전히 동화되지 않고 중국인과 구별되는 베트남의 특성들을 유지하는 과정에서 형성되기 시작했다. 베트남이 독립 왕조를 수립한 11세기 이후에도 중국의 침략에 맞서기 위한 베트남 국가의 대중 동원은 반복되었다. 이것이 중국인을 "중요한 타자"로 하는 베트남인으로서의 정체성을 공고히 해 19세기 이후 근대 베트남 민족주의의 문화적 토대를 이루게 되었다. 근현대기 베트남 국가는 위로부터의 베트남 민족 형성(nation-building) 기획에서 중국 침략의 서사를 반복적으로 소환하였기에, 최근 남중국해 분쟁으로 촉발된 대중의 강렬하고 광범위한 반중정서는 그러한 노력의 결과물이라 할 수 있다.

2014년 하이양시유 981 사태 때 베트남 대중의 반중 정서가 폭발해 국가의 통제 능력을 넘어버렸다. 사태가 발생한 5월부터 약 2개월에 걸쳐 베트남 전역에서 대규모 반중시위가 일어났고, 이것이 일부 지역에서 폭동 사태로 번진 것이다. 호치민시, 하노이, 다낭 등 주요 도시에서 시작된 시위가 며칠 후 베트남 남부 빈즈엉 성 산업공단으로 번져 약 2만 명이 시위에 참가했다. 이것이 한자 간판이 붙어 있는 공장에 대한 폭동으로 이어져 공장 10여 곳이 불타는 등 1천여 개가 넘는 중국계 공장들이 직간접적인 피해를 입었다. 베트남 중부 하띤 성에서도 반중 폭동이 일어나 수십 명의 중국인 사상자가 발생했다. 이 사태로 인한 중국 측 인명피해는 사망 4명, 중상 23명, 경상 130여 명으로 집계되었다.

베트남에서의 이러한 반중 정서는 대중 수준을 넘어서 지식인, 엘리트 계층에서도 광범위하게 퍼져 있다. 이는 위 서베이에서 베트남 엘리트의 친중 성향이 전체 동남아시아 국가들 중에서 가장 낮다는 점에서도 확인된다. 〈그림 8〉은 10개국의 엘리트 친중 성향과 국가의 대중 외교정책 친중 수준을 2차원 그래프로 표현한 것이다. 대각선은 45도 직선으로 이 위에 있는 나라들은 엘리트 친중 성향과 외교정책의 친중성이 0에서 10 척도에서 정확히 일치하는 경우들이다. 싱가포르가 정확히 그런 경우에 해당한다. 앞서 논의된 바대로 인도네시아는 엘리트 성향에 비해 실제 외교정책에서는 중국과 거리를 많이 두는, 사실상 유일한 사례라고 할 수 있다. 베트남은 그 반대의 경우로 엘리트들은 상당한 반중 성향을 보이는 데 반해, 외교정책은 그보다 훨씬 균형 잡힌 대중 접근을 채택하고 있다. 따라서 베트남의 역사, 최근 분쟁, 대중들의 정서와 엘리트 성향 등을 고려했을 때, "베트남의 대중 외교정책은 왜 충분히 반중적이지 않은가" 하는 것이 오히려 타당한 질문이라고 할 것이다.

베트남이 상대적으로 친중 입장을 보이는 것은 무엇보다 베트남

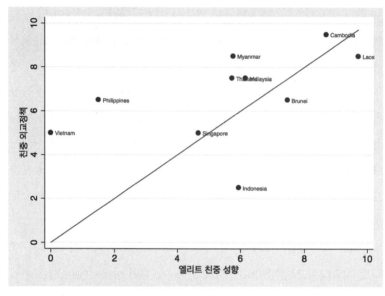

그림 8 엘리트 친중 성향과 대중 외교정책의 친중 수준

의 체제 성격에서 기인한다. 여타 1인 혹은 1당 독재체제와 마찬가지
로 베트남 역시 베트남공산당의 권력 유지, 체제안보가 다른 어떤 가치
에 우선하는 최상의 목표이다. 여기에 중국은, 남중국해에서의 도발에
도 불구하고, 대단히 중요한 열쇠를 쥐고 있다. 우선 체제 유사성이다.
각 국가에서 영도적 지위를 유지하고 있으며 자신의 권력 유지를 최우
선의 목표로 두고 있는 공산당의 존재가 양국 간 관계의 현재적 특수성
을 구성하는 핵심 요소라 할 수 있다. 냉전의 종식과 함께 분명 사회주
의 이념은 퇴색했고, 이 점에서 중국과 베트남은 결코 과거와 같은 사
회주의 형제, 동지의 관계는 아니다. 하지만 베트남공산당 지도부 내에
는 여전히 사회주의 이념에 충실하고 냉전식 체제 간 진영 논리에 갇혀
있는 보수파들이 적지 않은 수를 차지하고 있다(Vu 2017). 이런 상황에
서 공산당 1당 체제를 유지한 채 사회주의 지향 시장경제를 추구하고

있는 양국 간 체제 수준 유사성은 양국 관계를, 적어도 당 대 당 관계에 있어서는, 일종의 운명공동체적 특수 관계로 엮어놓고 있다. 특히 베트남공산당 입장에서 최소 10년 이상 개혁개방과 경제성장에서 앞선 중국을 영도하는 중국공산당은 경쟁과 대결의 상대로서의 성격보다 전범을 이루고 후원을 제공하는 후견인으로서의 의미가 크다고 할 수 있다. 피후견인인 베트남공산당을 대하는 중국공산당의 입장도 마찬가지이다. 당이 지도하고 국가가 실행하는 당-국가 체제인 두 나라에서 두 당이 서로 이러한 특수 관계를 형성하고 있다는 것은 기본적으로 호혜관계가 두 국가 간 관계의 큰 틀을 이룬다는 것을 의미한다.

두 번째, 미국에 대한 베트남의 뿌리 깊은 불신이다. 미국이 베트남의 체제 전환을 시도할 것이라는 두려움은 1986년 개혁개방에 나서는 순간부터 단 한순간도 베트남 지배엘리트들의 마음속에서 떠난 적이 없다. 소위 "평화적 진화"(peaceful evolution)의 위협, 즉 점진적 체제 전복의 위협은, 동구권 사회주의의 몰락을 목격한 공산당 지도부의 시각에서 다른 어떠한 안보위협보다 더 실제적이고 개연성이 높은 것으로 여겨졌다(Vu 2017). 여기에 미국 내 상당한 규모의 남베트남 출신 이민자 반체제 집단의 존재, 그리고 베트남 체제의 비민주성과 인권 침해를 늘 문제 삼는 미국 내 인권단체와 의회의 존재는 베트남 지배엘리트들을 언제나 불편하게 만들어 왔다. 내정불간섭 원칙을 견지하는 중국은 이와 큰 대조를 이루고 있다.

그리고 세 번째 요인은 중국과의 교역과 중국 자본의 유입이 가져다주는 체제 수준의 혜택, 그리고 지배층 개인들에게 돌아가는 사적 이익이다. 현재 베트남공산당의 집권 정당성을 받쳐주는 것은 민족주의와 경제성장이다. 민족주의로 말미암아 남중국해 문제에 있어서 베트남공산당은 체제의 사활을 걸고 영토 수호에 나설 수밖에 없다. 그러나 그렇다고 중국을 멀리 할 수는 없기에 현재 베트남 정부는 딜레마에 빠져 있는 것이다. 중국을 멀리 할 수 없는 현실적 이유 중 하나가 경제성장 없이는 체제 유지가 어려운데, 경제성장에서 중국이 큰 역할을 담당하고 있기 때문이다. 중국은 베트남 제1의 교역국이다. 2018년 기준 베트남은 중국으로 가장 많은 538억 달러의 상품과 서비스를 수출해 총수출의 20%를 중국 시장에 의존하고 있다. 중국에 대한 수입 의존도는 더 심해 전체 수입액의 33%, 액수로 833억 달러를 중국으로부터 수입하고 있다. 최근 들어 중국계 투자 역시 급증하고 있다. 2011년 7억 달러 수준에 머물렀던 중국의 베트남 직접투자 규모가 2018년에 이르러 24억 달러로 늘어 7년간 3배 이상 성장했다. 여기에 베트남 지배엘리트들이 중국과의 긴밀한 경제 협력을 통해 많은 부를 축적해왔나는 점도 중요하게 작용하고 있다. 베트남공산당 지도부의 친중 성향은 중국 지도부와 이데올로기를 공유한다는 것 못지않게 긴밀한 경제적 이해관계로 얽혀 있다는 사실에서 비롯된 것이라고 할 수 있다.

V. 결론

동남아시아 국가들의 상이한 대중 외교정책은 체제 특성에 의해 설명할 수 있다. 1인 독재에 가까울수록, 보다 권위주의 체제일수록 지배엘리트들은 대내적 주권과 체제안보를 최우선의 가치로 여기게 된다. 대외적 주권과 국가안보는, 물론 그 자체로 중요하지만, 상당 부분 대내적 주권 확립과 체제안보를 보장하기 위한 수단으로 지배세력에 의해 적극적으로 활용되고 강조되는 경향이 있다. 이때 중국과의 남중국해 분쟁 같은 전통적인 대외 주권 문제가 불거지게 되면, 대중들의 반중

정서 속에서 정권 자신이 심은 대외적 주권 수호에 기반을 둔 체제 정당성 문제에 스스로 발목을 잡히게 되는 결과가 빚어지기도 한다. 그럼에도 불구하고, 베트남의 사례가 보여주듯, 권위주의 체제들은 상대적으로 친중적인 외교정책을 펼 수밖에 없다.

　이 연구가 시사하는 바는, 현재 동남아시아의 체제 분포를 고려했을 때, 미중 간 영향력 경쟁에서 미국이 상당히 불리하다는 것이다. 실제로 캄보디아와 라오스는 물론이고, 브루나이와 말레이시아도 상당히 친중적인 행보를 보이고 있다. 특히 태국과 미얀마의 최근 모습은 미국 입장에서는 상당히 우려할 만하다. 2014년 쿠데타 이후 미국이 제재를 가하자 태국 군부는 중국으로 확연히 기울었다. 미얀마는 2011년 이후 점진적 정치적 자유화에 나서자 오바마 행정부가 중국 궤도에서 떼어내기 위해 많은 공을 들였다. 2016년 4월 마침내 아웅산 수치가 정부수반으로 선출되면서 미국의 계획이 성공하는 듯했으나 그해 말 로힝야 사태가 벌어지면서 미얀마는 다시 중국의 품 안으로 들어가 버렸다. 인권탄압에 대한 국제사회의 비판이 높아지는 속에서 오로지 중국만이 미얀마를 지켜주었기 때문이다.

　그러나 중국의 가장 큰 적은 중국 자신이다. 중국이 지금처럼 남중국해에서 노골적인 패권 추구를 계속한다면 아무리 권위주의 체제라도 대중들의 격렬한 반중 감정 앞에서 감당해 낼 재간이 없을 것이다. 그때는 체제를 지키기 위해서라도 중국과 대립선을 세울 수밖에 없을 것이다.

참고문헌

Bremmer, Ian. 2010. *The End of the Free Market: Who Wins the War Between States and Corporations?* New York, NY: Portfolio.

Busbarat, Pongphisoot. 2017. "Thai-US Relations in the Post-Cold War Era: Untying the Special Relationship." *Asian Security* 13(3): 256-274.

Ciorciari, John D. 2010. *The Limits of Alignment: Southeast Asia and the Great Powers since 1975.* Washington, D.C.: Georgetown University Press.

Clapham, Christopher. 1999. "Sovereignty and the Third World State." *Political Studies* 47(3): 522-537.

Freedom House. 2019. *Freedom in the World 2019: The Annual Survey of Political Rights & Civil Liberties.* Washington, D.C.: Freedom House.

Friedberg, Aaron. 2012. *A Contest for Supremacy.* New York, NY: W.W. Norton.

Goh, Evelyn. 2005. *Meeting the China Challenge: The U.S. in Southeast Asian Regional Security Strategies.* Washington, D.C.: East-West Center.

_____. 2016. "Southeast Asian Strategies toward the Great Powers: Still Hedging after All These Years?" *Asian Forum* 4(1): 18-37.

Hayton, Bill. 2014. *The South China Sea: The Struggle for Power in Asia.* New Haven, CT: Yale University Press.

Heydarian, Richard Javad. 2017. "Tragedy of Small Power Politics: Duterte and the Shifting Sands of Philippine Foreign Policy." *Asian Security* 13(3): 220-236.

Hong, Zhao. 2017. "'One Belt One Road' and China-Southeast Asia Relations." In Lowell Dittmer and Ngeow Chow Bing, eds., *Southeast Asia and China: A Contest in Mutual Socialization.* Singapore: World Scientific: 211-226.

ISEAS-Yusof Ishak Institute. 2020. *State of Southeast Asia: 2020 Survey Report.* Singapore: ISEAS-Yusof Ishak Institute.

Kuik, Cheng-Chwee. 2008. "The Essence of Hedging: Malaysia and Singapore's Response to a Rising China." *Contemporary Southeast Asia* 30(2): 159-185.

_____. 2016. "How Do Weaker States Hedge? Unpacking ASEAN States' Alignment Behavior towards China." *Journal of Contemporary China* 25(100): 500-514.

Kurlantzick, Joshua. 2016. *State Capitalism: How the Return of Statism Is Transforming the World.* Oxford: Oxford University Press.

Lai, Brian, and Dan Reiter. 2000. "Democracy, Political Similarity, and International Alliances, 1816-1992." *Journal of Conflict Resolution* 44(2): 203-227.

Leeds, Brett Ashley. 1999. "Domestic Political Institutions, Credible Commitments, and International Cooperation." *American Journal of Political Science* 43(4): 979-1002.

Noor, Elina, and T. N. Qistina. 2017. "Great Power Rivalries, Domestic Politics and Malaysian Foreign Policy." *Asian Security* 13(3): 200-219.

Pongsudhirak, Thitinan. 2017. "A Sino-American Showdown in Southeast Asia?" *Nikkei Asian Review*. January 15.

Shambaugh, David. 2018. "U.S.-China Rivalry in Southeast Asia: Power Shift or Competitive Coexistence?" *International Security* 42(4): 85-127.

Syailendra, Emirza Adi. 2017. "A Nonbalancing Act: Explaining Indonesia's Failure to Balance Against the Chinese Threat." *Asian Security* 13(3): 237-255.

Thao, Nguyen Hong. 2012. "Vietnam's Position on the Sovereignty over the Paracels and the Spratlys: Its Maritime Claims." *Journal of East Asia and International Law* 1: 165-211.

Thayer, Carlyle A. 2017. "Vietnam's Foreign Policy in an Era of Rising Sino-US Competition and Increasing Domestic Political Influence." *Asian Security* 13(3): 183-199.

Vu, Tuong. 2017. *Vietnam's Communist Revolution: The Power and Limits of Ideology*. New York, NY: Cambridge University Press.

Walt, Stephen M. 1996. *Revolution and War*. Ithaca, NY: Cornell University Press.

Wendt, Alexander. 1994. "Collective Identity Formation and the International State." *American Political Science Review* 88(2): 384-396.

Werner, Suzanne. 1996. "Absolute and Limited War: The Possibility of Foreign-Imposed Regime Change." *International Interactions* 22(1): 67-88.

White House. 2017. *The National Security Strategy of the United States of America*. Washington, D.C.: White House.

Zhao, Suisheng. 2015. "A New Model of Big Power Relations? China-US Strategic Rivalry and Balance of Power in the Asia-Pacific." *Journal of Contemporary China* 24(93): 377-397.

지은이

전재성 서울대학교 정치외교학부 교수
서울대학교 외교학과 학사 및 석사, 미국 노스웨스턴 대학교 정치학 박사
『동북아 국제정치이론: 불완전주권국가들의 국제정치』(2020)
『주권과 국제정치: 근대주권국가체제의 제국적 성격』(2019)
『정치는 도덕적인가?: 라인홀드 니버의 초월적 현실주의』(2012)
『동아시아 국제정치: 역사에서 이론으로』(2011)

김준석 가톨릭대학교 국제학부 부교수
서울대학교 외교학과 학사 및 석사, 미국 시카고대학교 정치학 박사
『국제정치의 탄생: 근세 초 유럽 국제정치사의 탐색, 1494-1763』(2018)
"사무엘푸펜도르프의 국가이론연구: 신성로마제국에 대한 견해를 중심으로."(2018)
"국제윤리와 인도주의개입: 정치적 현실주의의 관점을 중심으로."(2020)

차태서 성균관대학교 정치외교학과 조교수
서울대학교 외교학과 학사 및 석사, 미국 존스 홉킨스대학교 정치학 박사
"Whither North Korea? Competing Historical Analogies and the Lessons of the Soviet Case."(2020)
"Is Anybody Still a Globalist? Rereading the Trajectory of US Grand Strategy and the End of the Transnational Moment."(2020)
"아메리카 합중국과 동아시아 지역 아키텍처의 변환: 네트워크 국가론의 시각."(2020)
"담론분석이란 무엇인가? 국제정치학의 경우."(2020)

김강석 단국대학교 GCC국가연구소 전임연구원
한국외국어대학교 아랍어과 학사, 서울대학교 외교학과 석사, 한국외국어대학교 국제
　　지역대학원 정치학 박사(중동 정치 전공)
『글로벌 냉전과 동아시아』(2019, 편저)
"무기거래와 미국의 중동 외교: 트럼프 행정부의 사우디아라비아 무기이전 사례연
　　구."(2020)
"사우디아라비아 무함마드 빈 살만 왕세자의 정권안보 추구와 정책 변화."(2019)

신욱희 서울대학교 정치외교학부 교수
서울대학교 외교학과 학사, 미국 예일대학교 정치학 박사
『한미일 삼각안보체제: 형성, 영향, 전환』(2019)
『삼각관계의 국제정치: 중국, 일본과 한반도』(2017)
『순응과 저항을 넘어서: 이승만과 박정희의 대미정책』(2010)
"Second Image Reconsidered: Quest for Unit Complexity in Northeast Asia."
　　(2016)

이정환 서울대학교 정치외교학부 부교수
서울대학교 외교학과 학사 및 석사, 미국 캘리포니아주립대학교(UC Berkeley) 정치
　　학 박사
"아베 정권 역사정책의 변용: 아베담화와 국제주의."(2019)
"이시하라 신타로(石原慎太郎)와 2012년 센카쿠 분쟁화의 일본 국내 정치과정."
　　(2018)
『현대 일본의 분권개혁과 민관협동』(2016)

신기영 오차노미즈대학 대학원 인간문화창성과학연구과 교수
서울대학교 외교학과 학사 및 석사, 미국 워싱턴대학교(시애틀) 정치학 박사
『탈전후 일본의 사상과 감성』(2017, 편서)

"「위안부」문제의 초국가성과 기억의 「글로컬」화." 『思想』 (2020)

"An Alternative Form of Women's Political Representation: Netto, A Women's Party in Japan," *Politics & Gender* (2020)

"South Korean Views on Japan's Constitutional Reform under the Abe Government." *The Pacific Review* (2018)

김애경 명지전문대학교 글로벌비즈니스학부 교수
국민대학교 중어중문학과 학사, 북경대학교 국제관계학원 석사 및 정치학 박사

『주변국 국경안보: 이론과 실제』 (2017, 공저)

"한반도 안보정세와 한중비즈니스: 사드정국을 중심으로." (2020)

"중국의 제19차 당대회 이후 양안관계 전망." (2018)

"China's aggressive 'periphery diplomacy' and South Korean perspectives." (2017)

김용균 서울대학교 정치외교학부 부교수
서울대학교 생물학과 학사 및 정치학과 석사, 미국 노스캐롤라이나 대학교 정치학 박사

"Civic Solidarity: Civicness and Willingness to Pay for the Poor in Vietnam." (2019)

"When It Rains, It Pours: Foreign Direct Investment and Provincial Corruption in Vietnam." (2019)

"사성사색의 베트남 지방성 거버넌스." (2018)

"글로벌 가치사슬, 정치적 위험, 그리고 기업의 투자결정: 베트남 내 기업수준 분석." (2018)